愛是不可捉摸的，總在驚天動地中以靜默的悲劇告終

浮生之夢，在亂世中書寫人生

在張愛玲的世界裡

常曉軍 著

歷史用墨色，點染了一個陌上煙雨飄渺的民國
唯美用深情，幻化了一個女子傾國傾城的傳說
時光用精采，演繹了一首人生漂泊的千古絕響

張愛玲以文字的無比執著，表達著臨水照花的自我
以無比含蓄的唯美，深揭著人性多采多姿

目錄

前言　綻放一季的美麗

第一章　遠去的記憶
　　　　世族顯赫 ………………………………… 012
　　　　歡樂時光 ………………………………… 019
　　　　悲傷記憶 ………………………………… 025
　　　　世相觀察 ………………………………… 034

第二章　出名要趁早
　　　　書香讀心 ………………………………… 048
　　　　路在何方 ………………………………… 060
　　　　風華初綻 ………………………………… 069
　　　　成名傳奇 ………………………………… 078

第三章　戀愛的味道
　　　　意氣相傾 ………………………………… 090
　　　　興之所至 ………………………………… 096
　　　　世間執念 ………………………………… 104
　　　　花開塵埃 ………………………………… 112

目錄

第四章　何須厭紅塵
　　亂世佳緣 …………………………………… 126
　　情海孽緣 …………………………………… 134
　　傷痛無期 …………………………………… 142
　　轉身別過 …………………………………… 153

第五章　鉛華始消盡
　　相守沉默 …………………………………… 168
　　花落無奈 …………………………………… 178
　　人生況味 …………………………………… 186
　　風雨一夢 …………………………………… 194

第六章　新夢愁風雨
　　愛的靈魂 …………………………………… 202
　　人間煙火 …………………………………… 210
　　出走計畫 …………………………………… 219
　　浮生若夢 …………………………………… 229

第七章　總是離人淚
　　遠避塵囂 …………………………………… 240
　　歲月靜好 …………………………………… 249

時光寂寞 …………………………………… 256

生命蒼涼 …………………………………… 261

參考書目

目錄

前言
綻放一季的美麗

歷史用墨色，點染了一個陌上煙雨飄渺的民國。

唯美用深情，幻化了一個女子傾國傾城的傳說。

時光用精采，演繹了一首人生漂泊的千古絕響。

在人生大舞臺上，民國奇女子張愛玲「一襲青衣，染就一樹芳華；兩袖月光，訴說絕世風雅」。她以文字的無比執著，表達著臨水照花的自我；她以無比含蓄的唯美，深揭著人性多采多姿的幽微。

無疑，這樣的文字世界全新而美麗，這樣的人生不乏單純而潔淨。事實上，在人們已經無法改變的印象裡，張愛玲時時都是以其冷靜而疏離的目光，行走在芳菲無比的優雅中。那孤傲冷清中的自如，唯美態度中的人生，始終在時代不曾裹挾的紛繁中彰顯著情調的極致。戰亂流年，這樣的返璞歸真本身就帶著神祕和傳奇。現在來看，無論是精采或者黯然，她那抹精采都是無盡繁華外一縷青灰的月色，是物欲與情感撞擊之後的殘骸，是不願為愛情而淪落的獨特韻味，是現世裡尋找安穩的入世近俗。

傳奇中追尋平凡，平凡中追尋傳奇。有人說，張愛玲綻放一生的光彩，是用文字書寫了屬於那個時代的傳奇。其實想想，她自己本身不就是一部值得言說的傳奇嗎？花來衫裡，影落池中。有人說，她絢爛一生的芳華，是生命裡各種色彩串起來的韻律起伏。然而她告別世界的最後

前言　綻放一季的美麗

姿勢卻是如此從容，充滿著對這個世界的無所牽掛與不屑一顧。

一念成痴，落筆成傷。緣起緣滅，虛幻落荒。這樣離去就算是告別嗎？

雖離我們遠去，但張愛玲寂寞如煙般的色澤卻是揮之不去的傾訴，至今品味起來依然是刻骨銘心、豔絕蒼涼。在無人的長巷中、在芸芸眾生的世俗中，她穿越時空，最終以小女人溫柔難耐的淚滴，在如詩如歌的歲月中寫下了愛戀如詩的柔情。正如她一直喜歡的姿勢，寂靜地依偎窗前想著心事，一任痴情滿滿的文字在掌心中悄然融化。

確實，相遇不過是人世間的久別重逢。縱然逃不出最終的宿命，也要讓細碎的心在花香四散中瀰漫。細細思索，這種徹底和決然，更像是愛與被愛的無悔期盼。

總以為水是山的淚水，雲是水的故事，等千帆過盡，萬籟俱靜，瞬間的華彩是否又不忘初心呢？如果說，張愛玲行雲流水般的文字，是歲月靜好中依次盛開的燦然花束，那滋生豐潤情緒的無疑還有一生的眷戀與等待。她在長夜顧盼中抒寫清愁，在泛黃蒼涼中體會柔情，在浪漫多情中深情相愛，在綻放的美麗中獨嘗著人生的痛楚。

雪落無痕，淺愛傾心。相逢如是，告別亦是。又有誰甘願在東流逝水中站立成精神的塑像？無論是赭紅色彩下的玲瓏望秋月，或是灰藍樸素下的平展閒看月，書寫的其實都是一個人的繁華，兩個人的寂寞。

佛說，心中有蓮花，如攬日月之清輝，沐禪韻之靜寂，醉雲水之安逸。隔著緘默的時光相望，那些早已被歲月定格的瞬間，在內心的情愛恩怨中宛若一池靜水。這位民國的臨水照花人，以孤絕憂鬱的蒼涼華美，畫情透骨的虛靜本質，浮生若夢的如痴如狂，在一點點、一寸寸的

低迴流轉中，流沙一樣將光影流年暈染成色。於是，張愛玲身上所散發出的古典詩意之美，是蕩氣迴腸；光陰曖昧之美，是三千痴纏；嫵媚和風之美，是煙花綻出月圓。

美讓時空凝滯，美也讓傳奇流淌不息。無論得到與否，都將注定她會在不同流俗的行程中漸行漸遠。唯願使歲月靜好，現世安穩，將今生只做最後一世。

前言　綻放一季的美麗

第一章
遠去的記憶

第一章　遠去的記憶

世族顯赫

這是一座風情萬種的城市。

十里洋場一朝夢，夢回千里憶上海。或許每一段歷史都會有著五味雜陳的忘記，當留聲機中傳出純樸而甜美的「夜上海，夜上海……」時，美得極致的風情與浮華滄桑往事碰撞與融合，讓這座聞名遐邇的「不夜之城」幻化為自由、開放的經典。當時光的指標緩緩停駐在一九二〇年這個秋天時，注定著這個充滿故事的地方，即將開始一段時代的傳奇。

煩悶的熱風從十里洋場慵懶地吹過，奢靡而又神祕地掠過無限風光下的繁華。那些卓然秀立於黃浦江畔的哥德式、羅馬式、巴洛克式、中西合璧式建築，在密密匝匝交織的聲音中泛白著歷史韻味，在光影流動中展現著造型的美不勝收。在這座國際金融大都市裡，每天都在上演著不同的故事。好多時候，生活就像這些熱得敞著衣服的苦力，苦苦等不到一場涼爽的秋雨，只能是百無聊賴地說著家長裡短，焦灼無比地盼望著生計，或許還可以在驕陽的照晒下，匆忙地編織著一個與城市相關的夢。往年這個時節，多情的雨水早已是綿綿無絕期了，但今年的天偏偏出奇地悶熱。遠遠看去，地面上不斷地升騰起翻滾的熱浪，一浪又一浪地洶湧襲來，彷彿這座城市本就建在火山口上，現在只是要著了火。門前的老狗懶懶地趴在地上不動，伸長著舌頭像昏睡過去，就連往日靈動的樹葉也都無精打采，萎縮地捲了起來，恨不得把所有的汁都壓榨出來。人們對雨的期盼，讓人感覺到日子並沒有想像中那麼五彩斑斕，在某種程度上竟然成了奢望。

臨近蘇州河畔的舊式里弄，有一處江南水鄉風格建築的張家公館。

「房間多而進深，後院還有一圈房子供傭人居住；全部約有二十個房間。住房的下面是一個面積同樣大的地下室，通氣孔都是圓形的，一個個與後院的傭人房相對著。」從外部遠望過去，這獨處一隅的房屋已被歲月侵蝕得十分陳舊，作為滄桑歲月的見證，只有屋頂上的植物在倔強地生長著。這並不影響每個人追憶往昔，反而突顯出了建築內在的厚重、大氣、驚世、絢麗。對生活在鬧市裡的人來說，這造型獨特的老房子，是秦時明月漢時關的落寞，是深邃遼遠中的煙火愛情，是極具誘惑下的執手相望。

陽光如故人，千山萬水過盡。誰又能夠想到，在如此短暫的時間內，這座被人譽為世外桃源的處所轉眼淪為歲月無奈、物是人非的流轉。撫牆沉思，當時的存在，也曾見證過大清帝國的窮途末路，見證過晚清貴族炫耀資本的消亡；此時的存在，卻只剩下言談中的輝煌記憶了。

光線穿過草木蔥蘢的細密，把斑斑點點的光暈散落下來。一群人在院落裡走動著，還時不時地駐足張望，臉上似乎寫滿著焦灼，又彷彿充滿著期待。突然一聲響亮的啼哭聲用力穿過沉悶，就像利劍在時空中劃出了一道長長的口子，頓時打破了所有的沉寂，以至驚飛了附在樹上的蟬，倉皇中發出尖銳的鳴叫飛遠了。新生命的啼哭，此時更像不請而至的徐徐涼風、呼嘯而來的酣暢秋雨，變成了院子裡的歡聲笑語，就連這些死氣沉沉的老建築也都煥發出了生機。

「恭喜老爺，家裡添了位千金。」年邁的老婦人抱著新生兒上前說道，蒼老的面容中更多閃爍著慈祥與親近。

手持摺扇的老爺名叫張志沂，又名張廷重。他隨著話音停下慢悠悠的步伐，臉上帶著些許不屑轉過身，用長長的指甲輕輕地挑掉遮布。裸裎中的嬰兒生得聰明乖巧，眉目間透著玉的光彩，讓人看後頓生愛意。

第一章　遠去的記憶

　　張志沂漠然中帶著開心，無為中透著興奮，他出人意料地摸了一下孩子的臉，意味深長地說：「金沙逐波而吐瑛，就叫張煐吧！」

　　老婦人謝過後，匆匆抱著孩子朝著另一間房走去。

　　所有人都為孩子的到來忙碌著。誰也不會想到，張煐在數年後會走出這破落的豪門，憑藉她一篇篇飽含深情卻又充滿著禪意的文字，成為上海乃至全國文化圈裡最當紅的人。可以說，她以其內心的冷漠孤高掀起了洛陽紙貴的風潮，即便到今天也為人們久說不衰。那消極而又透澈的文字帶著淡淡的煽情，時時撥動著讀者靈魂深處的琴弦，使人明曉人性的幽微和男歡女愛的情感糾葛，以及那個時代的迷茫無措與心神不定。

　　這天是一九二〇年九月三十日，剛剛過完中秋節的第四天。

　　其實，小張煐來到人世間，最開心的莫過於母親黃素瓊。黃素瓊小名瑩，出生於顯赫世家，父親黃宗炎是廣西鹽道，祖父黃翼升是清末長江七省水師提督。當年，黃翼升在鎮壓太平天國運動中立下了赫赫戰功。為求明主，他帶領五千水師直接投奔到李鴻章麾下，後因戰場上機智果敢，很快被委任為副手。一八九五年，李鴻章奉命鎮壓捻軍，黃翼升親率水師駐紮運河沿線，兩人左右夾擊，有力地阻擊了東捻軍的向西突圍，從此受到李鴻章的特別器重。生長在這樣的環境中，黃素瓊雖然從小纏足，飽受傳統教育理念，可她骨子裡卻始終湧動著新女性的個性。後來受五四新潮的影響，在選擇出國留學時改名為黃逸梵，以彰顯時代的開化。所以一提到她，當地人都樂意稱其為「黃軍門的小姐」。

　　今天，如果你到南京城去旅遊觀光，行至莫愁路朱狀元巷十四號時，依然能見到已成為歷史古蹟的軍門提督府。雕梁畫棟、閣樓窗臺、瓦簷里弄，處處都透著無法言說的故事，自然也在天南海北遊客的眼中成為一道風景。或許建築是一個人命運的另一種寫照，就這樣與春風秋

月結緣，靜觀生命中的各種驚奇，得大自在地詮釋著人生的不同際遇。

黃翼升膝下獨子黃宗炎，早年中舉後承襲父親爵位，本當是衣食無憂，結果婚後卻一直不能生育。不孝有三，無後為大，這讓全家為此煩憂不已。當他被舉薦到廣西任官職時，家裡只好給黃宗炎納小妾以指望傳宗接代、延續香火。姨太太確實很爭氣，肚子很快像充了氣一般大了起來。為讓孩子順利降臨人世，他又差人將姨太太送回南京老家休養。天有不測風雲，正當黃宗炎陶醉在即為人父的喜悅中時，不料身染殺人於無形的瘴氣，客死於荒涼瘴癘的不毛之地，時年才三十歲。雖然人已故去，卻留下了一對龍鳳胎。女孩即黃素瓊，男孩為黃定柱。黃素瓊出生後幾乎沒有正式上過學，但生在顯赫世族，注定她將不同於一般家庭的女子。

一九一六年，二十歲的軍門千金黃素瓊嫁給了御史少爺張志沂。一對金童玉女的婚姻締結，一時間成為人們飯後的話題。身形優雅的黃素瓊由於受家庭環境影響，思想十分開放，與身上有太多沉暮之氣的張志沂形成鮮明對比。東西方教育的差別，這段讓人看好的婚姻似乎一開始就隱隱步向悲劇。好在黃素瓊與小姑子張茂淵還算情趣相投，兩人總會想盡辦法來改變臉上時常充滿衰敗氣象的張志沂，雖然有時也會一起去逛商場，談文藝，要不就是三五好友學琴、讀書，但張志沂總歸給人感覺老氣橫秋的遺少氣派。後來，張煐在《對照記》中寫道：「我父親一輩子繞室吟哦，背誦如流，滔滔不絕，一氣到底。末了拖長腔一唱三嘆地做結。沉默著走了沒一兩丈遠，又開始背另一篇。聽不出是古文、時文還是奏摺，但是似乎沒有重複的。我聽著覺得辛酸，因為毫無用處。他吃完飯馬上站起來踱步，老女傭稱『走趟子』，家傳的助消化的好習慣，李鴻章在軍中也都照做不誤的。他一面大踱一面朗誦，回房也仍舊繼續

第一章　遠去的記憶

『走趟子』，像籠中獸，永遠沿著鐵檻兒圈子巡行，背書背得川流不息，不捨晝夜——抽大煙的人睡得很晚。」這樣的守舊，頗像老學究氣息濃極的孔乙己，除全部繼承了貴族迂腐的不良習氣外，還喜歡把自己封閉在大宅院裡，或於花前月下吟詩作賦，或約三五摯友飫甘饜肥、聽戲狎妓，根本就不在乎外面正在發生著什麼。張志沂趨向保守，黃素瓊卻嚮往自由。她從不願意待在深宅大院中做金絲鳥，對於傳統的相夫教子生活更是牴觸。消極對抗下的置身事外，讓彼此極少有時間過問家事，而孩子的撫養便只能交給女傭。

張志沂的祖父張印塘，字雨樵，曾任職安徽按察使。他為人清廉、耿直，是「豐潤張氏」家族裡第一個做官的人。咸豐年間，李鴻章回到家鄉辦團練，得到了張印塘的大力支持。後又彼此因意氣相投，聯手鎮壓太平軍時結為至交。張印塘的夫人去世後，威名赫赫的李鴻章聞訊後，專程派人幫忙料理後事，盡其能力所及，可見關係已好到何種程度。後來，張印塘因作戰失利被摘下頂戴花翎發配，官場失意的他在目睹了各種人情世故後，最終因心中鬱結得病致死。那年，張佩綸才是個不諳世事的七歲孩童。

家庭變故，讓失去優越感的張佩綸感到了命運多舛。輾轉流離的壓抑中，他只能埋頭苦讀，期待以十年寒窗來換取一朝顯達重振家業。對他而言，這是為生計所迫，也是為生命的搏擊。皇天不負苦心人，張佩綸二十三歲時中了舉人，第二年又中了進士，被授予翰林院編修之職。正當一些潦倒的文士走投無路之際，北洋大臣李鴻章找到了他，力邀其入幕為官。或許，他的命運從此就要發生轉機了。

瓜洲有幸、風雪多情。然而，時刻期望有所作為的張佩綸卻瀟灑地拒絕了他的好意。

「人世世事何須問」,既然眼前這位年輕人不同意,中堂大人也不再勉強。

耐人尋味的是,偏偏天下的事情就如此湊巧,有次張佩綸因處理家事路過天津,陰差陽錯地與李鴻章撞個正著。一番熱情的寒暄後,李鴻章又舊事重提,希望他能夠效力朝廷。「先世交情之耐久如是」,確實讓張佩綸的感激之心從那時油然而起。他不僅為父輩締結的袍澤之情感動,更為身居高官的李鴻章能有這片苦心而欣喜。

李鴻章久處官場的眼光是獨到的,而恃才傲物的張佩綸也非等閒之輩。入幕為官後,先後與張之洞、陳寶琛等主將共事,位至署都察院左副都御史,成了中央監察部門的副職長官。或因李中堂的這層特殊背景,正直的張佩綸在朝中敢說敢為,硬是憑藉著手中的如椽大筆,參倒了不少貪官。李鴻章對其做法讚賞有加,但周圍的同僚卻是唯恐躲之不及。一八八三年十二月,法國軍隊依靠精良裝備占領了山西,中法戰爭爆發。當時的清政府軍紀廢弛,兵無鬥志,以致前線接連潰敗。國家生死存亡之際,作為晚清「清流派」的代表人物,張佩綸始終力主備戰,反對妥協,更是提出主動出擊,以戰促和的建議。更讓人想不到的是,他還積極請命以一介書生的身分統領兵馬,以士大夫的愛國情懷投身馬江戰役,與洋槍洋炮的法國侵略者對陣而不懼死,以實踐忠君報國的人生理想。只是後來依然落得和父親一樣的結局,即兵敗革職被發配邊疆。好的是他的耿直不但名留青史,而且還被寫進了民間的通俗小說中。清末著名的「四大譴責小說」之一《孽海花》中的莊侖樵,其實就有張佩綸的影子。今天讀來,仍令人不勝唏噓其自負的清高。

在這個以成敗論英雄的國度裡,誰也沒想到張佩綸會從慈禧身邊的紅人,一夜之間淪為遭人唾棄的逐臣。笙歌歸院落,燈火下樓臺。各種

第一章　遠去的記憶

　　不期而至的遭遇，讓他進一步看清楚了人世間的悲哀。又加之兩任夫人病故，仕途不順的他變得萬念俱灰、萎靡不振。

　　偏偏這時，李鴻章又一次觸及張佩綸的靈魂深處，不但有意將其收入幕中，更是不顧家人的反對，執意要將二女兒李菊耦許配於他。朝野上下震動，坊間傳聞四起，做女兒的自是無任何言語，李鴻章的太太卻始終反對這門她根本就不看好的婚姻，成天一口一個「老糊塗」地發洩著不快。

　　而除了感激，張佩綸真的說不清是喜是憂。不過他這次沒有拒絕，而是以罪臣之身成為李鴻章的乘龍快婿。

　　歷史總喜歡和人開各種玩笑，潛心入定的張佩綸還未享受夠天倫之樂，中日甲午戰爭便爆發了。隨著近代最喪權辱國的《辛丑條約》簽訂，身染重疾的全權大臣李鴻章在屈辱中倍受巨大壓力，很快在命運的無奈和歷史的無情中辭世。一年後，心懷深層情緒累積的張佩綸也在鬱鬱寡歡中告別人世，剩下的只有一場與國家有關的天崩地坼了。中國的事情總是太複雜了，昨日還是四方賓客雲集，現今「忽喇喇似大廈傾，昏慘慘似燈將盡」。接踵而來的傷感，除了給這個家庭帶來衰落，還夾雜著諸多的遺憾與不解。

　　也是，沒有不亡之國，沒有不敗之家。極盡繁華過後，一個家族的輝煌戛然而止。如果說，血統是種無法言說的神祕，那麼實實在在流淌的則是一代代人生命裡的周轉不息。雖然少了名門望庭的光環映照，但不能就此說張志沂的血統不高貴。等張志沂和黃素瓊結為百年之好後，他們依然還能享受到祖上的庇蔭，只是無法從錦衣玉食的生活中，培育出父輩家國天下的大志向了。相反，富家少爺的所有不良習慣，都逐漸演繹著這個時代的悲劇。

歡樂時光

　　無論痛苦還是甜蜜，其實人生中最美好、最難忘的還是童年記憶。

　　對於張煐來說，她的童年記憶就應該是從上海遷往天津的那個家開始的。一九二二年，「我們搬到一所花園洋房裡。有狗、有花、有童話書，家裡陡然添了許多蘊藉華美的親戚朋友。」遷走時，家裡剛剛又如願添了位弟弟，一家人生活其樂融融，安靜而恬淡。天津這座三層連體私邸，位於地段不錯的法租界三十二號路，旁邊就是法國花園，與五十四號的張學良的府邸相距頗近。好多年以後，當張愛玲接到撰寫英文作品《少帥傳奇》的合約時，專程從美國赴臺灣去採訪和蒐集張學良的資料，雖然未果，卻無意中知道彼此曾在天津做過幾年的鄰居，那種親近與熟悉感油然而生，多多少少都有著圓夢的感覺。

　　張志沂之所以舉家北上，是因為時任民國交通總長的堂兄張志潭為他謀取了津浦鐵路局英文祕書的新工作。這樣順理成章地離開，既可以處理與二哥之間的不融洽，又脫離了兄嫂的嚴加管束。大人的事情，小張煐自是無法理解，但她對新環境更多的是充滿歡喜。雖然院子不大，但好在內有鞦韆，可以任夢想時時從高低的搖擺中放飛。不盪鞦韆時，可以在樹下捉小蟲子玩，看書，或者聽大人講《三國演義》。總之，這眼前所有的一切，在外人眼裡都是那麼精緻而富貴。

　　張煐很羨慕父親的書房，就像阿里巴巴的神祕寶藏，裡面似乎什麼都有。也不時地會乘人不備溜進去，一本一本書地亂翻。讀到喜歡的書時，還會向他賣弄其中的故事情節。知曉原委的張志沂知也不吱聲，每次都會細心聆聽，並不時幫她分析書中的事理。不論陽光燦燦，還是陰

第一章　遠去的記憶

雨綿綿，父女間的這種天倫之樂，都無形中帶給了張煐與眾不同的溫暖記憶。只要提到讀書，父親的心情就會極好，即便有時看到書房裡的散亂情景，也不會加以斥責，反而是別具情趣地收拾好。在寬鬆而又愜意的環境中，張煐開始抱著一部部經典如飢似渴地讀起來，經常是陶醉其中不能自拔。萬般皆下品，唯有讀書高。看到這些，父親總會在悄然觀望後滿足地離去。如果說，張煐心中有著無所適從的寂寞，那她在父親書房裡的時光定然是快樂的。

生活，是這樣多姿多彩，可張煐也有痛苦的時候，那就是每天都要背書。黃逸梵對子女教育要求很嚴，只要有時間就會檢查她讀書識字的情況。「我記得每天早上女傭把我抱到母親的床上去，是銅床，我趴在方格子青棉被上，跟著她不知所云地背唐詩。」母親還好說，可私塾先生的戒尺揮舞起來就完全不同了。於是，院子裡每天都能聽見張煐的誦讀聲，充滿著未諳世事的稚氣。對孩子們來說，背書無疑是件極為苦惱的事，以至除夕夜裡都要用功。有一次就因為背書太晚，保母為讓她多睡一會兒，就沒有按時叫起她迎接新年，結果等醒來時家裡放炮、請神像等好玩的事情都已結束，當時就覺得自己如同遺棄的孩子一樣。「我覺得一切的繁華卻已經成了過去，我沒有份了，躺在床上哭了又哭，不肯起來，最後被拉了起來；坐在小籐椅上，人家替我穿上新鞋的時候，還是哭——即便穿上新鞋也趕不上了。」

傷心總是難免的，但很快就會被其他的樂趣所代替，比如認字時可以得到獎勵，可以跟著家人去串門。張煐最喜歡的莫過於坐著人力車去堂伯父張人駿家，每次見到他都是閒躺在籐椅上，似乎等著人上前去問候。張人駿曾經位至清末兩江總督，被人稱為「二大爺」，敗落後不再關心時局，常年生活在苦澀和酸楚中。只有每次見到張煐時才會開心起

來，不是問她又識了多少字，就是要拽她背詩詞。在張煐的記憶中，她年幼的世界裡永遠都是那些沒完沒了的背誦。背書她是願意的，只是每每背到「商女不知亡國恨，隔江猶唱後庭花」這句時，二大爺總會情不自禁地流下眼淚，昏花的淚水讓張煐深深地感受到了文字的力量所在。直至成年，她才明白這位前清遺老對於往事和家族榮耀的無比眷念。也正是這些不經意的細節，讓張煐開始變得敏感、孤高、早熟，甚至有些不近人情。

　　家庭的原因，讓張煐身邊接觸最多的是女傭人，彼此的親密程度甚至要超過父母，以至她在書中也寫道：「生活像從前的老女傭，叫她找一樣東西，她總要慢條斯理從大抽屜裡取出一個花格子小手巾包，去掉了別針，開啟來輕輕掀著看了一遍，照舊包好，放還原處，她對這些東西是這樣地親切——她找不到，就誰都不要想找得到。」一定程度上來說，母親可有可無，而父親乾脆可以沒有。每每當她一個人發呆或者哭鬧的時候，老傭人張幹就會故意逗她：「妳這個脾氣只好住獨家村！希望妳將來嫁得遠遠的——弟弟也不要妳回來。」有次吃飯時，張幹有意無意間說到張煐筷子抓得近，以後嫁人嫁得遠。機敏的張煐聽後立即將手移到筷子上端，本以為張幹無話再說，不料她又得意地說，抓遠了自然要嫁得更遠。木訥的張煐常被氣得說不出話，臉上一會兒青一會兒紫，不過，這樣的生氣通常沒有任何作用。在那個重男輕女的時代，大家都知道子靜長大後才是宅子的主人，而女兒終究是要潑出去的水。雖然母親隨時提醒家人不要流露出重男輕女的思想，但下人們早已習慣如何察言觀色，既然能揣摩主人的心事，誰又會在乎小張煐的內心感受呢？

　　於是，弟弟在家裡是出盡風頭，連跟隨他的傭人也開始變得氣勢凌人。張煐怎麼受得了這種無端的刺激，她不願意表現出屈弱委頓，而是

第一章　遠去的記憶

生出來「銳意圖強，務必要勝過我弟弟」的念頭，執意要摧毀那個所謂八面威風的子靜。子靜自小體弱多病，書沒有姐姐讀得多，畫畫水平也是相差甚遠。他唯一的報復就是乘張煐不注意時，用粗墨筆惡作劇地在她畫作上胡亂塗幾筆。兩人為此自然會有一番爭吵，有時也會憋著三五天不說話。

所有與弟弟之間發生的瑣事，張煐其實並不是十分明白，但很快就會煙消雲散。無論如何，那段留在記憶裡的美好時光更多充溢著無憂無慮。在《私語》中，張煐用一行行的文字記錄下了許多關於天真童年的趣事，以及只屬於那個時代的特殊記憶，也讓人從中看出了童年毫不做作的隨心所欲，就如藍天下飛升的風箏或溫馨多彩的夢境。

其實，開心的還有張志沂。自從搬到天津生活後，一時間少了兄嫂的嚴加管束，他內心漸然變得不再那麼壓抑，以往枯燥透頂的生活也饒有趣味起來。說起張志沂這個人，他七歲時喪父，母親李菊耦平時又管教甚嚴，始終恪守著詩書傳家的傳統，未進學堂前就開始口授經書，入學後又沒日沒夜督促其學業。只要張志沂不按要求完成功課，就會遭到打罵體罰。可以說，張志沂身上始終投射著母親的影子。只可惜十年寒窗還未換得一朝金榜題名，大清王朝就在傲慢、貪腐、停滯中坍塌了。塞上長城空自許，鏡中衰鬢已先斑。科舉制度很快廢除後，一肚子的四書五經頓時派不上任何用場。張志沂想得明白，既然上不了朝堂報效家國，又無法換來鼎食豢養家庭，乾脆就作為茶餘飯後的無聊談資吧！

這些年裡，盡得清貴遺風的張志沂秉承著父輩的溫情與才氣，並把名士的風流發揮到淋漓盡致。在張煐模糊的記憶中，父母是異常強烈地嚮往著外界的一切。只要他們出現在街道，就會吸引路人目光，就算沒事閒情在家，也是談天說地，其樂融融。父親雖然守舊，卻從不拒絕新

鮮事物，喜歡吃進口的罐頭，熱衷於購買各式汽車，當然也會在百無聊賴時選擇看翻譯的小說，甚至還取了個「提摩太‧C‧張」的時髦名字。母親心性善良，時髦優雅，講究生活品味，身上時時閃現著華貴的羅曼蒂克氣質。內在的魅力閃爍著像酒又像詩的高貴，在如水的溫潤和優雅中既能被人看到，也能為人所記住。尤其是她站在鏡子前梳頭時的精心細緻，總會讓張煐年少的內心中漾出無法言說的美來。以至她對媽媽說：「八歲我要梳S頭，十歲我要穿高跟鞋，十六歲我可以吃粽子湯圓，吃一切難以消化的東西。」這所有的嚮往，早已和母親的耳濡目染無法切割，在潛移默化中進入張煐以後的生活觀念中，無論是舉手投足，還是一顰一笑，都完美地顯現著她更為看重吃穿這些所謂人生的享受。

炫耀什麼，缺少什麼；掩飾什麼，自卑什麼。人世間總是充滿著太多的意外，每一個開始都是憧憬，每一個分離都有失落。也不知從什麼時候開始，張煐眼裡原本的美好與和諧突然間都變得不復存在。

突然有一天，大廳裡的悠揚琴聲消失了，家人們都開始為姑姑張茂淵留學的事情忙碌起來。就在這個時候，母親也不失時機地提出了陪讀的請求。張煐知道，生性貪玩的父親自從結交了那些酒肉朋友後，再也沒時間陪母親出門了，成天痴迷於捧戲子、逛賭城、玩汽車，更可怕的是他瘋狂貪戀起大煙，在吞雲吐霧中窒息和無視家人的勸說。母親無數次的干預始終不見任何效果，她不知如何釋放這煩躁不安的情緒，便開始同父親爭吵。在無比壓抑的生活環境下，他們甚至連吵架的興趣也在逐漸減弱，在那種孤傲與浪蕩、高遠與頹廢的強烈對比下，母親只能是消極地抵抗著。只有姑姑似乎每天都心情舒暢，從不在意身邊發生著什麼，時刻都在陶醉地練著琴。母親心情好時也會附和著唱幾首歌，兩個女人一唱一和，為冷清的客廳增添了一絲生活的趣味，但明顯感覺到她

第一章　遠去的記憶

的憔悴與疲憊。

院子裡的花兒盛開著，外面卻是兵荒馬亂，這裡恍若世外桃源的安逸生活，與時代的發展嚴重地脫節。

真正讓母親心無罣礙決心要走的事，其實是父親瞞著家人在外面包養了姨太太。母親不顧一切地提出遠赴英國陪讀的要求後，高興的其實只有父親，因為他終於可以放縱消遣人生了。這也給張煐的心底留下了非常深的記憶：「我母親和我姑姑一同出洋去，上船的那天她伏在竹床上痛哭，綠衣綠裙上釘有抽搐發光的小電影。傭人幾次來催說已經到時候了，她像是沒聽見，他們不敢開口了，把我推上前去，叫我說：『嬸嬸，時候不早了。』」（張煐名義上算是過繼給另一房的，所以稱父母為叔叔嬸嬸。）她不理我，只是哭。她睡在那裡，像船艙的玻璃上反映的海。綠色的小薄片，然而有海洋的無窮盡的顛簸悲慟。」

一九二四的秋天，黃逸梵最終以張茂淵監護人的名義，從了無生機的樊籠裡為自己撕開一道口子。如果說痛哭是對於這個家的留戀，倒不如說是以這樣的方式來慶賀夢想成真。也就是從那天起，母親在哭聲中真正意義上改名為黃逸梵。逸是行走，注定她一生無法停歇的漂泊；梵是清淨、修行，但命運偏偏沒有按照她的想法來設計人生，在屬於她的藍綠人生中。

母親的離去，張煐沒有落一滴淚。但也就是在那一刻，她內心無比的愛慕和崇拜卻變成了遙遠的雲煙。

這難道就是人生嗎？

悲傷記憶

　　為什麼所有的美好時光，都是那麼地短暫？

　　對於新式生活的嚮往，讓母親最終離開了這個死氣沉沉的家，就像努力掙脫了禁錮人心靈的牢籠一般。母親走時，帶走了她的失望，也帶走了她的抗爭，留下的卻是與父親無法化解的悲劇，留下的是終年無法散去的鴉片煙霧。

　　沒有了母親的家，張煐和父親的關係像是相依為命，更多時候，她都會在無聊中不經意地想起母親。母親平日裡喜歡拍照，每次沖洗出來後總會一張張地點評。張煐在照片裡似乎永遠都不會笑，呆頭呆腦地好像想問題，又似乎用懷疑的眼光在看著眼前這一切。若是偶然被發現有一張微微笑容的，母親就會手捧著照片激動很久，然後很快在上面塗各種漂亮的顏色。這時候，張煐就乖乖依偎在母親懷裡，靜靜看著這些奇妙的變化。

　　桌上擺滿了各種凌亂的顏料和其他工具，只有毛筆靈巧地穿梭於色彩和照片之間，一番隨心所欲點染描畫，紅色的小嘴唇、藍綠色的薄綢衣裳便躍然而出。綺羅香澤，淡然遠岫，竟然是如此可愛迷人。這樣的幸福感中包含著母親對女兒深廣的真情，不僅讓張煐感受到了母親的愛，也滿足了平常中相濡以沫的溫馨。

　　母親特別喜歡代表著生命狀態的綠，連照片中的她也多映襯在叢綠之間，像極了美豔動人的花蕊。想母親時，張煐就偷偷翻出照片來看，一張一張地仔細端詳，靜靜地體會彌留在指紋間的溫柔，生怕漏掉了任何的細節。於是，那綠就幻化成了母親遠赴海外時的綠衣裙。漸行漸遠

第一章　遠去的記憶

　　的記憶中，這蘊含純粹的綠似乎要彰顯出意象下的無比蒼涼，刺眼得讓人只想落淚。以至多年以後，張愛玲出版的第一部作品封面上，也是毫不猶豫選擇了這樣的綠。

　　綠色，就這樣與張煐孤獨相隨。家裡的生活突然平靜下來，一如在等更好的重逢。更多時候，父親除了沒完沒了地應酬，就待在書房裡看書，根本沒時間過問姐弟倆。張煐和子靜倒也是無拘無束，用童貞和無邪撐起了一片極富情趣的天地。

　　有天，張煐帶著弟弟在玩扮家家酒的遊戲。瘦弱的子靜突然問道：「姐，妳說媽媽好看嗎？」

　　張煐沒有吱聲，她生來就不喜歡有人打擾她。

　　「媽媽好看嗎？」

　　「我們的媽媽肯定是最好看了。」

　　「真的嗎？」

　　「煩不煩啊，你又不是沒有見過。」姐姐突然被這無休止的提問給惹怒了，起身擺出了想發火的架勢。

　　見到姐姐這種模樣，膽小的子靜只得趕緊閉上了嘴，從他無辜眼神中流露出的表情，還是希望能夠一次次地聽到「媽媽」這個字眼。其實，張煐又何嘗記得母親的容貌呢？在她心裡，母親只是一段綺麗的風華往事，一抹淡淡的影子。

　　「媽媽不要我們了嗎？」弟弟停頓片刻後又問道。

　　「不會，我們永遠都是媽媽的乖孩子。」說到這裡時，已經逐漸懂事的張煐已淚流滿面。

悲傷記憶

　　誰說沒淚的人最無情，誰說堅強的人不會哭。那天和母親離別的場景就像無法癒合的傷痛，只要想起就會隱隱酸楚。天空中紛紛揚揚下著雨，姐弟倆遠望著母親和小姑離去。母親撐著油傘，提著行李。那不斷模糊的綠色背影，和著來回翻滾的海水，漸漸讓人無法分辨開來。依稀中，只見母親站在萬頭鑽動的船舷邊不停地揮手告別。

　　流年過度恨時短，夢裡煙雨歌惆悵。以後的日子，只要一想到這刺眼的綠色，張焕就覺得母親走得並不堅定。母親走後，父親曾有過一段時間獨坐在陽臺前發呆。陽光斜斜地射過來，映照在他那張分外憔悴的臉上。是在想遠去海外的妻子呢？還是感慨人事的滄桑？總之，張志沂早已習慣保持這樣的姿勢，尤其在經歷了一系列的變故後，他的風雅愜意全然被埋葬在心靈的廢墟之中，誰也不知道他內心的急切期盼是什麼。

　　院子裡的快樂已蕩然無存，那個要承載著家庭興盛的夢想也似乎沒落了。在孩子面前，張志沂似乎永遠都是那麼矮小，就像盤根錯節的樹根，在深秋的黯淡中刻骨銘心著懺悔和失落。

　　「爸爸，爸爸。」

　　張志沂沒有答應，兩眼只是死死地盯著遠處看，同母親的婉約美麗相比，那死魚眼睛的無助，更像是充滿著沉沉暮氣殘陽，讓人更多地想到死亡。

　　「爸爸，媽媽什麼時間回來？」

　　張志沂的身體才微微動了動，又過了好長時間才轉過身來。

　　「有事嗎？」

　　這樣一問，姐弟倆反倒忘記了要問什麼，便順口問爸爸在看什麼？

027

第一章　遠去的記憶

關鍵是張志沂也不知道自己在看什麼，或者說他壓根什麼也沒看。

「是不是想媽媽了？」說罷，他突發憐愛地用手撫摸著孩子們的頭。

接下來，又是長久的沉默。

一段時間之後，父親總算從沉寂中恢復過來，做事情也不再是以前的偷偷摸摸，而是變得肆無忌憚起來。常常夜不歸宿不說，還將養在外面的姨太太也接進了大院。姨太太叫「老八」，住在一條不知名的小巷子中。張煐之前見過她幾面，每次見到，老八都是矯情地倚在家門前，手裡拈著手絹在等待著父親到來。說不清楚為什麼，她對這個渾身珠光寶氣的女人打心眼兒裡反感，這時內心中總湧起一陣莫名的幻滅感。有好幾次走到了門口，都是死死抓住門框拒絕進去，任憑父親如何使勁地拽，她只是發了瘋似的亂蹬亂踢，後來乾脆躺在地上大哭大鬧。現在這位姨太太滿臉笑容走來了，讓張煐重新又感到了困惑，就像有一根繩索套在了脖子上。大院裡就這樣又熱鬧起來，每天都人來人往，處處鶯歌燕舞。陽光也跟著喧囂而來，只是裹脅著另一種駿腐的味道，更意外的是，新來的姨太太居然會喜歡上張煐，還不時地帶她去外面的舞廳。燈紅酒綠的光影中，各色人來回晃動著，張煐看著看著就會頭暈起來，最終迷迷糊糊地讓傭人背回了家。

姨太太旋風般撲面而來，結束的是一段時期的淒清冷漠。對於孩子們來說，單調的童年中又添了許多真實的記憶。

萬愛千恩百苦，疼我孰知父母。無論如何，身為母親的黃逸梵始終是牽掛著孩子們的，為了慰藉親情上的缺失，她會不時地從海外郵些好看的衣服和玩具回來。與母親相比，身為風塵女子的老八完全是一副市儈氣息，她做事情完全視其心情而定。說不清楚是從哪天開始，老八突然變得暴戾起來，對下人不是打就是罵，嚇得大家常常躲著她走。在張

煸眼時，她與父親的咄咄逼人的爭吵也開始了，激烈時還會從屋內折騰到院子裡，根本就不在乎別人怎麼看。所有這些瑣碎和嘈雜，一次次地改變著張煸對家的看法。

吵架時，這位平日裡嬌豔的姨太太完全是另一種氣急敗壞的模樣，不但會破口大罵難聽的話語，而且還亂扔亂砸屋裡的擺設，似乎要從大施淫威中獲得快感。她這樣胡作非為，父親也不去指責，縱然你是手握鋼刀咬碎銀牙，我依然抽著大煙吞雲吐霧。張煸卻不樂意，這屋裡的所有擺設都是母親精心布置的，怎麼能說摔就摔了呢？只是父親不吱聲，她也只好把不滿埋在心裡。父親的沉默並有沒有換來老八的收斂，有次吵架，她直接拎起手邊的痰盂，劈頭蓋臉地朝著人扔了過去，結果卻準確無誤地砸在張志沂頭上。父親的高大形象頓時被砸得體無完膚，那情形就像落水的老狗一樣羞愧難當。

兩個人的戰爭就這樣爆發了。

本來平靜的大院，頓時給人感覺就像是一座傾頹的舞臺。兩個人無休止地表演著，時不時地換來旁觀者的叫好。這樣的生活，斷然不是張志沂追求的。雖然是敗落的官宦子弟，但他內心始終嚮往「詩酒隨和」的幸福，在乎的是獨立門戶的風光瀟灑，但恰恰這一切都沒有按照他的想法施行。現在除了無聊的爭吵，就是和朋友一樣花天酒地。而所有的新鮮雲霧般散去之後，那些舞場、賭場以及鴉片煙帶來的飄渺只是徒增著人生的煩惱。有好多次，已是相當疲憊慵倦的浪蕩子張志沂也會靜下心來反思，當初為何不去阻擋黃逸梵的執意出國。

或許是實在無法看過眼，這樣的「好戲」最終還是在大家的口耳相傳中成了言說的話題。不管怎麼說，揮霍家業的父親已是許久沒有去上過班，吸食鴉片、吃喝嫖賭的事又讓他在單位聲名狼藉。張志沂失去了祕

第一章　遠去的記憶

書工作，甚至還波及了張志潭的交通部部長一職。隨著張志潭的職務被罷免，失去靠山的張志沂開始把所有不快全發洩在老八身上，並在一怒之下趕走了她。「我坐在樓上的窗臺上，看見大門裡緩緩出來兩輛塌車，車上都是她帶走的銀器。僕人們都說：『這下好了。』」

「窩裡鬥」的鬧劇就這樣不可思議地結束了，坍塌的舞臺上再也沒有了笙歌舞影。在張煐早慧的世界裡，這一件件不可思議的事，都累積成了她日後寫作的素材。家道的不幸，讓她在經受的同時也逐漸學會了面對和沉默。年齡尚小，兩人不在乎家裡到底發生了什麼，也不去感知這個家庭將要發生什麼，只是有滋有味地陶醉在孩童的世界裡。只是在夜深人靜的時候，那種因家庭變故帶來的陰影，會濃縮成各種恐怖隱藏在夜色裡，成為人生中無法磨滅的傷害！現在來看，排解張煐孤僻、敏感的最好辦法，就是用文字表達內心。從那時開始，她在識字不全的情況下，有了自己真正意義上的寫作，那就是出人意料地完成了一部關於人性的小說《理想中的理想村》。沒有多久，她又興致勃勃地寫起歷史小說，不過這次只堅持到第六個章回就放棄了。戛然而止的創作，完全可以視為她心靈上的情感表達。也正是這種不成功的嘗試，才讓她終生與文學結緣。

張志沂失去了工作，天津這個家再待下去也就沒有了意義。何去何從？思慮之後似乎也只能回上海了。迫不得已的人生歧路，深深刺激著這個俊逸男人，如若不是被一系列雜亂的私生活拖累，他此刻應該正在享受著風平浪靜的安穩。可是人生就是這樣，一系列的打擊接踵而至，讓三十才出頭的張志沂已感覺無法招架。

太過徬徨的歲月，真的讓人無法知道何處才是終結。張志沂並非對生活沒有要求，他也曾為自己的生活設想過各種不同的面貌，但現在這

種猥瑣的模樣，無疑是放縱太久後的醉生夢死，不要說最愛的人找尋不到寄託，就是懦弱的自己也從內心生出了絕望。於是，一個無人的夜晚他思前想後，還是對孤獨的碎影注射了過量的嗎啡。

一個家庭從輝煌到衰落，自然會讓人生出種種疑惑。但逃避又能挽回些什麼呢？自殺帶來的也不過是失落與絕望。好在家人發現得及時，等到張志沂從死亡線上重新回來時，才發現一蹶不振的人生恍如噩夢。劇烈的思想鬥爭後，他痛改前非並真誠修書黃逸梵，盼望她能早日回來。

黃逸梵一到國外，便對充滿著新鮮、自由的國外生活產生了濃厚興趣，她愛好廣泛地迷戀上了油畫創作、跳舞、開車兜風、游泳、社交，這些閃現著時髦情趣的高層次享受，儼然已讓她脫胎換骨成為那個時代的新人類，也讓她很快忘記了內心的不幸。不敢想像的是，成日鮮衣華履，出入上流社會的黃逸梵不僅能和上層貴族、知識分子談笑風生，甚至敢以三寸金蓮的無比驚險在阿爾卑斯山上滑雪，那談笑自若的神情，真的讓人無法想像內心該有多堅強，她努力學習著各種新鮮事物，很快就成了社交圈裡最亮麗的一道風景。正如張愛玲在《對照記》中提到母親：「她踏著這雙三寸金蓮橫跨兩個時代。」面對這段讓人陶醉的時光，黃逸梵忘我地適應著時代潮流，她何嘗不明白上帝既然給了自己不俗的容貌，那就絕不會放過明星般的光彩。她與徐悲鴻和蔣碧薇是鄰居，與沈宜甲、趙梅起、吳作人等人情若故知，也正是這種孤傲卻又不乏熱情的殺傷力，始終透著女性最為原始的慾望。只是夜深人靜一個人獨處時，繁華消失殆盡，對於兒女的思念就會放肆得如同決堤的洪水。人心都是肉長的，又怎麼能夠在期待煎熬中不去想呢？一聲相思，無關距離，卻可以滄海桑田；一種相知，不必刻意，卻可以醉夢千年。既然已

第一章　遠去的記憶

經錯誤地放棄了不該放棄的，還固執地堅持著不該堅持的，現在如果連牽掛都沒有，是不是有些太絕情了呢？

在英倫的歲月，無疑充滿著太多夢想和笑聲。直到有一天，黃逸梵收到了一封國內來信，信的封面上是張志沂的熟悉筆跡。除了滿紙的相思之情外，還夾帶著一張他本人的照片，後面端正地寫著一首詩：才聽津門金甲鳴，又聞塞上鼓鼙聲。書生自愧擁書城，兩字平安報與卿。

張志沂的書信還是不經意驚醒了她的夢，靈魂有香氣的女子黃逸梵頓時有了無比的自責。可以說，她完全是帶著忐忑不安的心情來讀這封信的，那一刻，她特別強烈地決定回國。

也不知道一路是如何辛苦和寂寞，當身著時裝的黃逸梵和小姑出現在上海碼頭時，全家又重新沉浸在無比開心中，尤其是身為一家之長的張志沂，臉上也露出了難得的笑容。為了能以全新的形象面對黃逸梵，他不但專程去醫院進行了強制戒毒，還刻意對外觀進行了整理。只有單純的孩子們最沒想法，過年一樣圍在母親身邊跑來跑去，讓沉寂許久的家中有了生機。

時間如同流水一般，屈指算來已過去了四年。此時的張煐已經八歲。

一九二八年，失業的張志沂無奈地從天津又搬回上海。為了挽救婚姻和子女的教育，母親也從遙遠的海外輾轉歸來，一切就彷彿是剛醒的夢。一時間，父親的煙榻、煙燈突然全沒了蹤影，屋裡的擺設又恢復成以前的模樣，就連以往陳舊的古董、銀器等家具，也在悠然的情趣中泛出耀眼的光彩。生活每天都在發生著變化，家裡新添置了鋼琴、油畫架、留聲機等擺設，還不時會邀請朋友來家裡參加舞會。輕音曼妙、華

燈溢彩，於婀娜多姿中傳遞著高雅的生活理念；於輕鬆愉悅中飽含時尚的生活態度。在新思想的影響下，黃逸梵開始著手教張煐學習鋼琴、繪畫，讓她早早接觸西方的教育理念。張煐特別喜歡這些課程，尤其是畫畫中色彩和線條更是表現出其不凡的天資。那時的畫多是身形優美的女子，長長的睫毛下是又大又圓的眼睛，像極了母親。她每天都不倦地畫著，用畫表現著不斷進步的審美。在給天津的朋友寫信述說這些開心時，也是忍不住一連會寫上三四頁，有時還會附帶有趣的漫畫，連寫帶畫著新家裡的種種美好。情緒感染之下，她又自作主張把臥室牆壁塗成橙紅，在上面畫上了各種可愛的小人。在溫暖而又親切的色澤中，她開心地玩著、畫著、唱著。「自己喜歡橙紅色那種溫暖而親近的感覺，就連藍椅配上舊的玫瑰紅地毯，不搭調，也覺得分外好看。」張煐太享受母親在家的感覺，就如同眼前這顏色。心靈的共鳴，讓她非常喜歡西式的教育和薰陶，也逐漸表現出其不凡的氣度。

　　從有記憶以來，這大概才算是真正久違的快樂。很多年後，張煐依然將這些細節記得清清楚楚。只是好日子並沒有持續多久，因為子女教育的問題，黃逸梵和張志沂又發生了爭執。最要命的是這個生性軟弱的男人，竟然又重新躺在煙榻上開始吸起大煙來，以此來表達對於黃逸梵的教育理念的大不滿。身處嗆人的煙霧之中，對婚姻還抱有希望的黃逸梵徹底失望了。不過她堅持的事情從來不會放棄，最終還是頂著壓力找了個機會，將女兒送到美國教會在上海創辦的黃氏小學，直接插班在六年級就讀。也就是從那時開始，張煐正式步入學校，開始接受西式教育啟蒙。據說在填寫入學證明的時候，母親為了讓她的名字叫得響亮些，又起了英文名 Eileen。結果這樣的無意之舉，卻讓張愛玲這個名字在以後的歲月中，持續散發著不凡的魅力。

第一章　遠去的記憶

世相觀察

一九三一年九月，張愛玲帶著無比欣喜的心情，來到了聖瑪利亞女校就讀。

聖瑪利亞女校始建於一八八一年，原名為聖瑪利亞書院，坐落於風景優美的中山公園西南側。透過一片鬱鬱蔥蔥的樹木，遠遠地就能看見古希臘風格的建築群。走進校園，無論是風格優美的教學樓，還是長滿青藤的鐘樓，從磚與磚的縫隙中都可以感受到濃烈而又厚重的西方文明的氣息。那氣勢恢宏的圖書館、屋頂陡峭的古典式外廊、有著宗教色彩的禮堂、寬闊碧綠的大草坪，自如而又巧妙地鑲嵌在一起，使整個布局恬淡而又嚴謹，無形中增加了景色的縱深，也給從未接觸過學校的張愛玲帶來了美好遐想。

作為當時上海灘最負盛名的兩大美國基督教會學校之一，聖瑪利亞女校以培養出許多當紅影星、名媛淑女而名噪一時。能在這樣幽雅的環境中接受教育，對張愛玲來說自然是難得。當時，這種學校主要招收上海市中上等家庭的子女，除學費不菲之外，在學制與課程設定上也是與眾不同，它們嚴格按照美國教會的辦學宗旨和教學內容，力主培養中西文化兼備的人才。日常的教學中，課程又被分為中文和英文兩種，而且更突出了英文的講授和運用。除必修課之外，又針對女生特點開設了社交、禮儀、縫紉、刺繡等訓練課。

為激勵學生，學校還規定成績優異者，直接可以保送去英、美等歐美洲國家名牌大學就讀。好多名門望族的孩子被送到了這裡，接受全西方的教育模式，其中就有林語堂的夫人廖翠鳳、上海市市長吳國禎的表

妹俞秀蓮、廈門鉅富陳天思的女兒陳錦端等人。與身邊這些新貴們相比，張愛玲的家庭已經淪落得不值一提了。

聖瑪利亞女校素以教學嚴謹出名。在外人看來，這樣的教學模式完全照搬西方教育模式，實際上卻比國內學校的教育理念更純粹和傳統。從現在來看，這種教育既帶有著家庭私塾的意味，讓從小習慣背書的張愛玲特別熟悉；同時又充滿著太多未知，不斷吸引著她在探索中興趣不減。也正是出於這樣的原因，張愛玲的成績總是名列前茅。

成績始終這樣優異，可張愛玲並沒有想像中那麼高興。相反，她內心中湧現出來的孤獨與敏感，卻成了她這個年齡層裡不該出現的反常。

無疑，反常是她對於人生的嘆息，是荳蔻年華下的孤獨落寞。就像是從山上望下去的萬家燈火，就像這座城市裡吹過的風，一個人的心情，只有自己懂得；一個人的難處，只有自己明白！

最是人間留不住，朱顏辭鏡花辭樹。如果說成長是一種痛，那麼張愛玲獨特的個性表現，不但讓後來人慢慢領悟著時光對她的鍾愛，還讓人從漫長歲月中感受到了她驚豔的瞬間！張愛玲不喜歡遮掩缺陷，也不過分地炫耀長處，可以毫不誇張地說，文字中的生活態度、敏銳而又冷酷的筆觸，從那時起就已成了陪伴她蒼涼現世的精神享受。從後來出版的一系列作品中，也可以透澈準確地覺察到這種情況。「青春如流水一般地長逝之後，數十載風雨綿綿的灰色生活又將怎樣度過？」

在那個衰頹的時代，張愛玲內心始終是空蕩蕩的。從小性格內向，又不喜歡運動，給人感覺身上總散發著沉沉暮氣，那種出人意料的「痛感」下，是不修邊幅的無比凌亂，就像個病懨懨、懶兮兮的人。現在突然要與這麼多同學朝夕相處，自卑的她更多表現為不善言辭，常煩惱於

第一章　遠去的記憶

如何交際。老師與同學們並不是完全懂得她的心事，好多時候都帶著一副嘲諷與冷漠的面孔，但張愛玲並沒有一個人躲在牆角哭泣，而是默下決心，要以崇拜已久的林語堂先生為榜樣，爭取在寫作上有所出息。

平淡就是美、平淡就是真，但枯燥乏味的學校生活，卻讓我行我素慣了的張愛玲極不適應，那些框架的約束，讓人感覺到連笑都是那麼虛假，完全與陽光布滿全身的和煦截然不同。學生宿舍前立有制式鞋櫃，學生平時要將不穿的鞋子擺放其中。負責衛生的舍監異常嚴厲，一週內會不定時地檢查上好幾次，如果發現有人不按照規定胡亂擺放，就會不留情面地將鞋扔在走廊中間以示懲罰。

如果不出意外，張愛玲每次都會「享受」到如此待遇。眾所周知，她有一雙磨得發白的舊皮鞋，平日裡就已經是同學們的笑料，扔在走道上反響更大，不時還會有人惡作劇，把這雙鞋子在樓道裡踢來踢去。面對這些，盡善盡美的張愛玲總是不以為然，永遠都表現出一副睡不清醒的模樣。舍監講多了，她也會懶洋洋地回應：「我忘了，對不起。」意思就是我這狀態你還能夠怎樣呢？周圍是一群家世顯赫的同學，而她這個窮學生只有裝著滿不在乎，才能夠暫時去除心中的無比在意。

她似乎生來就充滿著矛盾，尤其是不拘小節的生活習慣與學習成績間的巨大反差，更是會在學校引起各式各樣的話題。但這一雙舊皮鞋反映出的，卻是這個家庭的日益敗落。

長期吸菸，張志沂的身體每況愈下。在這要命的節骨眼上，黃逸梵又決定再次棄家遠赴海外。雖說此前為了愛玲和弟弟的成長，父母關係在形式上有所好轉，可是當張志沂重新鴉片成癮後，失望之極的黃逸梵開始覺得這個家已不值得任何留戀，她一方面擔心子女，一方面又折磨著自己，以性格上的不屈服來傷害著自己。或許已經預感到黃逸梵會不

辭而別，張志沂開始找各種藉口拒絕給她日常開銷的費用，簡單地想從經濟上進行制約。其實，這個辦法對普通女人適用，但對開過眼界的黃逸梵來說，這個不得已而為之的辦法根本沒有任何效果。隨著張家開支增大和逐漸走向沒落，此時連支付張愛玲的學費都成了問題，這樣的制約便顯得有些滑稽可笑。以往的榮耀和排場一去不返，那情形就像一艘進了水的船，時刻在行進中下沉著，不管是否願意，反正屬於張愛玲這個時代的所有美好都成了千瘡百孔，唯有在心底疲憊地發一兩聲嘆息。

好在是隨性隨心的張愛玲很快就學會了健忘，就像每次總會忘記收拾好鞋子一樣。這樣的健忘蠻有意思，很快就蔓延到了忘交每日的作業。老師問及原因，她依然是裝著可憐的樣子找遍各種理由。可是每次面對她考試取得全校拔尖的好成績時，老師們更多的還是不解。老師沒了主意，學生們卻乘機起鬨，終於乘機給她起了個「我忘了」的綽號。在學校，只要有人提及「怪人」張愛玲，總不失時機冒出句誇張而又戲謔的話來：「哦，我忘了。」

面對眾多的壓力，張愛玲始終不以為然，她來到這世上，就彷彿只想做與眾不同的另類。誰也不知道她心裡在想什麼，但她卻始終渴望著父母能夠盡快離婚。等到真的如願以償，看著大家想辦法極力挽救時，她又沒有了想像中的那種快感。生活竟然是如此想像不到的無聊，耐不住寂寞的父親又很快結婚了。一九三四年，張家大院裡又多了一位花枝招展的女人，她就是後媽孫用蕃。這位人稱「七小姐」的孫用蕃，是民國北京政府國務總理孫寶琦的女兒，交際廣泛，和趙一荻、陸小曼等人親為閨中密友，也算是當時的風雲人物。一個是剛剛離婚，一個是大齡女未嫁，兩人便不冷不熱地住到一起，一切都是那麼地順其自然，更為難得的是兩人都有著噴雲吐霧的興趣愛好。張愛玲覺得眼前發生的一切，

第一章　遠去的記憶

更像小說中虛構的情節，甚至連每處的細節都設定好了。她說不出是什麼樣的感覺，既沒有怨恨和不平，也沒有任何不理解。不過她還是在紙上寫下了這樣的話：「我父親要結婚了……如果那女人就在眼前，俯在鐵欄杆上，我必定把她從陽臺上推下去，一了百了。」

在張愛玲看來，單調乏味的家庭和學校生活是同樣沉悶，某種程度上，與感時傷事的吟風弄月無任何區別。就在這時，擔任國文老師的汪宏聲給大家帶來了些許開心。可別小看了汪宏聲，他曾深刻地影響過張愛玲的寫作態度，尤其是其擔任了聖瑪麗亞女校國文部主任後，為擴大學生的閱讀面，他要求各班級必須訂閱報刊，又組織部分教學名師參與修訂教學課程，還定期編輯出版校刊《國光》，鼓勵教職員工動筆書寫生活、見聞。在那個紛繁變化的時代，這樣的改革著實讓人耳目一新，可以說，既為強化學生的閱讀寫作提供了平臺，也極大地拓展了學生的知識接觸面。多年以後，那時常在《國光》雜誌上發表文章的張愛玲，依然還能想起和藹可親的汪先生。

又怎麼可能會忘記呢？充滿著真性情的汪先生，舉手投足之間都流露著個人不凡的獨特魅力，他的出現不僅僅是對於文學的關注，更多是引導或者激勵張愛玲對文字充滿熱情。至今她還記得第一次公布的作文題目是《學藝敘》和《幕前人語》。所謂學藝，指學生學習各門藝術的經過；敘，則是用文字敘述、述說；幕前人語即對於一部電影的觀後感。

在來這所學校就讀前，張愛玲就已經在母親的嚴厲要求下，日復一日地堅持著枯燥的練琴、畫畫。手指彈腫了，指尖磨出了老繭，打罵也捱了不少，可她從不認為這樣的藝術薰陶有多高雅，最多只是增添了些生活的情調。現實生活中，看電影是張愛玲的最愛，每次只要有新片播映從不會落下，自然也會在觀影後寫下些觸動心靈的文字。她很快就上

交了習作《看雲》，行文流暢、語言華麗的文字讓汪老師大喜望外，甚至當著全班人對其高度評價：「富於哲思、有著意境深遠的詩意表達，甚至超過了我的水準。」為重點培養張愛玲，他還在課堂上聲情並茂地朗誦了這篇文章，而當他將坐在最後一排的張愛玲叫起來認識時，卻不禁大吃一驚。「一位瘦骨嶙峋的少女，不像絕大多數女生那樣燙髮，衣飾也並不入時。那時風行窄袖旗袍，而她穿的則是寬袖，走上講臺來的時候，表情頗為板滯。」

　　文字與人的強烈的反差，更堅定了汪老師的一片惜才之心。從此之後，張愛玲的作文便成了班上雷打不動的範文。《國光》校刊更是將其視為難得的文學苗子來培養，邀請她和老師一起編輯稿件，可能是心存不屑，也可能是不願與人交流，結果每次都遭到了她的拒絕。於是，《國光》又改為特邀約稿，接二連三的熱情也無法打動「天才少女」張愛玲的心。她沉默著，也執著著，不斷用行動證明著對於寫作的堅持，實在煩了時也會以報以「我忘了」的說辭來應付。

　　那些日子，得意與失落在張愛玲的世界反覆交織著，就彷彿是散亂在陽光裡的塵埃，月光下無蹤影的寂寞，讓她在光陰的沉浮中感受著世間萬事。平淡的生活中也不乏有著關愛，除了汪老師之外，歷史老師也對張愛玲的際遇心懷同情，還自掏腰包贈予了她八百塊錢。面對著這厚厚的一沓錢，內心潮湧起的又何止是感激和喜悅呢？那一刻，張愛玲的心就像乾裂的土地，被這股暖流緩緩地漫過，她終於還是忍住了奔湧欲出的淚水，用難得的笑容回報了這一份份的真愛。

　　張愛玲的寫作天賦，其實早在汪宏聲未入校前就已小有名氣，在某種程度上，她完全將發表文字當作了人生中的最大的享受。聖瑪利亞女校出版的《鳳藻》校刊，先後刊載過她的數十篇習作。其中，發表在第

第一章　遠去的記憶

十二期的處女作《不幸的她》，讀起來更有著對簡單美好歲月的諸多情緒。「在這壯麗的風景中，有一隻小船慢慢地棹槳而來：船中坐著兩個活潑的女孩子，她們才十歲光景，袒著胸，穿著緊緊的小泳衣，赤著四條粉腿，又常放在船沿上，讓浪花來吻她們的腳。像這樣大膽的舉動，她倆一點兒也不怕，只緊緊地抱著，偎著，談笑著，遊戲著，她倆的眼珠中流露出生命的天真的誠摯的愛的光來。」

一個才十二歲的學生，雖然一時半會還無法擺脫內心中的那份自我，但從文字中表現出的如泣如訴、纏綿悱惻，卻早已讓人忍不住要誇讚其早慧所在。說到底，這些也與汪老師不吝賞識、大力薦舉息息相關。從這層關係上講，汪宏聲無疑是她文學創作上的伯樂。張愛玲成名之後，汪老師還寫了《記張愛玲》的文章，其中的濃濃愛意，更是反映出老師對於學生的器重和厚望，這也為以後深入地研究、了解張愛玲，提供了一份難得的資料。只是奇怪的是，張愛玲以後的文字中，卻從未提及過老師汪宏聲。

這時，張愛玲又在校刊上發表了小說《霸王別姬》。小說不落俗套，語詞簡約凝練，從華美的筆調中傳達出了人物命運、人性內在，沒有刀光劍影的激烈，也沒有卿卿我我的纏綿，可從犧牲的美感中流露出來的理性，深刻表現出她對虞姬的認可和尊重。這該是一種何樣的美呢？當她用長刀毫不猶豫刺進自己胸膛時，清醒不失情趣的女性形象躍然紙上，讓人看到的不僅是垓下決戰的殘酷，還有著讀者無法索解的情願與絕望。張愛玲對於傳統文學手法的探索與表現，完全剔除了通常歷史舞臺上的悲劇殉情形象，讓這些熟知的人物形象與此前大相逕庭。可以說，絕大多數人都不相信小說會出自張愛玲纖弱之手，可汪宏聲卻對文章讚賞有加，並在課堂上與郭沫若先生的《楚霸王之死》一文進行了比

較：「愛玲君的《霸王別姬》用新的手法、新的意義，重述了中國歷史上最有名的英雄美人故事，寫來氣魄雄豪，說的上是一篇『力作』。」任世間有百媚千紅，我獨愛你那一種。確實，當虞姬被張愛玲賦予了時代的獨立性格時，少年老成的她已經朝這個獨立、自主的方向努力了。

姑姑張茂淵極為疼愛張愛玲，也試圖走進她的內心。所以，無論是談人生理想，還是說起父母離婚的話題，都會顧及著那顆敏感而又脆弱的心。但恰恰讓人無法理解的是，張愛玲特立獨行的奇怪想法，始終閃爍著各種情感交織的複雜，尤其眼中那一抹讓人無法不懂的光芒，不僅有混沌，還深藏著淡淡的憂鬱。就如同很多人認為鋼琴是曲高和寡的藝術，但她卻只是想透過這優美悅耳的琴聲，來配合母親精緻的生活情調。這種用成人眼光來看世界、看人生的特別感受，讓張愛玲在中學時代就已經表現出了自己的追求、自己的個性，乃至處於萌芽狀態的文學才華，而這些對她以後的影響也非常深遠。

跨過千年的愛戀，交織著淡淡的離愁，在那個憂傷似海的家庭裡，雖然還殘留著母親的氣息，但透過斑駁的光與影，那片最美的風景正隨著黃逸梵的再次離去而不復存在。對於張愛玲來說，無處訴說的淒涼，以及人生的悲歡離合，都成為深藏在內心的無比恐慌。至少在她當時的認知裡是這樣。

沒有了母親這棵大樹的庇護，後媽孫用蕃便變得面目可憎起來，她似乎從不在乎張愛玲的感受，經常強迫其穿她淘汰下來的所謂時裝。苦於無奈，在聖瑪利亞女校的那片風景中，只有她時常「身穿穿不完的舊衣服，自卑而又可憐地從同學面前走過」。這無比的猥瑣形象，無異於華安大樓舉行的那場熱鬧婚禮，所有人都為此開心狂歡著，只有她一個人獨自待在暗黑無人的角落，不知道該如何去面對當下。胸中無名的憤怒

第一章　遠去的記憶

火一樣隨時都會燃燒起來。張愛玲在《童言無忌》中曾經寫道:「有一個時期在繼母統治下生活著,揀她穿剩的衣服穿,永遠也不能忘記一件黯紅的薄棉袍,碎牛肉的顏色,穿不完地穿著,就像渾身都生了凍瘡;冬天已經過去了,還留著凍瘡的疤 —— 是那樣的憎惡與羞恥。」

此後,張愛玲與後媽成為冤家對頭。隨著各種紛至沓來的家庭矛盾,張愛玲內心徒增了無盡的怨恨。父親依舊沒事就頹廢地躺在床上吞雲吐霧,任煙霧繚繞著無聊的歲月。原本膽小的弟弟無人管教,雖然受盡了後母的百般折磨,但還是以其被奴役習慣了的逆來順受,開始了遊手好閒的生活。所有這些變與不變,如同荒草般瘋狂生長著,嚴重地影響著張愛玲的心智。這種情形下,她只能逃到姑姑家尋得暫時的安寧,但更多時候還是喜歡待在學校寫作。其實,孫用蕃也想過處理好與愛玲姐弟之間的關係,但總歸是辦法不對,耐心不足,著實是無法喜歡對方。種種不快之後,生性冷漠的張愛玲只能以特別的眼光,來觀瞻這個悲催的社會和人性,以至她從家裡無法找到自己熱愛的東西。命運不濟,讓她原本可以享受美好生活的年齡,卻要面對人生的種種傷痛。就比如說,弟弟軟弱善良,到最後,「為了一點小事,我父親打了他一個嘴巴子。我大大地一震,把飯碗擋住了臉,眼淚往下直淌。我後母笑了起來道:『咦,妳哭什麼?又不是說妳!妳瞧,他沒哭,妳倒哭了?』我丟下飯碗衝到隔壁的浴室裡去,關上門,無聲地抽噎著。我立在鏡子面前,看我自己掣動的臉,看著眼淚滔滔流下來,像電影裡的特寫,我咬著牙說:『我要報仇,有一天我要報仇。』」

在這樣的情緒中生活,張愛玲突然發現家,其實就是囚禁人性的牢籠,她必須要離開這裡,到一個有著自由的地方去。臨近畢業時,她在年刊調查表一欄中不假思索地填下了:「最恨 —— 一個有天才的女子忽

然結了婚。」不知是受父母離婚的影響，還是徹底看清了社會的種種怪現象，這行讓人摸不著頭緒的文字中，竟然從中流露出前所未有的淒涼。

終於畢業了，一心想要透過求學尋找自由的張愛玲，著手準備報考英國倫敦大學。當她心懷欣喜把這件事情說給父親聽時，卻被張志沂武斷地加以拒絕。平心而論，張志沂平日裡喜歡女兒居多，只是他此刻內心的憤怒在於：母親回國來，雖然我並沒有覺得我態度有顯著的改變，父親卻覺得了。對於他，這是不能忍受的，多年來跟著他，被養活，被教育，心卻在那一邊。

「妳說什麼？這些年我供妳吃供妳穿，又供妳上學，妳現在才剛畢業就想走了？告訴我，妳是聽了誰的挑唆了？」父親怒不可遏，他從煙榻上跳了起來，把手中的煙槍重重地摔在地上，四散的玉斑飛得到處都是。

張愛玲知道，父親嘴中的那個「誰」，其實指的就是母親黃逸梵。可實際上想要出國留學是自己的目標，又怎麼能無端強加到母親身上呢？就連平時集所有後母之壞的孫用蕃，此時也是滿臉不信任的鄙夷，她生怕事情不大，乾脆煽風點火地說：「妳說妳娘，既然離開了這個家還要操心這裡的事，如果真捨不得你們那就回來啊！不過，她回來了也只配做個姨太太。」

這些都不曾是張愛玲腦海裡出現的情景，卻如此真實地發生了。張愛玲只能傷心欲絕地回到母親身邊，既是對自我的療傷，又是對母親的安慰。

大概兩個星期後，張愛玲心想著父親應該心平氣和了，才忐忑不安地回家想繼續爭取權益，正在裡屋搓麻將的孫用蕃聽到腳步聲後走了出

第一章　遠去的記憶

來，一看是張愛玲，便劈頭蓋臉對著她就是一巴掌。

「妳這個要死的傢伙，跑到哪裡去瘋了？妳眼裡到底還有沒有我這個當媽的？」莫名其妙捱打後，張愛玲拔腿就要回自己的房間，但孫用蕃不依不饒，掙脫了傭人的拉架還要打，直至看見張志沂遠遠走過來，她才裝著委屈的樣子罷手。

「瞧瞧妳養的種，她竟然動手要打我！我不活了。」不明就裡的張志沂，對著惶恐的張愛玲就是一頓暴打。

「我沒打人，我沒有打人。」張愛玲無力地爭辯著，卻始終無法從父親的大手裡掙脫，她的頭髮彷彿要被拽掉了一般。軟弱的父親把對於母親的怒火，飛沙走石般都宣洩在女兒身上，張愛玲的喊叫聲越大，他下手就越重，就連站在一旁看熱鬧的孫用蕃都有些於心不忍了。第一次受到這樣的痛打，張愛玲連死的心都有了，不知道拳腳是何時停下來的，她暈頭轉向只顧著朝大門口跑去。這種求生的本能再次激怒了張志沂，乾脆老鷹抓小雞一樣把她又抓了回來，直接將她禁閉在後院的黑屋子中。

人生這麼無情，又何必給予笑臉？父女感情發展到這種地步，是誰也沒有預料到的。從對立的仇恨中，張愛玲真切地感受到了真情的無力、冰冷，在絕望中她甚至想到了死亡。從此，這絕望的念頭如同瘟疫波及她以後的人生，也讓她對父親的感情全然消失。

黑屋子裡真的好黑啊，暗無天日的黑讓她從內心生出無比恐懼。從被推進去的那一刻，張愛玲十七歲的人生便徹底發生了改變。她無法忘記，也不能忘記，但人生在那一刻卻是真正地窒息了。也不知道待了多久，經過無數的哭鬧、絕望之後，張愛玲開始渴望著自己能像基督山伯

爵一樣逃出去，選擇自己需要的人生。

每個人都有自己的命運，張愛玲知道，要想過真正屬於自己的生活，必須要有勇氣從這裡逃出去。就在這時，張愛玲又患上了痢疾。常言道：老怕傷風，少怕痢疾。反覆的發熱、腹痛，以及無休止的黏液膿血便，把這個心比天高的丫頭折磨得死去活來。父親知道後，對此視而不見，只有老傭人何干心裡特別焦急，唯恐這個一手帶大的孩子有個三長兩短，便偷偷地找到孫用蕃，懇求她大人不計小人過，能夠請醫生為張愛玲治病。也許是被何干的描述嚇壞了，孫用蕃這才善心大開請來了醫生。

等張愛玲身體痊癒的時候，她已經被關在這間黑屋子裡有半年時間了。正因為人活的時間有限，所以才沒有必要浪費在其他人身上，張愛玲最終是聽從著直覺和心靈的指示，勇敢地奔著自己需要的生活去了。在何干的幫助下，她從窗戶上好不容易爬了出來，又趁著空檔，一步一步趁黑摸到了生鏽的鐵門邊，幾乎是顫抖著手，費盡了全身的力氣才開啟了沉重的門，這時只覺得外面積蓄已久的風一下子吹進來，頓時吹活了全身的死亡與沉睡；外面的微光一下子照進來，照亮了封閉的情緒和內心。夜色中，這份感覺竟是如此之好。「我在街沿急急地走著，每一腳踏在地上都是響亮的吻。而且我在離家不遠的地方和一個黃包車夫講起價錢來了──我真高興我還沒忘了怎樣還價。」

家庭的無端變故，讓張愛玲深感「學生時代是不愉快的」。也就是從那夜開始，張愛玲學生時代的夢想結束了，除了自己喜歡的文字。而這個階段裡所有的幸與不幸，都在為她的文學創作提供了難得的自信。

漆黑的夜空中，難得見到幾絲星光，她深深地吸了一口清新空氣，

第一章　遠去的記憶

內心感到無比的輕鬆，因為所有的一切都在邁出張家大院那刻結束了。

走吧，走吧，雖然心是哭泣的，但為了這一刻的到來，她在黑屋子裡已努力了整整半年。

愛竟然是如此不堪一擊。

父親對張愛玲下毒手，母親也時常衝著她咆哮。相較而言，母親的淡漠遙遠似乎還可以接受，反正已經孤獨慣了，對於內心敏感的她來說，無非是從一處不幸到了另一處不幸罷了。或許是母親對張愛玲的期望太高，要不就是煩人的生活讓她變得神經質起來，她一邊可憐著女兒，又在一邊無情地打壓著。最讓張愛玲不可思議的是，母親在這個當口又提出了讀書還是嫁人的問題。若要嫁人，就用省下的學費來購買各種時髦服飾；若要讀書，便不可能隨心所欲地裝扮自己。

張愛玲沒有任何遲疑地選擇了讀書，她特別渴望擁有自由，渴望去見識外面的世界。

第二章
出名要趁早

第二章　出名要趁早

書香讀心

人生不過如此，恍若初醒的夢。

張愛玲的少女時代就在這樣悽惶的逃跑中結束了，這個流著「貴族血液」的女子帶著簡單的行李，隻身穿過熟悉而又繁華的大上海，即將開始她人生中的第一次遠行。翻騰的海浪鼓譟著，不時地把冰涼徹骨的水花拚命地推上船舷，任雪白的泡沫飛濺開來，在天崩地裂的撞擊中發出「嘩嘩」的吼聲。

一九三九年的秋天，英國倫敦大學遠東區（包括日本、香港、菲律賓、馬來西亞等）首次在上海進行招生考試，張愛玲毫無懸念地以總分第一的成績順利透過考試。只是她還沒有來得及享受這種喜悅，第二次世界大戰便爆發了。

傾心卻又無緣，便似乎成了張愛玲日後的人生寫照。戰爭帶來的不僅僅是無關個人的時局動盪，濃煙和紛亂很快淹沒了張愛玲繼續深造的夢想。英國自然是無法去了，而這所曾讓她心嚮往之的英國公立聯邦制大學，也成為無比遙遠的夢想。

十八歲的張愛玲再次體會到了人生的艱辛。正處於無比糾結和困惑之際，她又意外接到了可以持單改入香港大學就讀的消息，想著戰亂一時半會兒還無法結束，為不耽誤學業，她只好退而求其次來到了香港大學文學院學習中文及英文。

沿著蜿蜒的石階向上，逐漸就看清了茂盛蒼翠下包藏著的樓房，愛德華式的風格建築清新淡雅，層層疊疊地構成了位於半山上的香港大

學。挑高的門廳雍容華貴，圓形的拱角精緻平實，富於人情的簡約結構、和諧自然的視覺效果，無形中隔絕了濃烈的陽光和炙人的熱氣。

香港大學成立於一九一一年，作為香港真正意義上的第一所大學，與聖瑪利亞女校相比，這所大學施行英聯邦教育體系，在教學上採用了全英文的授課方式，尤其是它的開放與包容，更是吸引著無數的莘莘學子。

如果說所有的陌生，都是從未謀面的故鄉，那麼在內心最深處，子然一身的張愛玲感到了自憐自卑。縱然煙花在美麗地綻放，只喜歡簡單線條和黑白純色的她已完全不去在乎去哪裡，也不在乎做什麼了。唯有的興趣便是沉浸於濃厚的英語氛圍之中，不斷提高著她學習英語的興趣和效率，進一步了解著世界各國的文化與歷史。獨特而又豐富的中西文化交融環境，悄無聲息地奠定了她文學創作的基礎。

淳厚的文化氣息引發著無盡思緒，精密的布局讓人感到傾心，在這樣溢著新鮮韻味的環境中，張愛玲並沒有迷戀、動心於一步一景的校園景緻，卻始終憂鬱著內心的情緒。她更希望自己還是個孩子，不必去面對太多的人生坎坷。破碎的心、痛苦的淚，無法抵擋的寂寞和孤單，都代表著她當時最為真實的心境。

那時的香港已逐漸呈現出了繁榮旺盛的景象。燈火璀璨的摩天大樓，奢華瘋狂的娛樂消遣，不時吸引著成千上萬的人去淘金。可這些在張愛玲看來，一如港大單調平凡的生活，根本就無法與大上海相提並論。她唯一能夠做的就是用功學習，孤高地活在自己的世界中。那情形就像是一臺可怕的學習機器，從不參加任何活動。當同學們展現美麗的衣服時，她在教室裡用功；當同學們談笑著外界的風華時，她仍然在刻

第二章　出名要趁早

苦讀書。正像砂川誠所說的一樣：「所謂用功學習，其實就是獲得了讓人生不走歪路的知識。」只是不知道張愛玲是如何想的，但皇天不負苦心人，她的每門功課都名列前茅。在眾人驚訝的目光下，她並不滿足這些所謂的成績，大二時又獲得了兩個文科的獎學金。當種種生活磨礪為波瀾不驚的無形時，那種淡入心境的平靜，便詮釋出一種難得的平和。雖然也有人好奇，這個在中學時代就已在文學之路上嶄露頭角的張愛玲，為何此時在港大中卻不屑動筆創作了？

當然，對每個關心張愛玲的人來說，又是無法還原的難解之謎了。

張愛玲每天都遵循著圖書館、教室、宿舍三點一線的生活，當她已經漸然習慣的時候，日本突然偷襲美國珍珠港基地，太平洋戰爭爆發了。一九四一年十二月八日凌晨三時，由日軍酒井隆中將率領的第二十三軍登陸馬來半島，隨後在猛烈的砲火掩護下，突破了國境線上的鐵橋，朝著「醉酒灣防線」奔襲。與此同時，海、空軍分別出動艦艇和轟炸機，密集轟炸啟德機場、油庫等重點目標，整個香港瀰漫在滾滾黑煙和沖天大火之中。

從那夜開始，紙醉金迷的繁華不復存在了，替而代之的是劃著火光的砲彈。在關係生與死的戰爭面前，到處都是驚惶失措的叫喊、奔跑，許多人從睡夢中醒來，又在奔跑中倒在了街巷，很快就有人踩了過去，地上滿是橫七豎八重疊著的屍體。火光時不時地從碼頭、房屋中竄出來，猙獰的火舌很快就蔓延開來，甚至連遠處的水面上也燃起了火，似乎要把之前的寂靜吵醒一樣。飛機夜以繼日地狂轟濫炸著，機槍突然也在火光遮天中瘋狂地掃射開來，殘忍地朝著進攻的人群射去，所有的一切都要被粉碎開來，甚至連房屋也開始坍塌，發出沉悶的撞擊聲。最初的一刹那間是可怕的，渺小如螻蟻的張愛玲也追隨著人群亂竄，就像沒

頭沒腦的魚始終活得不是很清楚。有時候也想，如果沒有這讓人心驚膽顫的槍聲，她的生活會不會又是另一種形式的綻放呢？想當初，為了能讀書而不惜斷絕父女關係逃出重重宅門，現在卻又要因為這場戰爭破滅了繼續深造的夢想。這所有的一切都似乎與求學相關，雖然內心有千萬個不爽，卻沒有了任何抱怨的氣力。

「自經喪亂少睡眠，長夜沾溼何由徹。」亂世之中，張愛玲又怎能按照自己的想法走下去呢？沒過多久，港大被徵用成為臨時醫院，沒有書讀的張愛玲無奈之下，只能重新謀劃人生的出路。

所有人都處於災難的無法預測中惶惶不可終日，但又不得不去學會面對。種種所經歷的不堪，也讓張愛玲看清了世態炎涼，她在《燼餘錄》中這樣寫道：「我們對於戰爭所抱的態度，可以打個譬喻，是像一個人坐在硬板凳上打瞌睡，雖然不舒服，而且沒完沒了地抱怨著，到底還是睡著了。」面對沉浮不定的命運，學校開始停課，學生們只能四處躲藏，只有熱衷於社交的女大學生們最為開心，她們完全把停課當作了成長中難得的樂趣，就像在慶祝久違的節日，每天裡都頻繁地更換著不同的華麗服飾，出入各種聲色犬馬的場合。而張愛玲就沒有如此愜意了，不僅僅是因為她已經習慣了學校的生活，更重要的是根本不屑用浮華的外在表現自己。在無法回家的情況下，她只能報名去參加守城以解決臨時的吃住，一身特別臃腫的棉袍，在荒亂中隨著人流不停地奔走著，讓人實在無法想像她此時的模樣。這種時刻躲避的「身世之惑」，也讓所有不相干的事全部雜陳在一起，雖說不是大起大落，但也沒有大悲大喜，從戰火紛飛的場景中看清了人生的真實。只是這一時半會兒張愛玲無法懂得，什麼是混亂中的歡樂，什麼又是瑣屑下的悲觀。

面對無休止的硝煙戰火，這座城市每天都在上演著生死離別，而所

第二章　出名要趁早

　　有與個人相關的一切都顯得那麼微不足道。悽悽去親愛，冷冷入煙霧。世事莫測讓清心寡慾的張愛玲心中倍生出諸多冷漠，讓她那顆不安的心始終無法平靜下來。一個人的時候也會想，如果沒有這場意外的戰爭，她也不會從慌亂的逃竄中發現各色不同的面目。比如說，炸彈呼嘯著掉進了學生宿舍，正當舍監慌亂地催促大家進防空洞躲避時，卻有不少同學將塞滿服飾的大皮箱要一併拖走。生死一瞬間，任憑眾人好言相勸仍是一意孤行。還有的同學更是天真得不可思議，上解剖課時竟然會幼稚地問老師，這些屍體要不要給穿上衣服？所有這些與衣服相關的話題，都在深深刺激著十分敏感的張愛玲，讓她無端地生出許多恨來。這恨，只能徒生對於人生的倦意，讓原本熱情的生命變得更加虛無。

　　戰爭讓張愛玲變得越發與眾不同起來，那情形一如她在大學生活中的獨特個性，並非她願意以鶴立雞群的方式來彰顯自己的與眾不同，實則是每個人對於人生的感悟大為不同。她真不願意自己像動物那樣無聊地苟活，成天裡想著的只是如何消耗歲月。無情的戰爭也讓張愛玲時刻擔心著自己會死去，可她顧慮最多的竟然是死在陌生人當中會不會難受。相對於那群無比狂喜的人來說，她的擔心是那麼實際，誰又能笑出聲來呢？

　　在港大旁邊，英軍修建了堅固的駐防要塞，只要日軍的飛機來這裡轟炸，高射機槍就會從掩體裡噴出火焰狂射，子彈橫飛著，彈片四散著，各種光芒融合在一起，只感覺周圍的建築在搖晃、下沉，似乎很快就會消失。槍砲讓熟悉的風也變得陰森起來，殘破的建築彷彿被燒焦了，四面八方都在冒著滾滾煙塵，散發出無比惡臭的氣味。長長的街道上再也看不到任何一輛電車，取而代之的卻是一具具橫七豎八的屍體、胡亂丟棄的戰車輜重。一面戰旗斜斜地插著，從千瘡百孔的破碎中已經

能夠感受到這場戰爭的慘不忍睹。血不斷地在流著，絲毫不理會這亂哄哄的聲音，偶爾有砲彈帶著光芒從頭頂飛過，接著就有許多的彈片紛紛落下來，伴隨著倒塌聲、哀叫聲⋯⋯

密集的槍砲聲包圍著這群學生，讓他們胡亂地擠在黑暗潮溼的防空洞中，緊張得話也不說，只有全身在不停地顫抖、顫抖，連往日那些花枝招展的女同學，這時也知趣地不再秀漂亮衣裝，膽怯地低著頭。流水般的炸彈從天空中被拋下，就聽見波浪洶湧中發出接連不斷的高分貝的聲音，不時地充斥著狹窄的空間，似乎要把這裡的封閉刺破。瘋狂的叫聲過後，伴隨而來的又是無比可怕的沉寂。這時候沒有一個敢有絲毫的晃動，哪怕是身體再痠再累，也要高度緊張地保持著原有的姿勢。最終還是有同學無法承受這恐怖帶來的巨大壓力，突然在沉悶的環境中放聲大哭起來，哭聲就像瘟疫一般散布開來，緊緊地揪著這些亂世中的人。

完全有理由理解這群學生的恐懼。其實，對於生活在這座城市裡的任何一個人來說，驚悚都是必須面對的。原以為有過一次這樣的經歷，就會徹底改變許多人的生活態度，沒想到的是可怕的大轟炸剛停止，這邊就有人開始大談吃喝，甚至謀劃著如何揮霍人生，還有家長為正在上學的孩子登記了結婚，生怕耽誤了享受人生快樂的時光。

一直在同學面前自詡「不稱職」的張愛玲，那時擔任著防空員，每每要等安頓好大家之後，才將從圖書館裡順手拿來的《醒世姻緣傳》迫不及待地開啟，自顧自地陶醉在書中，她既不會在乎別人怎麼看，也不管外面的炸彈如何轟炸。正當大家都恐慌地為生存四處躲藏之際，看書總是很容易投入的張愛玲卻是「馬上得其所哉，一連幾天看得抬不起頭來」。只要拿起書來，她立即就會忽略掉身邊發生的所有事情，包括戰爭與死亡。

第二章　出名要趁早

難道真是腹有詩書氣自華,連死也不怕了嗎?自然不是。眼下這等閒書,儼然就是落難中的桃花源,讓張愛玲心無旁騖地觀瞻著這個奇怪的社會,她又怎麼能輕易地放過呢?

隨著戰事不斷更新,馮平山圖書館樓頂上也架起了高射機槍,每日噴著火焰。毫不在乎成群結隊的日軍轟炸機撲過來,然後把一枚枚炸彈無情地扔下來。有次炸彈落在防空洞邊上,巨大的爆炸聲似乎要把整個世界翻轉過來,嚇得張愛玲把手中的書都扔掉了。她只覺得單薄的身體要被炸裂開來,也顧不得許多了,順手就將旁邊的頭盔胡亂抓過來遮在臉上。等她從黑暗中漸然睜開眼睛時,竟不敢相信自己還好端端地活著,無比欣喜之餘,又拂去身上的泥土撿起書繼續如痴如醉地讀起來。就有同學好奇地問她為什麼要遮臉,她分外認真地說,死了也不能沒有顏面啊。如此回答透著單純和難得的嬉笑,似乎與紛飛的戰火沒有絲毫的關係。有同學要拉她到洞外呼吸新鮮空氣,她也是天真而又故作嚴肅地懇求,能不能先讀完了這些書再說,搞得那位同學哭笑不得。

反正無事,讀書定然是不錯的選擇,總歸不能夠辜負了生命。

《醒世姻緣傳》讀完後,張愛玲似乎清醒了一些,尤其是那閃現著早熟和獨到的眼光,讓她更加清楚了人性的劣根性。生存的城市正遭受著戰爭的創傷,眼前的一個個人卻都在想辦法躲藏,至於現實的千瘡百孔始終無人去想。不去想,自然便沒有人去理會。「能夠不理會的,我們一概不理會。出生入死,沉浮於最富色彩的經驗中,我們還是我們,一塵不染,維持著來日的生活典型。」

無情的轟炸,除了炸毀眼前的一切,也讓人們感覺到自我的渺小和無助,誰也不知道這朝不保夕的背後,又該會是怎樣的絕望透頂。張愛玲自知無力改變,只能抓緊時間來讀書,躲在人群擁擠的小角落中,她

又埋頭讀起了《官場現形記》。無法想像的是，患有高度近視的張愛玲，在光線嚴重不足的條件下該是多麼認真。好多同學都費解她的舉動，戰亂尚且如此，明日生死都不得知，難道多讀書就能抵過炸彈嗎？倘若真要被炸死了，這些書不就白讀了？但習慣了讀書的張愛玲依然我行我素，用冷眼旁觀現世的一切。

冰雪總歸要融成水，烏雲終將要化為雨。被持續圍攻了十八天之後，香港城裡的槍砲聲總算是平息了下來。伴隨著大轟炸的結束，所有的驚恐都在霎時煙消雲散。恍若一個世紀的漫長的期待，等來的卻是這座城市的淪陷。

一九四一年十二月二十五日聖誕節這天，尖沙咀半島酒店一改戰時的蕭條和沉寂，迎來了許多前來圍觀的人，港督楊慕琦無奈地簽下投降書，這也預示著英屬香港守軍向日軍宣布投降。從此，香港進入了歷史上最為黑暗的時刻。戰爭自然是殘酷的，在這個陰森可怕的城市裡，許多人都成了無家可歸的難民，日本兵不但能任意槍殺姦淫，而且還可以瘋狂掠奪物資。最為可怕的是，日本人還強迫市民們將手中的外幣、黃金、珠寶等有價證券全部兌換成軍票，然後又透過廢除軍票來壓榨港人。沒有了貨幣，沒有了糧食，很快就導致了嚴重的饑荒發生，經常可以見到有人餓死在街頭。更失尊嚴的是，港人經過日軍的崗哨時，必須要行九十度的鞠躬禮，否則當即就會遭到慘無人性的毒打。無人去質疑這些，也無人去反省，大家都順從地適應著，雖然也有人會在私下發洩，更多的卻是在近乎神經質的狂歡中，將活下來當作自己獲得新生的慶賀。

商場裡又重新人山人海，娛樂場所也開始充斥紙醉金迷，閃爍的霓虹燈下，興奮與狂歡變本加厲，也讓張愛玲越發不習慣起來。她發現，

第二章　出名要趁早

經過死亡的脅迫後，人們並沒有真正意義上去思考人生，相反比以往還要沉迷於享樂，似乎過了今夜一切都將不復存在。再回頭去看那十八天的殘酷，「誰都有那種清晨四點鐘的難捱的感覺——寒噤的黎明，什麼都是模糊、瑟縮、靠不住。回不了家，等回去了也許家已經不存在了。房子可以毀掉，錢轉眼可以成廢紙，人可以死，自己更是朝不保夕。」

戰爭過後再放眼四處，所有的虛無和空白只是讓人明白了生命的短暫與脆弱，但生命的真正意義卻根本無人去思慮，幾乎所有的人都在瘋狂地填補著這些空白，比如張愛玲身邊掀起的結婚熱潮。

所有的悲歡離合，又被歲月這雙大手逐漸撫平，慢慢恢復到之前的從容不迫。既然看不清時局的發展，也就不會無端去「浪費」生命。面對這視若兒戲的婚姻，好多人還是迫於現世屈服了，在生活和人生樂趣中兩情相悅。這些兒女私情，張愛玲不是不懂，只是她內心有著太多種浪漫的方式，該怎麼去愛？愛誰？

香港淪陷後，張愛玲徹底無法心安理得地讀書了，她和同學又被安排到大學堂臨時醫院做看護。說是看護，其實也就是平日裡跑腿遞東西，沒事時幫忙照顧傷病員罷了。對張愛玲來說，這份工作沒有絲毫的熱情，若不是無處可去，才不會一次次地目睹著傷病患者在半夜裡痛苦死去。說是看護，每天至少要堅持值十個多小時的夜班，好在事情並不是很多，張愛玲很快就適應了這樣的節奏。

醫院環境十分壓抑，患者的心情也是煩躁不安。從這些患者的身分來看，大多是身處社會底層的苦力，或是想發國難財的打劫者。每天都會有各種淒厲的喊叫，每天都能見到各種無助的張望，這讓張愛玲驚然發現身處的現實竟是如此傷痛欲絕，孤獨的她無法選擇逃避，只能硬著

頭皮來應對，但壞心情卻在無盡的失望裡不斷蔓延。她無法擺脫這絕望的影子，因為孤立無援時連眼淚都變得絲毫無用，除了與自己對話外，她只能在髒亂的氛圍中拚命修築著屬於自己的世界。

人生不止，寂寞不已。孤獨讓張愛玲始終覺得自己在浪費生命，不過這個所謂的小空間也確實神奇，竟然聽不到病人的呻吟，終於可以心平氣和地安心讀書了。常說浮生若夢，若真是如此，張愛玲也只有這時才不會無休止地煩亂下去。

有次輪到張愛玲夜間值班，有位患者突然在夜半時分醒過來，抱著身體在病床上打滾叫喊，張愛玲一時也找不到醫生，反覆安慰後又沒有任何作用，只能眼睜睜地看著他一點點地被痛苦撕裂開來。無助和絕望，讓他只能把手不斷地伸向站在床前的張愛玲。可偏偏張愛玲又從內心感到了莫名厭惡，乾脆轉過身走到一邊讀起書來，直到周圍的病人都聽不下去時，她才從指責中不捨地放下書走過來。

「護士，我想要喝水。」脊骨已全部腐爛的患者可憐地趴在病床上，舌頭不停地舔著乾裂的嘴唇，有血絲從旁邊滲了出來。他幾乎是用祈求的眼光在看著她，張愛玲卻輕聲地回應道：「沒有了。」便又要重新去坐下讀書，寂靜中只聽到患者無助的嘆息。或許是疼痛又加劇了，那位患者消停了一會兒又大聲喊起來，只是聲音明顯比之前減弱多了。張愛玲這次也鐵了心，不論其他人怎麼說，她都不想再聽到了，只是低頭讀著書，彷彿心中根本沒有過任何良知與愛心。書恍若一堵厚實的牆壁，立即讓她與身外的一切分割開來，一面是書中歲月，另一面是人性沉淪。由心而起的冰冷，完全是對這個世界的熱情在變冷變淡。

張愛玲把她從這個世界學來的冷漠，現在又重新還給了這個世界。

第二章　出名要趁早

不僅僅是她這模樣，醫院裡的護員們幾乎也都是一副不理不睬的態度。可等到大家私下裡議論起工作中的習以為常時，卻經常有人以此來炫耀，這些似乎不能說明什麼，因為整個香港都處在沉寂與亢奮的臨界點上，在人性的壓抑和摧殘下，誰又會去關心國家、民族的淪難，誰又會在乎個體生命的死活呢？

這種可怕的冷漠，也在無形中蔓延到張愛玲的全部人生中，就連曾經深愛她的丈夫對此也是深有感觸：「她從來不悲天憫人，不同情誰，慈悲布施她全無，她的世界是沒有誇張，亦沒有委屈的。她非常自私，臨事心狠手辣，她的自私是一個人在佳節良辰上了大場面，自己的存在分外分明。」張愛玲給人的感覺似乎是缺乏同情心，實際上她只是厭惡世間所有的醜惡，也包括這多災多難的社會。「生命應當是華美的，是盡情的享受，不該有這樣的慘厲。」但偏偏這樣無比變態的壓抑生活，讓張愛玲將自己與周圍不斷地進行著切割，朝著內心所謂的完美努力。這種全然不願與人接觸的完美，其實是冷漠下的無比自私，少了正常人應有的同情之心。

那位要水喝的患者最終死了，直到死之前他都沒有喝到一滴水，他臉上始終流露著人生不滿足的缺憾。「這人死的那天，我們大家都歡欣鼓舞。是天快亮的時候，我們將他的後事交給了有經驗的職業看護，自己縮到廚房裡去。我的同伴用椰子油烘了一爐小麵包，味道頗像酒釀餅。雞在叫，又是一個凍白的早晨。我們這些自私的人若無其事地活下去了。」

「幾千里路，兩年，新的事，新的人。戰時香港所見所聞，唯其因為它對於我有切身的、劇烈的影響，當時我是無從說起的。」浮華之下，是對生命的憐惜與關愛；時代荒亂，是對人生的磨難與哀傷。在張愛玲看來，不管如何，只要有書讀便是好的，至於其他則與己無關了。

許多年後，有位叫清水秋香的網友曾寫過《秦時明月》的詩，似乎與那個混亂不安定的時代有關。

白衣拂卻身後塵埃千里，
江山倥傯幾曾稱人意？
怵目驚心塗炭生靈。
明日聆聽誰的哭泣？
蕭蕭易水般決絕的別離。
珍重道別後再會無期。
多少英豪埋骨於地，
為有朝一日夜盡天明。
⋯⋯

一場戰爭，就這樣不經意地改變了人的命運，也讓人們喪失了對於生活的熱情。等日軍完全攻占了香港後，他們又開始著手改變香港這座城市，要把其打造成為「大東亞的中心」。隨著《人口流散計畫》等系列法令的頒布，沒想到香港大學也停止了招生，在這樣的環境下，張愛玲只能隨著被遣返的人流踏上擁擠不堪的輪渡，無可奈何回到別了近三年的上海。回首香港的種種經歷，感覺就是一場不可思議的夢，那情形就如同白紙上潑灑的墨汁，在懵懂而又無序中逐漸定格了。

海水的翻滾中船徐徐開動，望著漸然遠去的香港，之前的不屑又浮現在張愛玲的腦海之中。此時此刻，真的有種說不清楚的情愫在牽繫著她，不知道命運是否喜歡同張愛玲作對，讓她屢屢設計好的人生規劃，總是在最關鍵時幻化為泡影，或許這就是人生的宿命吧？回憶中，張愛玲想起這段生命歷程時也意味深長：「在香港讀書的時候，我真的發奮用

第二章　出名要趁早

功了，連得了兩個獎學金，畢業之後還有希望被送到英國去。我能夠揣摩每一個教授的心理，所以每一樣功課總是考第一。有一個教授說他教了十幾年的書，沒給過他給我的分數。然後戰爭來了，學校的檔案紀錄通通燒掉，一點痕跡都沒留下來，那一類的努力，即使有成就，也是定要被打翻的吧？」

世事無常的惆悵中，張愛玲的傷口尚未癒合，又感受到了無盡的失落。

路在何方

兩年多的時光一路走來，張愛玲始終找尋不到任何開心的理由，當汽笛緩緩消失在碼頭，她知道她真的已經和這個曾經無法喜歡的香港分開了。蕭瑟流光，往事如煙，張愛玲內心的蒼涼又怎是沮喪可以形容？

「夜上海、夜上海，你是一個不夜城。」當十里洋場的繁華和風流又再次出現在眼前時，黑白光影的時尚更像是一幅流淌著香豔的畫面。歌舞魅影中的千嬌百媚，婀娜多姿中的鏤金錯彩，風姿綽約中的雍容雅緻，所有的華美奢侈，能讓張愛玲回憶起的是上海的熟悉與親切，但無法忘記的卻是戰亂時期的顛沛流離。或許是經歷了那十八天的淒涼孤獨，那骨子裡天生的絕代風華與萬千才情，使她在高貴和幽雅中始終閃爍著一抹無法言說的色彩。

一九四一年，張愛玲中斷了港大的學業後，被迫回到了熟悉的上海，由於和父親眾所周知的矛盾，她只能借住在姑姑家裡。張茂淵早年

出國修學，回國後居住在靜安寺附近的愛丁頓公寓。她貞靜平和，嫻雅大方，給人感覺屬於那種內外兼修的女子，由於學貫中西、才情過人，從她眉宇間常常會顯現出冰山美女人的孤傲率性來。

本來還擔心著香港混亂的局勢，沒想到張愛玲突然就出現在眼前，這讓處在憂慮中的張茂淵又驚又喜，甚至顧不上噓寒問暖，只是緊緊抓住她的手生怕她再次離去。張茂淵自小疼愛張愛玲，尤其是哥嫂離婚後，她更是操心著張愛玲的生活、學習，在某種程度上更勝過她的母親。張愛玲就讀香港大學後，她又想盡辦法找到好友，委託在香港安利洋行工作的李開第作為其監護人。頭髮時刻梳得整齊的李開第盡心盡力照顧著張愛玲，好多時候只要見到了李開第，她就會想起可口的蘿蔔餅、甜麵包、三角餅來，也會想起冰冷的姑姑來。「她對我們張家的人沒有多少好感──對我比較好些，但也是我自動黏附上來，拿我無可奈何的緣故。」

人活著到底是為了什麼？張愛玲始終沒有搞清楚，但她漸漸明白沒有一個人的人生是一帆風順的。待姑姑收拾好房間後，張愛玲一個人躺在鬆軟的床鋪上，望著窗外閃爍著的陽光時，情緒才慢慢地發生了變化。「公寓是最理想的逃世地方」，她很快就喜歡上這套裝飾精美的公寓，並對這裡散溢的溫暖氣氛表現出前所未有的滿足，絲毫不掩飾自己的喜悅之情。淡然的牆壁上映著清香的花束，雕花的家具透著高貴端莊；華美而不落俗的燈具，靜靜地在牆角散發出奶黃色的光；舒適而又透著情調的沙發，與近處客廳的壁爐相映成趣。一個人的時候，可以懶散地躺在沙發上，聽著留聲機裡灌製的西洋風情，用心感受著這緊湊而又不失情調的浪漫。陽光好時，還可以一身睡衣站在陽臺上，一覽整座城市的格調。「傍晚，上海的邊緣微微起伏，雖沒有山也像是層巒疊嶂。我想

第二章　出名要趁早

到許多人的命運,連我在內的,有一種鬱鬱蒼蒼的身世之感。」

滄海橫流,而家永遠都是深藏在內心中的港灣,數說不盡的溫馨中,讓她也想到了時時在追尋著的幸福。感動有時候來得真是莫名其妙,尤其是經歷過香港圍城的緊張遭遇後,此時的張愛玲只想讓自己躲起來,蝸牛一樣遁世在小小的寓所之中。

生活原本就充滿著太多變數,無論是快樂還是痛苦,無論是開懷還是憂鬱,最終都會飄散在記憶的長河之中。總之,這一切讓張愛玲開始變得十分消極,書不願讀,事情不去想,至多開心時趴在窗前靜觀外界的變化。原本回到上海就是迫不得已,現在想起來也是滿腹悲傷,如果說命運早有安排,可這亂世中悲傷的人又何止她一個?對無情的張愛玲來說,其實她又是最有情的人,雖然不在乎一次次的傷害。

在不到三年的時間裡,張家發生了一系列意想不到的變故,先是母親和新結識的美國男友去了新加坡,他們傾其所有收購了一批鱷魚皮,從當時的設計來看,是想著加工成皮鞋、皮包、手帶等裝飾品出售,卻沒料想戰爭會來得如此之快,槍砲聲中的動盪開始讓一切都變得飄忽不定起來。黃逸梵一直都想憑藉著自己的能力生活,她也曾透露過想學習裁剪皮革的念頭,戰亂不僅破滅了她的夢想,而且和張茂淵也無法取得聯繫,心懷幽怨之下便打算前往英國居住。

戰火很快就蔓延到了新加坡。混亂的時局越發讓人看不清楚,唯一可以依賴的男朋友又慘死在砲火中。雖然說「與外國人戀愛後,再也不想跟中國人戀愛」,但一想到這些,她的淚水還是不盡地往下流著。悲痛需要自己來承受,為好好地活下去,她只有無奈前往印度以求得希望和生機。或許人生就是這樣,樹挪活,人挪死,出色的工作能力,讓她最終成為尼赫魯姐姐的英文祕書。這確實是她沒有想到的榮幸,沒多久之

後,她那顆不安分的心又開始躁動起來,進而轉戰到馬來西亞的一所僑校教書。命運並不是多麼垂青她,「她的一切努力似乎都沒有得到好的結果,主要收入還是靠買賣從中國帶來的幾箱古董」。

戰爭如同一場意外的劫難,也讓生活闊綽的張茂淵因為投資失敗,失去了一份體面的工作,為此,她先後做過電臺新聞記者、戲院的翻譯,這樣的生活不由得讓人心生感慨,「我每天說半個鐘頭沒意思的話,可以拿到幾萬的薪水,我一天到晚說有意思的話,卻拿不到一個錢」。種種因戰亂而起的變化,也波及身體一直虛弱、素來與世無爭的張子靜。他高中沒有畢業,託人進入了復旦大學,只是剛開學還不到兩個月,學校就開始停課關門。書無法再讀下去,只能待在家裡百無聊賴。父親還算可以,在日本住友銀行上海分行擔任英文祕書,工作體面,收入不菲,可自從「八一三事變」發生後,為躲避漢奸嫌疑,便辭職與幾個朋友合夥開了一家錢莊。錢莊的效益還真不錯,可習慣於揮霍的張志沂,時常會變著法子從錢莊裡透支,一次又一次謊言之後,最終搞得大家不歡而散,各奔東西。

其實,最讓人不可思議的是這個大家庭淪落得這麼快。花園、假山、鞦韆、童話書全沒了,就連大宅子也被廉價地抵押了出去,全家只能搬到小得可憐的樓房裡。種種變故,讓一貫冷峻孤傲的張愛玲變得更為冷漠。溫暖長情的姑姑也有著自己的難處,平日裡看似生活安逸,手頭拮据時也只能做到管吃管住。張愛玲小住了一段日子後,突然提出了報考聖約翰大學的要求,以期完成港大未竟的學業。時局不穩,這樣的要求讓姑姑有些一籌莫展。無法聯繫到母親,兩人商量後才決定去找父親。

張愛玲從家裡逃出後,一直拒絕與父親有任何聯繫,彼此也無書信

第二章　出名要趁早

往來。從這層關係上講，兩人之間已無任何情分存在，如同脫離了父女關係一樣。

正在無比糾結之際，閒在家裡的子靜聽說姐姐回來了，立即來到姑姑家看望。三兩年不見，姐姐出落得不同凡響。高挑性感，秀髮披肩，閃現出的是清秀而又成熟的美，那美幾乎讓他不敢再看下去，似乎多看了就會心猿意馬。他不由得想到了母親海上歸來時的裝束，也是典雅大氣，風采翩然，必須用仰視的眼光才能感受。

兩人開心地說東說西，那種久未謀面的親近，連姑姑都生出了羨慕。談論到以後的打算時，張愛玲說她準備報考聖約翰大學，巧的是子靜此時也想報考這所大學。姐弟倆不謀而合的機緣巧合，頓時讓張愛玲的心情好轉起來。其間，姑姑也談到了或缺學費的實際困難，結果子靜想都沒想就答應找父親商量解決。聽到弟弟願助一臂之力，暖暖的情感流遍了全身，張愛玲又何嘗不知道呢？弟弟這些年混得並不景氣，但為了釐清父親與姐姐之間的矛盾、糾葛，他願意出頭做這樣的連線人。

張愛玲的性格是死也不願意去求父親，她怕自己說不出口，又怕父親駁回了沒有顏面。子靜太熟悉姐姐倔強的個性，又說了些無關痛癢的事，就匆匆辭別離去，他要把姐姐回國的消息告訴父親，希望能帶給他難得的快樂。

從小到大，一直都是姐姐強勢地命令弟弟，所以子靜對學費的事極為上心。他趁後母外出不在家的機會，私下裡找到了明顯已經蒼老的父親，說了姐姐回國遇到的困難和今後的打算，也表明了自己想支持姐姐上學的堅決態度。縱然是無情無義，畢竟也是親生骨肉，聽完這一席話，張志沂眼前又閃現出幕幕往事。

只記得那時黃逸梵不管不顧地去了國外，只留下姐弟倆同他相依為

命。雖說有時會帶他們去看戲、買點心，有時也會談小說、聊電影，但那些僅存的溫暖卻似一瞬間的花開花落，隨著舊時光的逝去，轉眼間已累積了許多不願回首的往事。不悔夢歸處，只恨太匆匆。父親也知道時局動盪，一個女孩子能執著於求學實屬不易。雖說她至今也不願意開口，畢竟是幼小的心靈曾經有過傷、有過痛，如果往事飄零隨風落，又何必去計較和為難她呢？於是，張志沂心軟地對子靜說：「你叫她過來吧！」

　　傷痛真的會改變一個人，可時間又會於千萬人之間把你找尋出來。張志沂的言語和表情給人感覺堅決、嚴厲，可在心底卻已冰釋了所有不快。此時，能知道她尚安好，應該是件快意的事。

　　為了上學，張愛玲在子靜的安排下回到新家。祖上留下的大別墅沒有了，眼前這高低錯落的小樓房雖說精巧別緻，卻全然沒有了以往的熟悉。什麼都不復存在，有的只是父親身上衰敗的氣象。在走向這個陌生的家時，敏感訥言的張愛玲突然心疼起這位曾深愛她的父親來，兒時陪讀的場景就像發生在昨天。那時候的天好藍，雲好白，兩個人躺在樹蔭下的涼椅上，為書中各種奇妙的情節和人物激烈地爭論著。只是時間過得太快，快得讓人根本來不及應對所有變化，連往日的情懷也找不回來。可執拗的張愛玲卻又不願意表現出對父親的關愛，哪怕是一句能夠打動他的話，可是沒有，她甚至還要故意做出無比冷漠敵視的態度，苛刻得連丁點笑意也不露出來。

　　見到女兒的那一刻，心懷欣喜的張志沂就開始無比後悔，當年若沒有粗暴的拳打腳踢，今天也不會有這樣尷尬的場面。他其實很想藉著眼前這機會冰釋前嫌，可面對著那一臉堆砌著冷漠的面容時，卻不知道如何去拉近這恍若隔了千萬里的遙遠。最後，張志沂還是相當寬容地答應

第二章　出名要趁早

　　了女兒的全部請求,並囑咐張愛玲先行辦理轉學事宜,學費即刻讓子靜送去。

　　這樣的見面或許讓人感覺有些突然,要不然就是彼此的心情都沒有調整好,彼此相處還不到十分鐘就各自離去。之前的離家出走之事,誰也沒有去提及,大概是機會還不算成熟吧?總之,張愛玲高挑苗條的身影從他眼前消失了,身後只有張志沂凝滯的目光。

　　生命中有很多東西,能忘掉的叫過去,忘不掉的叫記憶。那麼,在子靜的記憶裡,這是姐姐張愛玲的最後一次走出家門。可以想像做父親的內心該是多麼難受。

　　這一別,真的是永生沒有相見。

　　大概是數十年後,窮困潦倒的張志沂再也沒有任何資本供其揮霍了,瘦弱的身形完全沒有了人樣,獨自病逝於在陽臺搭建的小窩棚中,這也是他人生最後的全部家產。從官宦世家淪落到如此不堪的地步,讓人看後真有種無法言說的悲哀,最可憐的是這對天各一方的父女始終沒有化解開矛盾,真不知道是誰負了誰,誰又傷了誰。

　　等到秋季開學時,張愛玲和張子靜都如願以償邁進了上海聖約翰大學。

　　大學生活輕鬆而又愜意,最開心的莫過於姐弟間又平添了許多接觸的機會。有時,哪怕只是一道匆匆而過的眼神,彼此也能感知到對方的喜悅。對子靜來說這種幸福無疑是難得的,這些年他最缺少的就是親情。個性獨特的張愛玲卻不這樣想,她很快就改變了聖瑪麗亞女校時的拘禁穿戴,以另類的奇裝異服成為一道供人觀瞻的風景。特色的衣服之下,不能包裹的是那孤獨而又唯美的文字,完全就像不入世俗的精靈,

除了斯里蘭卡同學炎櫻等幾個特別親近的人之外，沒有誰能夠接近她。

炎櫻，又名獶夢，是個喜歡文字、性格開朗的女孩，她和張愛玲偶然結識在一艘從上海開往香港的船上。這種擦肩而過的緣分，卻讓她們陰差陽錯地相逢大學校園，成為知己後，乾脆多次出現在張愛玲如花的妙筆下。

快樂還沒持續多久，生活費又成了擺在眼前的最為棘手的事。生計面前，張愛玲倔強地不願求助任何人，誰也沒有想到她選擇了輟學。這個敢想敢做的人，甚至沒太多考慮就直直走出了校門。從此，校園裡再也見不到這位獨來獨往的精靈，似乎之前的歡聲笑語就像一場很快就清醒了的夢，在眼前就那麼一晃，便幻化為眾說紛紜的話題。

直到從炎櫻那裡聽到姐姐輟學的消息之後，子靜都沒有輕易相信，他直接找到姑姑家要問個究竟。姐姐正趴在桌子上寫稿，對他的到來連頭也沒抬一下。也是，張愛玲當年從家裡逃出時，就已經在黑屋子裡冷漠得什麼也不在乎。一個人既然連什麼都不在乎，還有什麼能夠傷害呢？對於子靜一連串近乎發瘋的發問，她只是淡淡地說道：「這所大學裡就沒有好教授，讓人根本無法用心讀書，更不要說學到有用的知識了。」

人生在世，注定要承受太多委屈。張愛玲的真實最終讓子靜明白了姐姐最致命的困窘所在。「她是個六親無靠的人，她只有她自己了，赤裸裸地站在天底下。」想到這些心裡便酸澀起來，但嘴上依然勸說姐姐重新謀份工作，哪怕是做國文、英文的老師也行。姐弟之情真誠可鑑，卻被張愛玲直截了當地予以回絕了，她根本就不在乎旁人的感受：「這種事情我做不來。」

第二章　出名要趁早

　　文章本天成，妙手偶得之。姐姐的才華永遠都是子靜驕傲的資本，雖然遭到了拒絕，可天真的他忽而還是覺得姐姐更適合當編輯。他這樣說也並非是信口開河，而是緣於姐姐九歲時的第一封投稿信：「記者先生，我今年九歲，因為英文不夠，所以還沒有進學堂。現在先在家裡補英文，明年大約可以考四年級了。前天我看見編輯室的啟事，我想起我在杭州的日記來，所以寄給你看看，不知你可嫌它太長了不？我常常喜歡畫畫，可是不像你們報上那天登的孫中山的兒子那一流的畫，是娃娃古裝的人。喜歡填顏色，你如果要，我就寄給你看看。祝你快樂。」信寫得很有意思，充滿童心童趣，但這樣的信投出後，多是石牛沉海，沒想到在家裡引起不小的反響。此時子靜說到編輯職業，無疑有著以情動人的意思在其中。張愛玲聽後並不感興趣，只是此時她覺出了弟弟濃厚的關愛之心，為不願意讓他傷心就敷衍道：「我替報館寫稿好了。這陣子我寫稿也賺了些稿費。」

　　生命往往因美才有存在的價值。說起當編輯，想必張愛玲更喜歡投稿的感覺，當厚厚的稿件裝入信封之中時，那種無法言說的滿足感就會油然而生，她哪裡有心思去報社做名編輯呢？這些年裡，她一直堅持著創作，大學期間對文學有些疏遠，但還是悄悄地用英文給《泰晤士報》撰寫一系列的影評文章，只是這些並不為子靜知道罷了。

　　事實上，父親時常也會透過各種報刊來關注女兒的創作，讓落魄的內心不時地充滿欣慰，可以說，女兒讓他活在希望中。在某程度上，他最早發現女兒的創作天賦並不斷地加以培養，他愛張愛玲可能還要勝過愛子靜。雖然後來讀到的多是醜化他的系列文字，如躺在床上抽鴉片的醜陋、暴力痛斥孩子的不堪，還有清王朝傾覆後名門世家的種種心酸經歷，但他都寬慰地理解了。遺憾的是張愛玲並不知曉這些，她只是在

自己的孤傲中勤奮地書寫著人間的滄桑，用冷眼觀瞻著沒落世家的淒涼衰落。

　　光陰逆旅，浮生若夢，張愛玲始終與外界保持著若即若離的距離，她祈願的不過是才華的顯現，就如同她總喜歡以奇裝異服來示人一樣。好多時候，她這道風景總會帶給人無比的新鮮氣息，不夠驚豔奪目，卻始終芳香四溢，美得足以讓人心醉了。

　　只有時光，在人們不及思索、不曾悟透時，已經在催促著真正芳華的來臨。

風華初綻

　　更多時候，一說到淪陷，整個上海都似乎處於無比的悲痛之中，尤其是文壇，更是有著為環境逼迫的恐怖和寂寞。

　　縱然這樣，恐怖之下的張愛玲卻以不善言辭和超凡敏感，不失時機地接替了巴金、老舍等名家逐漸隱退時的空隙，如一匹狂風暴雨中殺出的黑馬，以突飛猛進之勢開始了文學成名之路。本是為了賺些生活費用，結果這些卻為大家所關注。於是，她只能趁著這股創作熱情，將更多精力投入海量的閱讀與研究中，然後又不停地轉成文字向外投稿。這可能是她最開心的事情了，除了《泰晤士報》外，她還給當時上海極有影響的《二十世紀》英文月刊投稿。

　　《二十世紀》的主編克勞斯‧梅奈特從業閱歷特別豐富，先後做過記者、大學教授，之所以要創辦這樣的期刊，無非是向世界推介中國的

第二章　出名要趁早

同時，還保持著對文字的深愛。所以當他收到張愛玲洋洋灑灑近萬字的《中國人的生活與時裝》一文時，很快就被獨到、有趣的個人觀點觸動，出於惺惺相惜的關愛，他竟然不吝版面，給這位名不見經傳的年輕人特地安排了八個版面，不但是全文照登，還熱心撰文讚譽其是「極有前途的青年天才」。

後來，這篇長文改名為《更衣記》，文中詳盡記述中國千百年來服飾的變革延續歷程。在她自如生花的筆觸下，不但寫出了各式服飾所蘊含的風俗人情，而且從精神層面也引導著外國人進一步對中國服飾文化進行了解，即便單純地從學術角度而言，這篇文字也不失其存在的價值和意義。主編的意外垂青，倍增了張愛玲創作的信心，從評《梅娘曲》、《桃李劫》、《萬世流芳》到《秋之歌》、《浮雲遮月》、《兩代女性》、《母親》等，她幾乎一發不可收拾，因為這些用心寫就的文字，只要刊載就會受到讀者的強烈關注。柯靈先生事後說：「我扳著指頭算來算去，偌大的文壇，哪個階段都安放不下一個張愛玲，上海淪陷，才給了她機會。日本侵略者和汪精衛政權把新文學傳統一刀切斷了，只要不反對他們，有點文學藝術粉飾太平，求之不得，給他們什麼，當然是毫不計較的。天高皇帝遠，這就給張愛玲提供了大顯身手的舞臺……」

創作為張愛玲賺取了豐厚稿酬，也為雜誌帶來更多的讀者。漫長而又煎熬的爬格子生活，更像一場夢，將她多年來藏在心底深處的祕密，全部毫無保留地抖落了出來。實際上，她在很早之前自詡：「我是一個古怪的女孩，從小就被稱為天才，除了發展我的天才外別無生存的目標。」這樣以夢為馬的目標似乎有些自大，讓她除了不停地寫作之外還是寫作。

張愛玲將所有的寂寞與快樂都融於筆墨，對這位經常喜歡自稱「我

出來就是寫小說的人」來說，她的執著、不懈、悟性、堅持，以及對這個變態社會的種種了解，早已注定了她以文字為信仰的使命。

隨著投稿次數的增多，張愛玲與梅奈特主編很快就熟悉起來，他除了讓這個筆下有乾坤的時尚女子寫影評，還不斷地約稿大篇幅、有深度的文章。既然答應了，張愛玲就不得不廢寢忘食地加班加點完成任務。如刊於一九四三年六月號的《洋人看京戲及其他》、十二月號的《中國人的宗教》等文章，都是從不同角度進行了詳細論述，以其老到的文字表現出對於灑脫的認知。這些長文投送出去之後，那種「擁有如沙，心不知處」的禪悟讓人眼前一亮。「她不同於她的中國同胞，她從不對中國的事情安之若素；她對她的同胞懷有的深邃好奇心，使她有能力向外國人闡釋中國人。」張愛玲全身心地神遊於文字的世界當中，不斷地向外推介著中國文化和常人的生活狀態，也怪不得梅奈特主編要極力稱讚。儘管此時才不過二十出頭，可她筆下卻始終有著無比的靈動，那種對人生的深刻感受，就連寫出的悲歡離合都帶著不盡的嘲諷。這樣的文字常常讓人誤以為作者有過太多的人生經歷，至少是走遍了萬水千山。更為稱奇的是，張愛玲可以將生活中本不起眼的瑣碎，機巧而又不動聲色地運用成文章的素材。細細品味她的文字，才會發現這樣的文字還有著太多對於外部世界的體驗與感覺。而這些最終都歸根於童年生活的不幸、父女關係的僵持，以及家庭中興後的逐漸沒落。

無法迴避現實，只能是在複雜而又帶著諸多疑問的矛盾中不斷地累積著，心理上的失落讓她看上去像變了一個人，彷彿其在以寡言少語完成著刻骨銘心的回憶。生活中真正可以說清楚的事，其實又多是那些毫不相干的瑣碎，於是，本來很期待的事情在瞬間便成了無比的心酸。

對於梅奈特主編來說，他關心的只是一篇篇內容新穎的稿件。張愛

第二章　出名要趁早

玲又何嘗不明白出名要趁早的道理呢？作為生存的最好方式，她根本不願去質疑一切，只是想著如何用文字拂去心理上的失落。

這便讓人驚詫起她的細微之處了。

那年春天似乎來得很早，雖然風中還帶著料峭涼意，但張愛玲並沒有過多關注這些變化，只是潛心伏案書寫著人生，執著而又自信地將十里洋場上的風花雪月、情場舊事和那些沉浸在歷史角落中的故事全部搬進書中。這些精美文字下的細膩情感，使她準確地把握住讀者的需求與定位，也讓這些故事悄無聲息地融入讀者心中。回首過去的一年，張愛玲真是感覺失去許多，但同時收穫的卻是豐厚的稿費、滿滿的自信，還有許多意想不到的讚譽。她極像一位故事的編排者，靈活自若地將流逝的歲月串成人生的風景，以「自己良心上的非常痛快」來反思諸種人物的細處。

其實從少年時開始，張愛玲便在父親的教育下接觸中外電影和戲劇。舊式文人的張志沂雖然頹廢，可傳統文化功底扎實，這樣的教育也無形中為她未知的世界開啟了一扇窗戶。本是盡善盡美的事情，只是由於種種意想不到的變故，這美好的過程全然為仇恨所淹沒，以致讓人根本見不到一絲一毫的好了。或許正是這樣的受挫心理，才讓張愛玲在後來以筆為槍的絕世孤高中，更是不屑一顧地將父母生活中的種種窘狀揭露，無比真實地展現給了讀者。這樣的自私和殘忍似乎無法想像，但張愛玲要的只是筆下源源不斷的文字感覺。

如果將張愛玲比作一朵冷豔無比的花，那麼她也只是盛放在不為人知的背風處，在文字的滾滾紅塵中，她讓人品嘗到的是俗世間的真實煙火，卻始終無法窺清內心的全部世界。

縱是這樣，但如果沒有熱心人的精心呵護，張愛玲至少不會那麼快出名，其中除了父親、師者，還有最疼愛她的姑姑了。為解決張愛玲投稿無門的困窘，張茂淵把她介紹給了遠房親戚黃嶽淵。

　　奉化奇人黃嶽淵在上海是有名的園林藝術家，他一生都沉浸在侍弄奇花異草的幸福中。「不識黃園菊，枉為上海人。」如果要說黃家園子是上海灘最精緻的，那是一點都不帶誇張，否則就不會有好多社會名流以能到黃家園子賞花為幸事了。即使是在今天的奉化，這「中國藝術之鄉」、「中國水蜜桃之鄉」的美譽，其功勞也全在於黃嶽淵。黃老不重名望，僅他一生只務花養草的精神便足以感動許多人。戰爭時節，能有一片這樣的世外桃源不受打擾，在花開花謝中陶冶心靈，在人來人往中靜享人生，這也算是桃花源中人了。

　　張愛玲偶爾會去黃家園子閒逛，進去後喜歡東瞅瞅西看看，多半是借賞花來看望老人，而黃老也常常對張愛玲從容自如的文筆大加讚賞。

　　能在亂世中做到寵辱不驚，就可知這黃嶽淵絕非等閒之輩。黃老的座上客中有個叫周瘦鵑的人，是個以寫纏綿愛情作品出名的愛國作家，他在一九二、三〇年代時就已經享譽中國文壇。有一天也是無意路過黃家園子，便直接進去找黃嶽淵吃茶賞花，談興正濃時說起了最近在忙《紫羅蘭》雜誌復刊的事。黃嶽淵並不關心這些事，只是精心修剪著花草上的雜葉。見對方沒任何反應，周瘦鵑只好將就著說起與園藝有關的話題來。

　　這個鴛鴦派的當紅作家自幼喪父，是母親含辛茹苦地將他拉扯長大。周瘦鵑從中學時代開始真正意義上的文學創作，筆下雖多傷感纏綿，但胸中卻不乏磅礡大志。當日軍鐵蹄肆意踐踏中國大地時，他內心

第二章　出名要趁早

中時刻都充滿著仇恨，只想著如何用筆去表現內心，來宣洩對於外寇入侵的不滿。分別之際，周瘦鵑又心事重重地說到雜誌復刊的事，其意不言自明，就是每天來這園子裡的人多，想讓他幫忙給留個神。黃嶽淵這才明白緣由，聽後大笑，順口便將張愛玲這株新花介紹給他。

說到這本一九二五年正式創刊的《紫羅蘭》雜誌，本來就有著一段感人至深的故事。據說是周瘦鵑有次去女子學校看演出，無意中與結識的女學生周吟萍一見鍾情，兩人書信來往後私訂終身，遺憾的是門不當戶不對，周瘦鵑只能眼睜睜地看著心上人要嫁為人婦。既然是上天注定的姻緣，只能是人隨天意。反正是好不容易等到周吟萍出嫁的那天，周瘦鵑也意外地接到了邀請。喜宴上，望著淚痕未乾的心儀女人，她那滿眼的幽怨、憔悴和嘶啞的嗓音，更是深深地刺激著這個男人，同樣有種「還君明珠雙淚垂，恨不相逢未嫁時」的遺憾。

成婚後，周吟萍很快就為自己在南京謀得了工作，為的就是躲避與丈夫同房，她心裡始終惦記著那個憨厚樸實，但是家境卻一般的周瘦鵑。雖說是覆水難收，但兩人卻一直堅持著通訊，在肝腸寸斷中互訴相思之情。周吟萍的英文名叫 Violet，翻譯過來就是「紫羅蘭」的意思，周瘦鵑於是用紫羅蘭色的墨水來覆蓋撕心裂肺的痛，用案頭養的紫羅蘭來回憶那段暖春盛夏的快樂，用一本本的《紫羅蘭集》、《紫羅蘭文外集》、《紫羅蘭庵小品》來表達內心的矢志不移。性情中人的周瘦鵑並沒有刻意去掩藏和偽裝，他乾脆連自己主編的雜誌也叫做《紫羅蘭》。雜誌以「遊戲」、「娛樂」、「消費」等都市時尚通俗文學來定位，周瘦鵑將內心傷感的情緒都融入濃烈的文字當中，這樣拚命的寫作，最終目的還是要向周吟萍父親證明他當初嫁女瞎了眼。尤其是一九六四年周瘦鵑在寫給自己女兒的信中更是坦言：「妳總該知道，我從十八歲起，就愛上了紫羅蘭，

經過漫長的五十二年,直到今年七十歲,仍然死心塌地愛著它。正如詩人秦伯未先生贈我的詩中所謂『一生低首紫羅蘭』……我為什麼這樣念念不忘紫羅蘭呢?妳當然知道這象徵著我所刻骨傾心的一個人的。花與人,人與花,早已混為一體,而跟我結成畢生以之的不解緣了。」

周瘦鵑用情之深可見一斑,正如他那本在讀者中一直很受歡迎的雜誌。只是不知何種原因,雜誌卻於一九三〇年六月突然在大家的意外中莫名停刊。

離別是一種美麗,就像是吹進眼裡的沙,雖然模糊了情感的雙眼,但人依舊,愛依然。不經意時光匆匆逝去了十年,周瘦鵑這隻孤獨漂泊的船,又在惆悵中想起了那段蘊含著幸福的真愛。如果愛不曾來過,如果夢不曾碎過,如果心不曾疼過,他決然不會又要重操舊業,來著手張羅《紫羅蘭》雜誌的重新復刊了。

由於彼此都不熟悉,周瘦鵑也沒能記住張愛玲的名字。當他四處為尋找作者費心時,張愛玲不失時機地出現了。一眼看過去,她相貌確實平平,再細看時卻感覺眼神中滿含憂鬱,似乎又是個有想法的人。張愛玲此時雖憑藉著《中國人的生活與時裝》等文字,步入了所謂的上海文壇圈子,但明顯可以看出的是,《二十世紀》這個平臺只是滿足她眼前的小虛榮,真正要能夠立足,就必須要創作出叫得名字的小說。

當時的上海文壇,正處於新舊兩派文學交替時期,可以說,新文學派從不認可鴛鴦蝴蝶派作家,而鴛鴦蝴蝶派作家也瞧不上新文學派。張愛玲起初也曾模仿過新文學派的筆調風格,之後又選擇了傳統文學創作。她認為,上海這座城之所以特殊,是因為有上海人的內在、和諧與世故。如果不理解這種個性,那絕對懂不了這座城市的精神。正如以她的眼光來看當下的文壇發展,傳統文學才是得以傳世的精髓所在。張愛

第二章　出名要趁早

玲自小生活在這座城市中，早已習慣了上海人的種種聰明與老練，所以她的文字中也願意表現小市民的普通與不凡，在淋漓盡致中反映出關於社會的種種細節。

有了黃嶽淵先生的推薦，張愛玲自信地帶著她的新作《沉香屑：第一爐香》、《沉香屑：第二爐香》前去拜訪周瘦鵑先生，時值一九四三年初春。

二十三歲的張愛玲見到周老那一刻，張愛玲所有的緊張都突然間消失了。在裊裊盤旋的煙霧中，兩人天南海北相談甚歡，尤其是上了年紀的周瘦鵑在與晚輩的交流中並非板著臉的嚴厲，一種熟悉感頓時從張愛玲心底遽然升起。當他得知張愛玲輾轉的經歷後，更是對眼前這位女子有了興趣。要說與眼前這位早已仰慕的文壇大老結識，最早應該是在父親的書房裡，她也不知道自己為什麼會記得如此清晰，那個時候的她每日裡享受著和煦的陽光，心中忐忐不安地讀著一本本《恨不相逢未嫁時》、《此恨綿綿無絕期》等愛情小說，內心不僅僅是時有感觸，而且帶著少女春心的萌動，想好好談一場永不分手的戀愛。也不知張愛玲算不算是早熟，但那種無法說出口的感覺，卻一次又一次在心底漾起溫度來。無比孤寂的時光中，這些書陪伴著她度過了並不完美的童年，就連淚水和哀嘆也是那麼心甘情願。所有與文字有染的歲月，注定著都是一場憂傷。至少在那段時間，周瘦鵑超凡的才華讓她佩服得五體投地。身為都市通俗讀物，自然就與實際生活息息相關，後來她不經意中發現，媽媽和姑姑竟也是他的熱心讀者，對這些書痴迷程度令人費解。有一次，她無意中見到母親手捧《此恨綿綿無絕期》在悄然落淚，這個聰明女人的舉動，滿溢不露痕跡的感受，從此，那些書就讓張愛玲的夢得以繼續延續著。說到這裡時，張愛玲話鋒一轉，又說曾經為小說中人物命運的不公抱怨過，最後還書寫長信一封，希望作者能改掉其無比哀婉的結局，結果沒想到有一天彼此還會在這

裡長談。周瘦鵑最早是在《小說月報》上發表小說《愛之花》而走紅文壇，他為張愛玲的風趣說笑感動，雖然他始終沒有想起那些陳穀子爛芝麻的往事來，但他無形中接納了這個會說話的孩子。

有著「文壇哀情鉅子」之稱的周瘦鵑接過了青年作家張愛玲的作品來看。藉著周老翻閱作品的當口，張愛玲環顧四處，只見古色古香的大書架如一面牆壁，散發著幽幽的光澤。各類書籍整齊有序地陳列其上，在古樸、典雅中彰顯著主人的學識和教養。不遠處還有一張狹長的檀香木供桌上置於空曠處，上面擺放一個中規中矩的宣德爐，在光照下泛著青銅的色澤，一炷紫羅蘭香燃燒得有滋有味，長長的香灰漸漸地彎曲下來，形成一種非常好看的曲線。她偷偷長吸了一口醇厚的香氣，只覺得這味道清淡如素，淡雅之極，不由得對這裡的環境有了興趣。她再透過輕盈飄渺的裊裊香霧，發現周老正戴著花鏡十分投入地閱讀著，文人不凡的氣度中，依稀還閃爍出屬於他特有的儒雅。

應該是經過長久的沉寂之後，周老才緩然起身走了兩步，又轉身過來把眼鏡摘下放在桌上，慢悠悠地揉了揉太陽穴後才開始說話，他希望張愛玲能夠將書稿留下，待讀完後再行交換稿件的修改意見。其實，之前略讀過的那些文字已經有些感染了情緒，讓他覺得眼前這位女子落筆不俗，字裡行間的遣詞造句、不急不緩的文筆風采、故事架構的精采動人，都讓他佩服，於是更為佩服起黃嶽淵的獨到眼光來。最不可思議的是，眼前這位給外國雜誌寫文章，卻又甘願堅守傳統文學的女人，內心世界竟是如此的豐富和多彩，他不得不刮目相看了，張愛玲那種不喜不悲的神情在人眼前悄然開出一片花來。

一週之後，張愛玲又是急迫地來到了周瘦鵑家。周老這次表現出十分地熱情，不但親自下樓迎接，而且還留她吃茶聊天，偌大的書房裡也

第二章　出名要趁早

　　就沒有更多客套，很快就談起了堆在案頭的書稿來。茶，最多是應酬的工具，文稿上才真刀真槍地見證水準。千萬別小看了眼前這位舊時代的文人，他在當時的文學圈中屬於為數不多研究中西方文學的學者。毫不誇張地說，他能夠從《沉香屑》的寫作筆法中讀出毛姆的影子，也能感受到《紅樓夢》影響的痕跡。時間過得很快，彼此甚深的談興卻已經像流動的空氣，不但給了對方自然的笑容，也為自己留下了深刻難忘的印象。直至天色黯然時，周老才心懷惜才之心把張愛玲送下樓來，兩人又沿著花園的小徑說笑著，在淡淡的花香瀰漫中分手告別。

　　臨走前，周瘦鵑很客氣地問張愛玲：「是否願意將作品全部發在《紫羅蘭》雜誌上？」

　　生性木訥的張愛玲心懷喜悅滿口答應，並大膽而又熱情地邀約周老方便時來家裡喝茶。想必這本不多得的待遇，也是表示她自己內心欣喜的一種方法吧！

成名傳奇

　　地處今天上海常德路、南京西路、愚園東路交會處的愛丁頓公寓，屬於一座義大利風格的建築。可別小看了這幢不起眼的樓，從外面雖說沒有任何特別之處，可裡面卻包藏著外人所不熟知的驚豔。隨著張愛玲的一系列小說在這裡陸續完成，愛丁頓公寓也算真正意義上開啟了她的寫作夢想。建築無語，人有情懷，僅從張愛玲從這裡數次搬進搬出的糾結來看，更多都因為難捨和留戀。

也就是在這座周圍布滿綠色植物的公寓裡,張愛玲精心接待了紫羅蘭庵主人周瘦鵑。「我如約帶了樣本獨自去那公寓。乘了電梯直上六層樓,由張女士招待到一間潔而精的小客廳,見到了她的姑母。這一個茶會中,並無別客,只有她們姑姪倆和我一個,茶是牛酪紅茶,點是甜鹹具備的西點,十分精美,連茶杯和點碟也都是十分精美的。」

周瘦鵑的一身裝束飄逸如仙,他的出現給人感覺就恍若穿越了時空。等彼此都落座後,他才遞上了最近復刊的《紫羅蘭》雜誌,油墨的馨香中,何止是心曠神怡的誘惑,更多的是讓人忍不住想要讀下去的強烈慾望。張愛玲欣喜地捧著雜誌就翻開來,時而凝神,時而淺笑,在一目十行中享受著獨特而又微妙的感覺。

為準備這次會面,張愛玲最終選擇了用西式的點心款待周老,落落大方的她,特地換上了合體的淡雅旗袍,在嫋娜成紅顏沉香的曼妙風景中,連舉手投足都顯得那麼恰到好處。淡黃色邊框的眼鏡下,透著淡淡思緒的神情,有典雅的溫柔、有夢幻的美麗、有賢淑的雅緻、有迷濛的風韻。美人骨頭輕不過三兩,美貌的面容終會在時光中凋零,但這樣的情景,誰又會去想那麼遙遠的事情呢?

茶會氣氛出奇地好,三個人從文學談到生活,從生活又談到社會,一下午的時間過得非常快,快得讓人覺不出絲毫的無聊。以致都過去了好多年,周瘦鵑還能清晰地記得那次有趣的茶會,張愛玲始終保持著特有的禮節,她蒼色不乏自然的笑容是如此純淨、通透,不時地還會泛出淡淡的甜意。這次接觸,讓他更加細緻入微地了解了張愛玲,還為她世俗卻又出塵的想像感到驚詫。這些特別的記憶,後來都變成了周瘦鵑筆下流光溢彩的文字,但這樣的文字只是寫出了虛偽的假象,卻無法看清掩映在雲山霧水中的煩憂。尤其是隨著張愛玲一篇篇作品的陸續發表,

第二章　出名要趁早

那種深沉與尖刻在激烈地震撼著她，那心中沉睡的激情也似乎被喚醒了，被點燃了，在自己獨特的感受和奔湧中，不斷充實著夢想與希望，暫時讓人無法看清沉湎於心的淒涼與悲哀。張愛玲很快就在上海灘聲名鵲起，她更是不吝筆墨，在筆下縮影著大上海的繁華世故。

在張愛玲的意象世界中，風花雪月的文字無疑是對那個時代的摹寫與翻拍，在羅曼蒂克中展現著處處傳奇，在回味無窮中透露著遍地祕密，在紅男綠女紙醉金迷的世相大舞臺上，貴夫人的偷情、絲帕少婦的媚態、汽車上的臨時約會、自甘墮落的舞女、勾心鬥角的情侶，都全然以愛情故事的方式表現得淋漓盡致。一時間，張愛玲如清流一縷，頓時就讓處於混亂、空虛中的上海文學界開始變得躁動起來。確實，縱觀當時精緻與破落、繁華與陽暗交織的上海，大致就有那麼幾類文學面孔，一是太正氣的抗日文學，從頭到尾都是缺少情懷的豪言壯語；一是漠不關心政局的閒適小品，在浮華飄渺中看不出任何意義。雖說「海派文學」、「左翼文學」都表現出了不同群體對於上海都市生活的認知和見識，但張愛玲眼光獨到的《沉香屑》系列作品一經上市，立即受到讀者的大加歡迎，並且在上海灘瘋狂地紅了大半年時間。周瘦鵑也高度評價了張愛玲的小說：「請讀者來共同欣賞張女士一種特殊情調的作品，而對於當年香港所謂高等華人那驕奢淫逸的生活，也得到了一個深刻的印象。」

正如人們常說的高僧只說家常話一樣，張愛玲在前人已經把上海灘寫得盡善盡美之際，卻從心靈的深處寫出了不同於眾的感受、相思、憂傷與寂寞。出名要趁早，來得太晚的話，快樂也不是那麼痛快。《永珍》雜誌的主編柯靈先生讀了這些作品後，也不由得想要結識文壇新秀張愛玲。他之所以會眼前一亮，完全是因為張愛玲的文字中有愛、有期待，也有著脆弱、清醒。可以說，她的作品不僅僅是用所謂的蒼白來表現悲

歡，更多時候是在歲月毫無波瀾的境況下，把自己的經歷都巧妙地變成了別人的故事。

柯靈費盡了周折，才知道要聯繫張愛玲的唯一辦法，只能找周瘦鵑。

彼此都是圈子裡混的同行，周瘦鵑生性又不傻，怎會心甘情願讓人來挖自己的牆腳呢？所以，這個念頭剛從柯靈的腦際閃過，連他自己都好笑這個奇怪的想法，只好帶著思賢若渴的遺憾自我安慰一番。

或許人生就是這麼奇怪，當柯靈剛剛放棄了所有想法時，張愛玲便意外地出現在了他面前。如果說生命這團慾望是無法滿足時的痛苦，那真正滿足時卻又有些無措了。總之，張愛玲的突然登門拜訪，反讓喜出望外的柯靈一時間慌亂了分寸。

又是一身恬淡的旗袍出現在編輯部，張愛玲宛若翩翩起舞的仙子從時光深處走來，在含蓄而憂鬱中展露出優雅。她身材高挑，但那種流暢線條下包裹的心馳神往，尤其是從小布包中往外掏手稿時的動作，更是細微得讓人浮想聯翩。她是喜歡旗袍的，內斂中有著太多的婉約，就像湖邊搖曳的弱柳，在顧盼自憐中復原著內心的夢幻。張愛玲輕輕開啟一層層包裹的紙，輕柔得生怕不小心就會有所損壞。這哪裡是在取東西，分明是在表現著女人最可愛的一面。人既然都如此細膩，想必文字的遐想中也會有著千萬種意義所在。柯靈接過《心經》手稿，也只是讀了開篇，就滿心歡喜起書中最生死相依的句子。

他真誠而又迫不及待地向張愛玲發出了約稿的請求。

張愛玲爽快地應允下來。此後，《心經》、《琉璃瓦》、《連環套》等作品開始在柯靈的精心策劃下陸續推出，又一次次以內心的無比唯美「燃

第二章　出名要趁早

放」了上海灘。創作一發不可收的張愛玲，在文藝圈裡的影響逐漸變得廣為人知起來。在無比高漲的創作熱情下，她出人意料地保持著自己的創作速度與節奏，讓整個上海文學圈也是有著太多無法想像。

接踵而至的光環與熱捧，無疑讓強烈的世俗進取心得到了極大滿足。上海的雜誌開始以刊發張愛玲的作品為時尚，大有洛陽紙貴的感覺，就連著名的美籍華裔學者夏志清教授也特別高調地談論《金鎖記》等作品。文學評論家夏志清生於上海浦東，著有《中國現代小說史》。這部作為海外中國現代文學研究批評的拓荒鉅著，不僅糾正了長期以來存在的各種偏見，而且全面系統地闡釋了新文化運動以來的傳統。所以此書從出版之日起，便成為研究中國傳統現代文學的熱門書、教科書。最為重要的是夏教授還獨具眼光地發掘出了錢鍾書、沈從文、張愛玲等人在創作方面的不俗成就。尤其是對於張愛玲，更是給予了非常高的讚譽，直言不諱稱其為中國最重要的作家之一。「張愛玲應該是今日中國最優秀、最重要的作家。僅以短篇小說而論，堪與英美現代文豪曼斯菲爾、安‧波特、韋爾蒂、麥卡勒斯之流相比，某些地方她恐怕還要高明一籌。」夏教授還稱《金鎖記》是中國從古以來的最偉大的中篇小說。張愛玲以清貞、決絕所創造出的神話已完全無法用文學的範疇來解釋了，在各種媒體的推波助瀾之下，一度被大眾公認為有「漢奸」背景的刊物《雜誌》，也不失時機地推出小說《茉莉香片》。後來也有研究者說是張愛玲毛遂自薦，也有說是雜誌社慕名主動聯繫，至於以什麼樣的方式刊發這些文章，時至今日也沒有一個明確的答案。但不可否認的是，有著強大社會背景的《雜誌》在此時助推了張愛玲的創作。柯靈在回憶起異常火爆的搶購場面時也說：「張愛玲在寫作上很快登上燦爛的高峰，同時轉眼間紅遍上海。」這位總編的話質樸實在，雖然《永珍》雜誌一度在上海的

發行量市場占有率最大，但沒料想到張愛玲發力竟會如此之猛，聲勢之大，以致讓所有人都不得不關注她。

「你的榮光裡充滿著誇張的崇拜，你的隕落裡只有自己的悲哀。」這大概就是一夜成名的感覺吧？

其實，哪裡又有那麼多的一夜成名，更多都是百鍊成鋼的結果。張愛玲迅速走紅之後，並不在意《雜誌》的複雜背景。對於一個從不接觸政治的人來說，有無背景似乎與她無任何關係。現在，她只需要在自我的世界裡不斷地架構文章，繼續懷抱著出名的夢想。說起來也奇怪，《雜誌》對於張愛玲特別照顧，從開始刊登她的作品起，每次都會不遺餘力地加以推廣，似乎推不出名氣來就會失職。這種情形之下，張愛玲的《傾城之戀》、《花凋》、《紅玫瑰與白玫瑰》、《留情》等一篇篇高水準作品相繼問世，且都在當時創造了發行奇蹟。這種奇特的文學現象就像投入上海灘的石子，很快就激起了圈圈漣漪。一九四四年五月，蟄居上海的著名評論家傅雷針對張愛玲異軍突起的現象，發表了《論張愛玲的小說》，其中指出：「在一個低氣壓時代，水土特別不相宜的地方，誰也不存在什麼幻象，期待文藝園地有奇花異卉探出頭來。然而天下比較重要一些的故事，往往在你冷不防的時候出現。……張愛玲女士的作品給予讀者的第一個印象，便有這種情形，這太突兀了，太像奇蹟了……」

這種突兀，無疑是對於作者寫作技巧的最大肯定。「我們的作家一向對技巧抱著鄙夷的態度，『五四』以後，消耗了無數筆墨的是關於主義的論戰，彷彿一有準確的意識就能立地成佛似的，區區藝術更不成問題……而張愛玲正是填補了小說創作的空白。」誰也解釋不清張愛玲創造出的文字奇蹟，雖然有各種甚囂塵上的評論，但只知道她很快就與《紫羅蘭》、《永珍》雜誌的合作結束了。這時，傅雷又突然筆鋒一轉，提出了

第二章　出名要趁早

人物的典型性、深刻性來，而張愛玲筆下的人物「疲乏、厚倦、苟且、渾身小智小慧的人擔當不了悲劇的角色」。這樣的說法似乎也對，但張愛玲甚為不悅，現代派的寫作手法原本就不注重人物形象的刻劃，所以她對這樣的評論依然是我行我素。也是，自古以來都是這種道理：誰掌握著話語權，誰就可以「揀盡寒枝不肯棲」了。

種種合作關係的倉促結束，似乎總帶有著利用後的不近人情。對於《紫羅蘭》雜誌，張愛玲看重的是其不俗的發行量；而《永珍》雜誌則是稿費等原因。張愛玲還是不由分說地轉過身去，又全身心投入自己的創作中。《雜誌》沒有虧待這位文學新秀，盡其所能地給她帶來著無限風光、名聲和人際交往：邀請眾多名家到場，為其舉辦高規格的作品研討會；在歡迎朝鮮女舞蹈家崔承喜的儀式上，隆重地推出她和她的作品；邀約參加「滿洲國」電影明星李香蘭的納涼晚會，還被奉為主賓。很多不明就裡的活動，讓張愛玲如同明星般應接不暇。

夜深人靜，張愛玲也考慮過自己以後的發展，當然更多的是對於文學的無比深愛：「以前我一直這樣想著：等我的書出版了，我要走到每一個報攤上去看看，我要我最喜歡的藍綠的封面給報攤子上開一扇夜藍的小窗戶，人們可以在視窗看月亮、看熱鬧。我要問報販，裝出不相干的樣子：『銷路還好吧？——太貴了，這麼貴，真還有人買嗎？』」創作中的快樂來得那麼快，讓張愛玲始終篤信著出名要趁早！她只怕來得太晚，快樂也就會不那麼痛快，就如當初，她能在校刊上刊登文章，是真心要發了瘋地高興，常常會在無人處一遍又一遍地默讀，而且每次的感覺都像是頭一回見到。現在出名了，發稿也簡單了，卻突然變得不容易興奮起來。

一片淡然純淨的藍綠色中，寫滿著太多的傳奇與體驗，也是張愛玲

從小就憧憬、最喜歡的顏色。一九四四年八月，當張愛玲的第一本小說集《傳奇》由上海雜誌社出版發行時，便毫不猶豫地將其選作了封面主色。這本書中收錄了她近兩年創作水準最高的十部中短篇小說，娓娓動人的筆觸無情揭示了畸形社會中上階層和抗戰時期香港人的生活狀態，就彷彿在講述那遙遠而又動人的傳奇故事，以致書才出版五天就告售罄，讀者對《傳奇》的瘋狂購買表現出了太多的不可思議，這情形也讓這個千瘡百孔的病態社會，顯現出一片灰濛濛的霧色來。柯靈對張愛玲的發展有著自己的正確判斷，他曾私下好心勸說張愛玲要學會面對力捧，在時局混亂不清的當下，盡量減少與《雜誌》的相互來往。「因為環境特殊，清濁難分，很犯不著在萬牲園裡跳交際舞……那時賣力地為她鼓掌拉場子的，就很有些背景不乾淨的報社雜誌。」骨子裡始終孤傲的張愛玲此時只看重了出名，對於好言相勸也多是疏於辨析，她從來都不懂政治，也不與政治有著任何瓜葛，但偏偏《雜誌》可以讓她在最短的時間內成名，而成名可以擁有年輕的完美與快樂了。所以，面對想像中的完美世界，她根本就沒時間去考慮別的。

　　為趁早出名，張愛玲每日裡都要辛苦地伏案爬格子。在上海灘，上到權貴下至平民，彷彿誰都熟識當紅作家張愛玲。她的小說好多時候被當作了飯後談資，書中醒目的語句段落常常被掛在嘴邊，尤其那些中產階級出身的大學生，更是對張愛玲迷戀到了極致，不但蒐集她的作品、照片，還思索她的寫作風格、日常生活，成天裡唯妙唯肖地瘋狂模仿著，那情形和今天的粉絲團有過之而無不及，痴熱的程度簡直無法用語言描述，透過這些，表現出更多的卻是那個時代的失落與迷茫。

　　所有人都為張愛玲的文字肆意瘋狂著。

　　因為這些文字，結果還鬧出了各種笑話。有天晚上張愛玲回家，行

第二章　出名要趁早

到途中突然發現有位外國人在尾隨自己,想辦法又不能擺脫,心中便分外害怕起來,只好加快步伐朝著家中趕去,後邊那人也跟著加速前進。正當她無力擺脫之際,恰好遇見了一隊巡邏警察遠遠地走了過來,於是趕緊上前說明情況,待真相大白後才知道是虛驚一場,原來尾隨者是個討要簽名的「粉絲」。也不知道素來喜歡安靜的張愛玲會不會煩,反正與她形影相隨已久的閨中密友炎櫻則是感觸良多。「從前有許多瘋狂的事現在都不便做了,譬如我們喜歡某一個店的栗子粉蛋糕,一個店的奶油鬆餅,另一家的咖啡,就不能買了糕和餅帶到咖啡店去吃,因為要被認出,我們也不願人家想著我們是太古怪或是這麼小氣地逃避捐稅,所以最多只能吃著蛋糕,幻想著餅和咖啡;然後吃著餅,回憶到蛋糕,做著咖啡的夢;最後一面啜著咖啡,一面冥想著蛋糕與餅。」如此來看,名人自是不好做的,張愛玲成名後也多有著數之不盡的煩惱。

煩惱面前,已習慣寂寞的張愛玲渴望更多的是鮮花和光環的籠罩,這也與她晚年的生活狀態形成了鮮明對比。現在想想,生活竟然是這般的千奇百怪,張愛玲晚年獨居海外的一幕幕情景,難道是對於年少輕狂姿態的回味與自省嗎?且不論如何去理解這不同的人生,至少在此刻的絢麗中,「也許就因為要成全她,一個大都市傾覆了」。

這夢想來得太容易,讓張愛玲不顧一切變化著,而最有代表的還要數她別具一格的奇裝異服了。這應該是她成名後隨心所欲的彰顯,用服飾的不同來肆意放縱著情緒。真不知道她腦子裡在想些什麼,要麼穿出大清朝遺留下的「古董」來,要麼是中西結合下的另類,反正在穿衣上是怎麼隨心怎麼來。曾有報刊登載過一幅《鉛筆與口紅》的漫畫,張愛玲一身不倫不類的古裝短襖,旁邊還有手書一行:奇裝炫人的張愛玲。細看過去,那情形像村姑或上了年紀的老嫗,始終給人一種漫不經心的感

覺。即便這樣遭人指指點點，她的服裝也好像永遠都是某種潮流的代言與風向標。這種隨心所欲的狀態，曾多次引起姑姑對她的不滿，但成名而至的種種自信，竟然讓她在衣著打扮方面比其文筆還要自如自在。

無疑，這是一個屬於她的風華時代。張愛玲從小就鍾情於用服飾來表現自我，而且更多時候完全是以衣物的炫麗來填充著生活的夢想。中學時代，她的夢想就是「要穿著最別緻的衣服周遊世界」，可那個年齡的痛苦記憶，時時都長滿著銳利無比的刺骨，「永遠不能忘記一件黯紅的薄棉袍，碎牛肉的顏色，穿不完地穿著，就像渾身都長了凍瘡。冬天已經過去了，還留著凍瘡的疤──是那樣的憎惡與羞恥」。種種無法實現的夢想，最終都得以透過文學上的功成名就復原了，而此時的舊服飾，自然就成了她用來洗刷內心卑微的符號，並讓她努力在陶醉中忘記那個時代。

也只有理解了張愛玲的這段往事，才會明白她為什麼一夜紅遍後的敢做敢穿。雖然不斷有人笑語和評價，甚至有時身後還會追滿了看熱鬧的孩子，可是沒事，她現在已學會了在膽量與名氣中秉性而為。不就是供人消遣的服飾嗎？文字都可以震驚一座城市，那衣著的風頭又有什麼不可以呢？

此前的上海文學圈中，還真沒有因為作家的衣著奇特而成為一道風景的，而張愛玲以駭人聽聞的特立獨行，時時在創造著新景象。在和朋友談論著裝時，她永遠都是那副漫不經心的隨意，根本就無法讓旁人看透她的內心世界，可是仍然有朋友記下了這段對話。

「妳找得到妳祖母的衣裳找不到？」

「幹嘛？」

第二章　出名要趁早

「妳可以穿她的衣裳呀！」

「我穿她的衣裳，不是像穿壽衣一樣嗎？」

「那有什麼關係，別緻。」就是這麼一個奇炫至極的人，用文字的孤高和別緻的著裝，一下子就鎮住了周圍的人。

這樣的奇聞逸事還有很多。如果說文筆的細膩能表現出她的內心世界，那衣著的華麗則是用另一種方式來突顯著她的外在。若說要有不同，只是這兩種表現的形式的區別罷了。總之，在一九四三年到一九四四年這段時間裡，張愛玲全然在享受著「張愛玲年」裡的所有不期而至的榮譽。

確實如是，現在整個上海灘都在有滋有味地品讀著張愛玲，在樂此不疲中傳遞著張愛玲，在懷抱好奇地想像著張愛玲。

張愛玲就像是一部騰空出世的神話，在傳奇中書寫著人生裡最為出彩的傳奇。

第三章
戀愛的味道

第三章　戀愛的味道

意氣相傾

也許每個人心中都有一個風箏，無論它意味著什麼，都讓我們勇敢地追，這個風箏對張愛玲而言，就是文學創作。

當張愛玲的創作不斷創造著巔峰的時刻，胡蘭成在事業上也是順風順水，只是此時兩人未有任何的交集，你只屬於你的千嬌百媚，我在享受我的榮華富貴，但真正注定了要相遇時，這種情感的轟轟烈烈便注定會成為永恆。

大漠荒草生息不絕，反叫春花盛放凋零。日本發動了大規模的侵華戰爭後，武漢、廣州、上海很快失守，中國的大片土地被強制占領，但同時也由於戰線的延長，資源的匱乏，為解決兵力運用上的不足，他們又及時調整了對華政策，即「由過去對國民黨政府實行軍事進攻為主、政治誘降為輔的方針，改變為以政治誘降為主，軍事進攻為輔的方針」。於是「滿洲國」、「中華民國臨時政府」等偽政權相應而起。一九三八年七月十二日，日本五相會議決定《伴隨時局的對華策略》中說：「在使敵之抗戰能力崩潰的同時，為使中國現中央政府倒臺和蔣介石失勢，進一步強化現在實行之計畫。」其中第一條便是「啟用中國一流人物，削弱中國現中央政府及中國民眾的抗戰意識，並釀成建立鞏固的新興政權之氣勢」。縱觀當時的中國一流人物，無非指的就是有強烈領袖慾望的國民黨政客罷了。在日本人的政治誘降下，國民黨中有高官便開始藉口看不清國家前途而極度悲觀，心生失望，又因周佛海、陶希聖、高宗武、梅思平等人成天跟隨其左右，於是便開始醞釀起「和平運動」。等到十二月時，日本又第三次發出了誘降宣告，在這樣的境況下，雙方很快派出代

表，高宗武、梅思平、影佐禎昭、今井武夫在上海舉行祕密談判，並簽訂了《日華協議記錄》。其中議定：締結了反共協定；中方承認「滿洲國」，日方於恢復和平後兩年內撤兵（內蒙古等地除外）；日本享有開發中國資源的優先權等條款。

國民政府二號人物為滿足個人急遽膨脹的權力慾望，不惜以「做漢奸」為代價，最終放棄了最基本的政治原則與政府分道揚鑣，成為日本人的政治傀儡。對一個毫無政治氣節的人來說，這只是政治投機；對歷史來說，毀掉的不僅是他的政治生涯，進而還激起了全國人民的無比憤怒。當年那個抱定「慷慨赴燕京，不負少年頭」的英雄刺客，轉而成了猥瑣不堪的漢奸，只有歷史會如此造化人。

《日華協議記錄》簽訂後，曾仲鳴、周佛海等人先後逃離重慶到達越南河內。一九三八年十二月十八日，偽政府發表了響應日本對華宣告的投降「豔電」。該電文在香港的《南華日報》一經發表，便成了向日本公開求和的宣告，一時間國內人心紛亂，不知道國家何去何從。

一九四〇年三月，在日本人的大力扶持下，汪偽政權在南京成立了「中華民國國民政府」，公然與重慶國民政府分庭抗禮。為了掩人耳目和開脫輿論的討伐，汪偽政府又籠絡人才，把各種媒體的功能使用到了最大化。而混跡於官場半世的胡蘭成也因此受到空前恩惠，被委任宣傳部政務次長、執行委員，同時還兼任了《中華日報》總主筆。從無人知曉到一朝得道，這位貧民家庭出身的小教員，從來沒有想過一夜成名的感覺是如此之好。從某種程度而言，他覺得這些地位的獲得要歸功於才學，同時應感激人生途中遇到的「聖君明主」。基於亂世裡為人賞識的知遇之恩，胡蘭成在人生理想的藍圖下，全副身心依附於「新朝」。一介書生，本該舞文弄墨兼濟天下，可他從政後就逐漸疏遠夢想，也放棄了文化人

第三章　戀愛的味道

的德能，成天只能疲於應付種種公務雜事。

陽光從樹葉間悄然灑落下來，任滿地的光斑織錦成安靜而又淡然的圖案，這種安詳的氣息漫長、舒適，似乎還鋪設在無比的幸福與滿足上，讓人在喜悅中忍不住想摘下一朵朵晚秋的陽光製成精緻的書籤，輕輕地留存在每一個喜歡的日子裡，或者煮成瀰散著溫暖與光芒的清瘦詩句來陶醉心田。大概是十月的一天下午，胡蘭成處理完堆在案頭的事務性工作後，順手拿起《天地》雜誌在躺椅上消遣放鬆。身為文人，他自是懂得世間的繁華與落幕，也想在書中求得片刻的安寧，或許越是遠離喧囂，越發對這些優美的文字有種親近感。或許是心情高興的緣故，手中的這本雜誌也看起來十分別緻，其中的文章讀了後不由得讓人暗自叫好，雖說不太熟悉主編蘇青為何人，但他還是說服自己開始關注。

一九一四年，蘇青出生於浙江寧波一戶書香門第家庭，其名原為馮和儀，寓意「鸞鳳和鳴，有鳳來儀」。但人生中從來都充滿著太多的不可思議，所以命運在給蘇青出色文才的同時，又讓她於文字中悄無聲息書寫出婚姻的不幸。那部曾連續印刷三十六版的小說《結婚十年》創造出了盛況空前的紀錄，而書中「我需要一個青年的、漂亮的、多情的男人，夜裡偎著我並頭睡在床上，不必多談，彼此都能心心相印，靈魂與靈魂，肉體與肉體，永遠融合，擁抱在一起」的理想，卻因為自己始終生不出兒子和丈夫出軌，被一巴掌徹底摧毀了。

在一九三、四十年代的大上海，出走海外和離婚幾乎成了一種新興的生活時尚，似乎知性女子的骨子裡都有著娜拉的獨立自主和女性表達。為應付離婚後的艱辛生活，人稱「寧波皇后」的蘇青帶著女兒開始學習寫作。被譽為上海灘「四大才女」之一的蘇青長相甜美，如月的鳳眉含情脈脈，眼睛裡就像充盈著一汪清澈的湖水，始終透著靈秀雅緻的光

芒。二十歲那年，她以優異的成績考上了南京大學，雖然在眾多學生中不顯山不露水，但高貴的神情和氣質在甜甜的酒窩中如同流淌的靈韻。

蘇青知世故而不世故的女強人精神，讓她從此一發便不可收，無論是散文還是小說，她更多都是基於柴米油鹽、家長裡短、兒女情長的日常。為解決生活的拮据現狀，她完全改變了在家寫作的淑女形象，親自扛著書在大街上一本本地推銷，甚至為此還和小攤販們討價還價。正是這種大膽的舉動讓她對這個社會有了重新的認知，卻也在離婚和失業之際受到了夫人楊淑慧的推薦，出任了上海市市長專員，其實「就是以專員名義，替我（市長）辦辦私人稿件，或者替我整理檔案」。在這樣的情勢下，她很快創辦了提倡女子寫作的《天地》雜誌，這也預示著其事業發展如日中天的開始。於無聲處聽驚雷的做法，在當時無疑是一種挑戰，蘇青不但集社長、主編、發行人於一身，在不願意妥協中綻放著屬於自己的光芒，還讓《天地》成了中國歷史上第一個真正由女性支配的媒體。亂世之中，蘇青為了稿源四處奔走著，不料想約到了才女張愛玲的稿件，張愛玲不但應允約稿，還對蘇青給予了高度的評價：「喜歡蘇青身上平實的、讓人安心的煙火氣息。」

說幹就幹，《天地》雜誌很快就在蘇青的期望中面世了。創刊號的卷首語由蘇青親自執筆，那老辣不失勁道的文字猶如雨後綻放的叢叢新綠，除了充滿著諸多活力之外，讓人絲毫覺不著這些文字出自女人之手。就在此前，蘇青還心懷忐忑地去信向胡蘭成約稿，不料首期雜誌就得到了他的欣賞與關注。

上期的《天地》雜誌讀完後，新刊也是不負眾望，這期雜誌的主打文章是張愛玲的《封鎖》。那夢一般的文字和情節，最終告訴讀者的是要學會面對各種因果，不必把人世間的事情想得太清楚。這些文字就像散發

第三章　戀愛的味道

著氤氳香息的濃茶，一下就觸及了胡蘭成內心的最柔軟處，不由得讓他如飲甘醇，讀後似乎還覺得不過癮，又積極地推薦給身邊的朋友們看。

亂世中，什麼事情都會發生，誰也說不清文字怎麼會讓素不相識的人結緣在一起。

胡蘭成生於浙江嵊縣（今嵊州市），年幼時喪父，自小跟隨著母親生活在鄉下農村，因家境貧寒讀書極為用功，方圓十幾里都知道這孩子將來會大有出息，中學時果然不負眾望考取了杭州郵務局的郵務員，工作待遇也算是不錯，卻因為不服局長的管理被開除。他後來又陸續做過文書、教員，但總是不能安於現狀，頻繁地身處各種工作變換的忙亂中。由於對政治時局頗為關心，常常會在酒後自嘆命運不濟，空有一腹雄才無人能識。

人生可以失望，但不能盲目。胡蘭成三十歲那年發生了一件事，他意外地接到國民革命軍第七軍廖磊軍長的信函，邀其前往柳州創辦《柳州日報》。素與軍人無瓜葛的胡蘭成經過深思熟慮，還是非常痛快地答應了。此前，蔣介石與胡漢民之間發生「約法之爭」，一怒之下將胡漢民軟禁在南京，卻沒料想到這舉動像一鍋燒開了的水，引起民憤民怨不說，還加劇了國民黨內部的分裂。各路將領打著抗戰的旗號紛紛致電蔣介石，要求其在四十八小時內必須下野。震驚全國的兵諫發生後，廣東軍閥陳濟棠、廣西軍閥李宗仁勢力又在廣州召開「國民黨中央執、監委員非常會議」，正式宣告成立「國民政府」，率軍「北上」湖南要與日寇決一死戰，實際上卻在國家危亡之際與中央軍形成對峙，內戰一觸即發。

喜歡投機的胡蘭成諳熟政治局勢，之所以答應廖磊軍長無非是看重了當下「北上抗日」的提法，打算從反蔣鬥爭中謀得一席之地，更為重要的是他明白這場攸關中國抗戰前途生死的對抗後面，隱藏著極其不堪的陰謀。大批的知識分子陸續朝兩廣聚集，各地實力派也開始群起響應。

從後來蔣介石的日記中可以知道：「六月一日以來，兩粵謀叛稱兵，全國動搖，華北冀察以及川湘幾乎皆已響應，其態度與兩粵完全一致，黨國形勢岌岌危殆。」在這種危急的形勢下，胡蘭成開始接觸社會政治，為政客幫閒幫忙，等去了《柳州日報》後就開始大放厥詞，不但呼籲政府要積極作為，還肆意鼓吹「抗戰要與民間起兵開創新朝的氣運結合，不可被利用為地方軍人對中央相爭相妥協的手段」，來煽動兩廣與中央政府分庭而治。他的這番言論一出，立即引起各方極大關注，後經中央出面協調各方關係後才得以平息，得罪了地方勢力，胡蘭成卻因肆意煽動動亂的罪名，被羈押到桂林第四集團軍司令部受審。監禁了三十多天後，戰區最高長官白崇禧才藉口公務繁忙來看望他，並面呈五百大洋將其「禮送」出境。遭受羞辱的胡蘭成回到家鄉後，父母都已經過世，小女兒又意外夭折，內心的淒涼可見一斑。

政治本不是他參與的東西，可內心並不安於現狀的胡蘭成，始終沒有認清政治的本來面目，也不願以「心安茅屋隱，性定菜根香」的平淡，來安穩地度過他人生的歷程。

一段時間之後，耐不住寂寞的胡蘭成，又開始盼望著能夠復出。

事情的發展，從來都是有利有弊。自胡蘭成在桂林被人「禮」送出境，卻不經意開啟了接觸政界的窗口，原本是不堪一提的飯後笑談，結果卻因此而名噪一時，成了當時的風雲人物。與胡蘭成相比，張愛玲天性聰慧、讀書用功，常常置身書海中不能自拔，始終篤信著出名要趁早，只願在文字的曲徑中尋找出路。以她對於所謂幸福的理解，便是享受著天底下最無私的陽光；以她筆下的諸多種豐富，來努力書寫著無比唯美的世事。一個荒亂的時代，能有這樣一個人只為興趣和生計單純地活著，著實不易。

第三章　戀愛的味道

不論如何，這位有心計的男人既然已經關注張愛玲這麼久，現在只想知道她的地址了。

而蘇青，便是開啟他這把心結的鑰匙。

興之所至

誰說夢想是虛無縹緲的氣泡呢？事實上人生太多的未知和體驗，往往都是從不經意開始的。這種不經意如同最美的緣分，在心動中有著相知、鍾情，也有著兩兩相望的眷戀。

亂世中，根本不需要想太多的因果，紅塵中的緣分不就是這樣嗎？那崔鶯鶯和張生的莫名感動，讓人覺得相逢竟然這般唯美，或許只要輕輕揭開一頁就是新的不同。好多時候，有心能知、有情能愛、有夢能圓，何嘗又不是最為真實的人生呢？眼下這年華似水的歲月流逝中，所有的喜怒哀樂注定要成為不同的景色和精采。

躋身汪偽政府後，胡蘭成很快學會了全面考慮國際形勢的發展的同時，又似乎找回了久違的激情，思昨昔今昔，雖說有太多述之不盡的感慨和悵惘，可畢竟此時的內心無比踏實。想想也是，夢境還是不能隨便丟的。出於對當下局勢的判斷，他極不贊成對英美等國公開宣戰，期盼著汪偽政府的基業能夠更加長久些，卻沒想到這樣的堅持卻和人生出諸多罅隙。迫於彼此政見的不同，以往的所有親密頓時都成了虛幻，胡蘭成無比失望地離開了喜歡的官場，神情黯然回到老家靜心休養，那狀態連身邊的人都認為他仕途止此了，卻沒想到情感上花開牆外，一段「傾

國傾城」的浪漫愛情即將上演。

　　一九四三年十月，在位於南京石婆婆巷二十號的小院中，了無牽掛的胡蘭成放鬆著身心地躺在靠椅上，任憑著溫潤陽光如水一樣從身上緩然拂過，這種放鬆讓他有著一種前所未有的滿足，似乎每一處陽光的縫隙中，都透著煥然一新的芳香。幸福是天空、是陽光、是草地，細細品味著這細密的光線，不由得想起了「心中擁有陽光，生命便有了詩意」的浪漫來。

　　有陽光的日子真好，無人打擾的清醒著實難得，躺久了便順手翻起身旁的雜誌。在政府任職時，胡蘭成就對蘇青的《天地》雜誌印象不錯，感覺設計大方，裝幀素雅，能以不落俗套的面目出現在戰亂時期，足見其確實下足了功夫。他一頁頁無聊地翻閱著，那篇《封鎖》的小說便突兀地映入了眼簾，彷彿就是寫給自己的文字。此刻，自己不就是被政治封鎖住了嗎？由於不得志致使心中的願望無法實現。「封鎖了。搖鈴了。『叮鈴鈴零零』……電車停了，街上的人陷入一片慌亂，東奔西跑。商店的大鐵門沙啦啦拉上了。電車裡的人卻相當鎮靜，他們在靜靜等待，等待著結束封鎖。寂靜的陽光底下，城市像一個打盹的巨人，巨大的重量一下子壓到了人們的心上。他們想呼喊，想活動，想找點有意思的事情來填補這折磨人的虛空。於是，一個男子，一個女子，拋棄了俗世裡的一切背景與襯托，在太初的單純裡相遇。家庭狀況，工作職業，教育程度甚至衣著外貌，都成了無關緊要的東西。彼此的眼裡，只有一個男人，一個女人，身上都有著他們平日裡難得發現的迷人氣息，一場愛戀，在擁擠的電車裡開始……」

　　《封鎖》是張愛玲最近創作的小說，文字樸素真實，細膩地還原了戰爭期間上海小市民的生存現狀，尤其她對於社會世相的觀察，以及對情

第三章　戀愛的味道

愛慾望的豐富描寫，一字一句都彷彿嵌進了胡蘭成心裡。他也覺得自己就像電車裡肆意纏綿的男主角，徬徨、糾結而又無比困惑，在一連串麻木而習慣的鈴聲中，遽然投入倉促的情感中。更讓人稱奇的是，隨著封鎖的解禁，男子立即起身擠入了茫茫人海，片刻不見了身影，甚至連一句話也沒有留下。「封鎖期間的一切，等於沒有發生。整個上海打了個盹，做了個不近情理的夢。」

這故事貌似簡單，實際上卻又蘊含著太多深刻的道理，讀著讀著就觸景生情起來，就像一束不知從何處射來的光，就這樣不經意地射進了胡蘭成心裡。莫名激動中他反覆地問自己，這「張愛玲」到底是何等能人？怎麼會把這個病態的社會看得入木三分，以至他十分急切地想結識她。情急之中以為自己還是政府的高官，便以高高在上的語氣給蘇青寫信，詢問有關張愛玲的相關情況。

經歷過太多情感波折，素以大膽談性而著稱的犀利女子蘇青，自然是懂得胡蘭成的，收悉信件後她只是以寥寥數字敷衍回覆，大意說張愛玲這人特別有個性，從不願意委屈自己去接觸陌生人。短短一行話越發讓胡蘭成摸不著頭緒，心中卻似有千百隻手在不停地撓，他無聊地把信反覆讀了三五遍，執意要從中讀出不同的味道來。夜深人靜時，才知道腦海中想著的還是《封鎖》裡的種種情節。

關注，不失為接近一個人思想的最好辦法。在之後出版的《天地》雜誌中，似乎每一期都刊有張愛玲的大作，其中有篇《公寓生活記趣》的文章還特意為她配了大幅照片。雖無覬覦之心，但還是細細端詳許久，一襲披肩長髮下的憂鬱，明眸皓齒下的純潔，讓人眼前即時幻化出照片後面的豐富與飽滿。

處處留心皆學習，世事練達皆文章。張愛玲就像一味心靈雞湯，在

不斷淡化著胡蘭成官場上的不快，讓他逐漸學會了放下，懂得了從容。以後的時日中，胡蘭成腦海中總會浮現張愛玲的不同形象來，似乎只有這麼漂亮的人，才可以寫出這麼美的文字來。每每用心讀這些靈動的文字時，便不僅僅有感動，還能感受到生命中所不曾注意的細微。

自從喜歡上這些文字起，他對這些文字的作者變得特別上心。還不及胡蘭成打聽到張愛玲的地址，汪偽政府意外地開始了搜捕行動，甚至將不明就裡的胡蘭成關進了監獄。

出人意料的是，胡蘭成在獄中並沒有怨天尤人，也沒有過多地去擔心自己的生命，反而像墜入了情網一般，一有時間就思索著張愛玲的文字。那些天裡，他利用著所有的時間來完成《論張愛玲》這篇文章，或許人不熟悉，但文字上的相識早已讓他傾心，每每寫到開心處時，那種特別想結識的心情就愈加迫切。也正是這種滿不在乎，經過各方面的運作協調，胡蘭成在被羈押了兩個多月後終於獲准出獄。

出獄後，等待胡蘭成要處理的事情理應很多，可自私自戀的他還是在眾人費解的眼神中，毅然放棄了去南京看望妻兒，而是帶著按捺不住的喜悅來找蘇青。這種意外的「臨幸」，讓處於迷亂情感中的蘇青突然興奮起來。在風流倜儻的胡蘭成眼裡，蘇青「鼻子是鼻子，嘴是嘴，無可批評的鵝蛋臉，俊眼修眉，有一種男孩子的俊俏——在沒有罩子的檯燈的生冷的光裡，側面暗著一半，她的美得到一種新的圓熟與完成」。只是在享受了歡娛之後她才知道，這個喜歡拈花惹草的男人最想見到的是張愛玲。「及我去上海，一下火車即去尋蘇青。蘇青很高興，從她的辦公室陪我上街吃蛋炒飯，隨後到她的寓所。我問起張愛玲，她說張愛玲不見人的。問她要張愛玲的地址，她亦遲疑了一會兒才寫給我：靜安寺赫德路口一百九十二號公寓六樓六十五室。」

第三章　戀愛的味道

　　一生閱女人無數的胡蘭成，面對這來之不易的地址，眉眼英秀的他緊緊地攥在手中，生怕一不小心就會丟失似的。他只知道這張紙條可以讓他見到朝思暮想的人，卻從未想過會很快地和張愛玲墜入情網。雖然還在和蘇青聊天，心裡卻早就想著那個妙筆生花的女人了。「天才文藝女神」的蘇青真不愧是過來人，她怎麼會不懂得胡蘭成所謂「惜才」的藉口呢？只是此刻身為女人的她，也是突然情竇難耐對他一往情深起來。「這是一個十足像男人的男人，他的脾氣剛強，說話率真，態度誠懇，知識豐富，又有藝術趣味。」這樣的文字描述，全然是蘇青內心情感的表白。一個女人有這樣的愛慕心，剩下的就是等待著你情我願的委身了。胡蘭成的心思全然不在蘇青身上，或許就這樣才不動聲色地撩動了蘇青，以至讓她時而緊張、驚奇、羞澀。「他雖然長得不好看，又不肯修飾，然而卻有一種令人崇拜的風度！他是一個好的宣傳家，當時我被他說得死心塌地地佩服他了。」一個人要投入另一個人的懷抱，總歸是要有原因的，除了喜歡之外，其實得不到才是最好的誘惑。緊接著兩人眉來眼去，就纏綿在柔軟的床上享受人生了。

　　生性風流的胡蘭成即使貓在美人懷裡，還無法忘卻對張愛玲的種種臆想，這應該是一個男人的本性所在，其實也就是在隱約中期待著豔遇。

　　天山積雪，化作塵世雨點，丹火爐煙，原是人間炊煙。蘇青也知道留不住眼前這個人，他的心根本就不是屬於自己的，只能在身體的接觸中一次又一次地滿足著，至少那一刻還是開心的、陶醉的。第二天上午，胡蘭成直接前往靜安寺路的公寓拜訪張愛玲。

　　這情深幾許，又知幾何？一份婉約染就一襲青衣長袍，於不經意間為那個素影翩躚，讓人為之怦然心動的女子。在深深淺淺的夢瀾深處，在一地的舊時光中，蒼白邂逅不僅是等待，還有著湮湮成韻的斑斕流年。

一地暗香，流淌著已成定局的宿命。他恭敬地站在門前，從臉上看不出絲毫的局促，反而彰顯出了文人特有的斯文。聽到急促的門鈴聲響，姑姑張茂淵心懷喜悅地去開門，當她看到這個鬢髮整潔的人時，又立即換作了一臉嚴肅，隔著狹窄的門縫隙掃視了眼前這個人後，還不及他開口說話，便將那扇才稍稍開啟的門要硬生生地闔上。胡蘭成不失時機地伸出一隻手來擋住，另一隻手又不緊不慢地去掏名片。陽光從遠處照過來，透過花叢淡淡地映在他臉上，不湊巧的是他偏偏什麼也沒有帶，只有焦灼中的一抹哀怨、一襲微涼。無奈之中只能央求婦人遞出紙筆，於倉促中寫下了自己的名字和電話。

紙條剛遞進去，門就重重地關上了。風吹過街角，只留下了無盡的徜徉和回憶，還帶著淡淡的哀怨和傷痛。

對張茂淵來說，這些年的各種經歷早已讓她見慣了人情世故，或許是受傷太多，所以她永遠都是以不冷不熱的面孔，來拒絕所有陌生的造訪者。

既然素不相識，管你是誰，胡蘭成亦是如此。

默思回首，明月當頭，只是晚風不識愁，無語寄風流。面對著悄然緊閉的大門，胡蘭成還是想起了蘇青的勸告，看來素以孤傲示人的張愛玲真的不願見人，更何況又是他這樣的陌生人呢？未曾想到的尷尬並沒有讓胡蘭成失望，這些年他遭遇的挫折真是多得述之不盡，小小的閉門羹又算得了什麼呢？其實，胡蘭成更看重的是張愛玲的才學，至於以後從兩情相悅中陷入情網卻又是從未想過的。「我要你知道，在這個世界上總有一個人是等著你的，不管在什麼時候，不管在什麼地方。反正你知道，總有這麼個人。」如果說這樣的愛需要經受反覆的驗證，那麼人生中的每一段相逢都是相見恨晚。

第三章　戀愛的味道

　　此前，為解救身陷囹圄的胡蘭成，張愛玲還陪蘇青一同去了南京，懇請周佛海能夠出面幫忙出手相救。身為都市獨立女性的代言人，能為一個人如此奔波，這不免令人產生太多的想像。張愛玲欣賞蘇青特別物質的性格，蘇青是亂世中的盛世人。在她人生最好的年華裡，整個中國都處於烽火之中，孤島上海仍然歌舞昇平，成就了她的一段傳奇。「尤其她像一束獨立熊熊燃燒的火焰，在無比熱鬧的爆炸聲中，時常能讓張愛玲從中能看出以後的生活狀態。或許是基於這樣的想法，她才願意答應了前往。」無論如何，兩個女人的敢作敢為還是感動了牢獄中的胡蘭成，雖然胡蘭成已有妻室，還喜歡狎妓遊玩。

　　這一天其實非常難熬，閒居在家的胡蘭成便覺得實在是無事可做，無盡的期望，換來的卻是數之不盡的失望和心寒，無法忍受的痛苦就像是一把劍，漸漸地朝著內心最軟的地方刺了過去，讓他不敢再去相信所謂的命運安排了。對他而言，其畢生的精神所寄無非就是政治的宦海中，努力實現人生的所謂夢想。仕途的終結，已經開始動搖著他人生中最重要的等待，現在除了女人，已沒任何東西可以彌補他空虛的心靈。

　　沒有希望，就沒有失望。或許他已經習慣了失望，可無法習慣的卻是寂寞。吃了閉門羹後的胡蘭成並沒有輕言放棄，這種做法讓世俗的蘇青頗感意外。她時常心懷不羈，自詡生命中遇見過各式各樣的人，平實而又熱鬧的文字中更是透著對男女情感的深諳。在某種意義上，她認為男人們只在乎如花隔雲端的神祕，一切激情終會在時光流逝中被淡忘。只是這次，卻沒有想到這個男人已在自己心裡占據了如此重要的位置。面對著窗外的無比繁華，這個擁有著圓熟和豐腴美的女子，第一次嘗試到了熱鬧之外的幽沉，這種感覺是她懼怕的，在理性與真實中開始懷疑起自己的判斷。

胡蘭成的無意出現，注定要讓兩個女人心中的火同時燒起來，同時又要將她們置於進退維谷的爭端中。一九四四年五月，在蘇青主編的《天地》月刊上，胡蘭成的《論張愛玲》發表了。他給張愛玲很高的評價和讚譽：「確實魯迅之後有她。她是個偉大的尋求者。和魯迅不同的地方是，魯迅經過幾十年來的幾次革命和反動，他的尋求是戰場上受傷的衛士的淒厲的呼喚，張愛玲則是一株新生的苗，尋求著陽光與空氣，看來似乎是稚弱的，但因為沒受過摧殘，所以沒有一點病態，在長長的嚴冬之後，春天的訊息在萌動，這樣的苗帶給了人間健康與明朗的、不可摧毀的生命力。」

　　胡蘭成懷抱美人，還要一意孤行地盤算著另一位美人，這種不考慮後果的自私做法，注定會讓兩個本來情同手足的女人生出諸多矛盾。

　　這才是女人間最為真實的生活。

　　張愛玲最懂得蘇青，與恃才傲物的張愛玲不同，蘇青的婚姻不幸，性格中不近懸崖，不樹異幟，在世俗中活得非常實在，能夠讓人看清楚這份火熱。蘇青的火熱被胡蘭成視為乾柴烈火，從而將她柔軟十足的內心攪擾得翻雲覆雨。現在，胡蘭成又要情傾好友，蘇青自然要將各種怨恨歸於張愛玲。在《小團圓》一書中，張愛玲心甘情願袒護著胡蘭成，也不小心流露出了對蘇青的忌恨。當然，這都是後話，當前最要緊的是胡蘭成如何與張愛玲見面。

　　也不懂那漫長的夜晚是如何度過的，正當渾身無力的胡蘭成無聊地讀著書時，一個陌生的電話打來了。想了想他還是拿起電話，話筒裡立即傳來了那柔弱而堅定的聲音，雖說彼此話語不多，但還是聽清楚了與回訪有關的內容。在放下電話的那刻，胡蘭成臉上已漾出了欣喜的光彩，因為打電話來的人正是不食人間煙火的張愛玲。

第三章　戀愛的味道

　　久違的聲音，瞬間融化了他所有的不快；難得的主動，在他內心生出世俗的幸福。一根細細的電話線，更是將這位民國的臨水照花人，從塵埃的芳魂中款然地約出來，又用複雜而凌亂的感情糾葛連線起來。

　　人世間不外乎兩個悲劇，一是想得到的得不到，二是想得到的得到了。看來確實如此，就和這世上本就沒有無緣無故的愛，亦沒有無緣無故的恨一樣，只是這一切全都因緣而起。

世間執念

　　人生的幸福，一半爭取，一半隨心。

　　如果你相信命，那麼一切的偶然都是注定；如果你不相信命，那麼一切的注定都是偶然。張愛玲頗為好奇地從姑姑手中接過了紙條，只是這次她並沒有同以往那樣順手扔進紙屑筐，偏偏又正經八百地瞧了幾眼，發現紙條上赫然寫著胡蘭成的名字。

　　或許真是寂寞開成了海，張愛玲平靜如水的心底忽然無端掀起波瀾，本是很隨心、很正常的一次拒絕，現在她卻要在自我的迷失中開始思慮如何去補救過失，甚至萌生出了不該有的期待。那夜一個人在床榻上思來想去，還是覺得回訪不失為最便捷的辦法。

　　在上海灘，胡蘭成的名字是家喻戶曉，宅居的張愛玲又怎麼能不知道？現在冷不丁地提出回訪，無非就是從他身上看上了某種希望。灼灼桃花十里，取一朵放在心上；任憑弱水三千，只取這一瓢飲。既然無法拒絕，那麼就在這美好中能夠撩動心弦，奉上最熱烈的愛戀。於是，張

愛玲之前的冷漠全然消失了。

張愛玲無疑是天生的完美主義者，事情在沒有準備好的情況下，絕對不會輕易表明其觀點。這種為人的謹慎，表現在她招待熟悉的朋友時，也會精心裝扮後才會坦然面對。現在，在對待這個亂世裡的風塵男人時，她開始變得與以前大為不同了。這種自我的改變無法讓人說清楚是出於何意，但她如花的年齡，相信沒有人會願意拒絕這滿含欣賞的眼神的。

第二日午後，張愛玲撥通了胡蘭成的電話。不期而至的電話，無疑打亂了他的所有計畫，甚至比之前的閉門羹還要讓人摸不著頭緒。

從電話裡傳遞出的意思，就是做人不能太失禮儀。如約而至那天，張愛玲身著一件時尚靚麗的短旗袍，外搭了一件咖色的呢子長大衣，既能擋風，又可以將青澀和成熟完美地融合在一起，尤其從那細碎而又精緻的步履中，還讓人可以看到稍露的腳踝竟是潔白如瓷，白晃晃地直閃爍人眼。

上帝曾說要有光，便有了光。這個被光環籠罩著的青澀女子，以其無比火熱的激情，輕緩而又不失禮節地敲開了位於大西路美麗園的胡宅。門剛開啟，還不及胡蘭成發問，那從骨子裡滲出的氣質，帶著生命中溢位的溫潤氣度已拂面而來，讓人不能直視卻又無法拒絕。

從接到電話那一刻開始，胡蘭成就焦灼地等待著門鈴的響起。等待彷彿就像一扇窗戶，讓他從期盼和糾結中隱約看到了自己的幸福。這恍若夢想的奇妙中有假想、有煩惱、有注定，總之在短短的時間內，他對這個驚世駭俗的奇異女子產生了太多想像，漸然中才明白，所有的快樂不僅僅是為這個讓人心動的名字，而是內心無法說出口的想念與煎熬。他把雜誌上的照片反覆看了又看，冥冥中不能忘懷的是那清純嫵媚的眼神。

第三章　戀愛的味道

　　開門後的第一眼卻讓胡蘭成倒吸了口涼氣。「我一見張愛玲的人，只覺與我所想的全不對。她進來客廳裡，似乎她的人太大，坐在那裡，又幼稚可憐相，待說她是個女學生，又連女學生的成熟亦沒有，我甚至怕她生活貧寒，心裡想戰時文化人原來苦，但她又不能使我當她是個作家。」千年輪迴，只為等待一個人；三生緣分，換得你一世笑靨。這種以貌取人而導致的強烈落差，分明讓胡蘭成深深地覺得了幻想的破滅和無情，但他還是頗有城府地不露聲色，用一張難得的笑臉來恭迎張愛玲。

　　素來孤傲的張愛玲能主動來見胡蘭成，自然還有著感激的原因在其中。當初，胡蘭成因「文字獄」被抓，蘇青和她一同前往南京救助。出獄後，胡蘭成很快就將截稿的《論張愛玲》發表在《天地》雜誌上，其中新穎別緻的論述觀點讓對文字挑剔的張愛玲眼前一亮。張愛玲是個不按規矩出牌的人，因文字而起的好感，還是讓她無意中記住了這個男人。

　　有了這層難得的因緣，張愛玲才要匆匆去見那位陌生的男人，彷彿從那時開始，彼此就在期待著這次相遇。在最美好的年華裡，一個心靈與另一個心靈的邂逅，似乎只有一朵花開的時間，但那溫柔的流轉中，虛幻的願望也似乎要變成久別重逢。

　　與君初相識，猶如故人歸。雖說見面前還有些心懷不滿，但彼此饒有興趣地談了五六個小時，那份等待、那份夢幻又不知不覺地蕩漾在彼此心底，一切都是那麼地自然，讓這樣的遇見有些類似芸芸眾生中的清音流年。是的，每個人都有屬於自己的世界，但這樣的相聚偏偏又同途、同步，這對很少和人交往的張愛玲來說本身就是個奇蹟，就連時常在女性之間穿梭的胡蘭成也感到了不可思議。眼前這個瘦弱清爽的人，似乎有著一肚子的淵博講不完，雖然在細心聆聽，但簡潔的回應中卻有著寵辱不驚，甚至比胡蘭成還有著更多的沉穩。「她的神情，是小女孩放

學回家,路上一人獨行,肚子裡在想什麼心事,遇到同學叫她,她亦不理,她臉上的那種正經樣子⋯⋯她但凡做什麼,都好像在承擔著一件大事。」涉世淺,點染亦淺,張愛玲渴望激情的單純中,有著不可一世的優越,又不乏單純聰明的幼稚,這些在見多識廣的胡蘭成看來,卻像發現了長在繁華都市中的奇花異草,越發喜歡得不願放手,尤其是她那副故作正經的小模樣,更是不斷地加劇著胡蘭成想要表達的慾望。

　　既然是因為文字而相識,那麼文學的話題自然不能錯過,在論及當下的中國文藝現狀時,胡蘭成還是比較客觀而實在地點評了張愛玲的作品,雖多為溢美之詞,但還是在不經意中觸動了她的內心,點亮了她的靈魂。徐徐茶香帶著柔弱無力的氤氳,彰顯出隨性、低調、閒適、安然,聽著他任職南京政府時的奇聞八卦、掙扎在家庭與情感間的迷茫、現實中演繹的激烈情感,認真傾聽的張愛玲會不時地報以真摯的微笑,雖說她偶爾也會提出個別幼稚的問題,但終究還是保持著好聽眾的形象,在不動聲色中展現出女人無比的溫柔。到底是什麼力量在緊密地纏繞著這對生命?他們又該如何用溫情來感化這段生命中的偶然交會呢?

　　痛苦與歡樂,現實與夢想,各種矛盾的交織中,體會最深的還是人間的冷暖。既然是這樣,何不索性說個痛快,看看眼前這位聽眾的定力到底如何。而張愛玲也不愧為名門出身,自幼接受過良好的教育,長時間的端坐靜聽根本就不是什麼問題。一段話、一杯茶,帶著靈魂的沉穩,讓悸動的心在言語的冷峻與溫柔中漸然平靜下來。「妳的《封鎖》是非常洗練的作品,簡直是一篇詩。我喜歡這作品的精緻如同一串項鍊,但也為它的太精緻而顧慮,以為,倘若寫得巨幅的作品,像時代的紀念碑式的工程那樣,或者還需要加上笨重的鋼骨與粗糙的水泥。」輕微的煽情拂過,讓天馬行空的獨有調侃,充滿太多的人情味道,聽後如同在享

第三章　戀愛的味道

受歲月的質樸和優雅。一念成魔，這何止是滴水不漏的言語，那完全是充滿著靈性的情感皈依，試問情竇初開的小女子又怎麼能抗拒？

歲月是一條河，左岸是遇見的溫暖，右岸是快樂的記憶，而其中流淌的卻是如水年華，在這美好的氛圍中，張愛玲應該是醉了，這樣的讚美不要說是當紅作家，就是上帝聽後也會動容不已。

溫情與殘酷、美麗與苦難，讓張愛玲在高傲中享受著文字的快感。她在心底揣測著這位男人，從侃侃而談中知道他一定熟讀過自己的作品，便不由得佩服其用心來。確實，為了能夠結識張愛玲，他也是下了功夫去翻閱了她以往出版的作品，並從中總結出自己獨到的觀點。

為深入了解張愛玲，他不但閱讀她的作品，還數次去了南京的張愛玲舊宅，從雕梁畫棟的繁縟與精巧中，用心感受著這個女人不同的身世背景；從假山流水的激越聲中，聆聽著那唯美超脫的人間景緻；從滿地鋪陳的黃綠相接中，享受著意境中的心無羈絆；在想像和神祕的交織延展下，身世兩意最美的風景。胡蘭成發了瘋地想要走進她的世界，現在終於有了機會，他自然是毫不吝惜地要反映出女性全部的美來。

悄無聲息的奉承，要麼讓人成熟，要麼讓人墜落，張愛玲不失時機地抓住這種稍縱即逝的情緒，把自己開出了如花般的燦然。

桃花帶泛泛，立有月明裡。若要細細品味這種生活中的不約而至，那種欲說還休的波瀾，真是有著千萬種滋味在心間激盪。你說這樣文雅的撩撥誰能拒絕，誰又甘願去拒絕呢？就如同之前張愛玲執意要見這個人時的叛逆、衝動一樣，動的不僅是心，亂的還有安靜生活中的情緒。

彼此開心的交談中，不再有欲說還休的猶豫、猜測和躲閃，取而代之以潛藏於心的熱情與甜蜜。

眾所周知，張愛玲筆下的文字的世界時而靜謐如水，時而萬丈狂瀾，那波浪滾滾中營造出的神祕與風情，恰恰有著精妙絕倫的迷人，就如同磁石在深深地吸引著人們來議論，來感受與眾不同的魅力。走進張愛玲海天一色的空間，才發現她的情感世界裡透著空白，像懸掛在藍天下的曼妙綢緞，像靜止不動的白色泡沫，根本感覺不到「亂石穿空，驚濤拍岸，捲起千堆雪」的豪放壯美。胡蘭成處心積慮地準備著與張愛玲見面的各種方法，就像即將上臺進行答辯的老師。察己則可以知人，察今則可以知古，雖說風流不在談鋒健，但身為上海、南京政要名媛圈子裡的座上賓，胡蘭成的風趣幽默常常令無數人折服不已。見面後，那種溫文開朗的談吐，動情流暢的得意，都悄無聲息地注入她冷冰冰的情感中。到底是玩弄情場的浪子，他將各種優美動聽的言辭運用得行雲流水，而後又故意漏出些小破綻，可謂是全方位調動著她的慾望。凡是熟悉胡蘭成的人都知道，通常情況下他有三件法寶來對付身邊的女人：一是以不幸的往事來換取同情；二是以糜爛的情史來顯示尊重；三是以花女人錢視為親密接觸。這種離經叛道的手法竟在各色人前屢試不爽，幾乎沒有出過任何紕漏，對眼下這位循規蹈矩的張愛玲來說，她的出現注定是要痴醉成迷的。

窗外聽喧譁，高樓共飲茶。雲霧繚繞的茶世界中人來人往，蘊含著極為豐富的人生哲理。不論是消遣寂寞，還是靈魂救贖；不論是幽徑春華，還是否極泰來；不論是和風細雨，還是意味孤獨，這片樹葉最終讓想像見證了最美好的一天。

茶涼了又續，續了又涼，彼此都不願先開口道別，其實情感又何嘗不是這樣呢？得與捨、始與終，在不完美的人生中猶如眼前這杯清茶，把初時的苦澀漸然變成了恬淡香甜，全然浸潤在幽香的詩意中。兩人從

第三章　戀愛的味道

　　文藝談到生活，從創作談到稿酬，幾乎是信馬游韁地闊談著，似乎每一個話題都可以輕鬆展開。茶芽似起舞的精靈，在色香俱濃中怡養著心神，在回味無窮中品嘗著人性，以致要送張愛玲回家時，突然發現連昏黃的夜色都變得如此迷人起來，從那一扇扇窗戶中閃爍出來的星星點點，以其微不足道映著遠離黑暗的溫暖與感動，好像要在慰藉與希望中點亮這兩個人的一生一世。香風細細的行走中，張愛玲心跳的速度不斷加劇著，只感覺要在幽幽的路燈下逐漸迷失自己。

　　路並不算長，行人也不多，可流淌在弄堂裡的時空漫遠，卻讓她一輩子都無法忘記，相反還增添了要繼續走下去的勇氣和希望。

　　張揚而又無比孤冷的靈魂，終於遇見了生命裡期待的那個人。雖然以這樣直接的方式出現，但還是一下子融化了她的柔軟，就像是春日裡一點一滴消融的冰雪，任觸動靈魂的句子深深烙印在內心深處。

　　胡蘭成的不凡談吐，張愛玲的認真傾聽，讓她見識了生活中不同的新鮮與趣味，也讓他起伏的心中又多了說不出口的「驚豔」。都是才情極高的人，這樣的悄然走近，自會有著相識的心動和信任，還有著魂縈夢牽的美麗。「他們花費了一輩子的時間瞪眼著自己的肚臍，並且想法子尋找，可有其他的人也感到興趣的，叫人家也來瞪眼看。」現在來想，這行文字又該是多麼經典，如果沒有經歷過這樣的感情，又怎麼會寫出如此委婉的感慨呢？

　　情亦如此，相逢又何必曾相識呢？縱觀人世間的種種際遇，無非是初始不相識，以後不相認。不論怎麼說，胡蘭成這壺飽含閱歷的老酒，不喝無法知道人生況味，喝多了又會倍感寂寞。好多時候，這種生命裡的萍水相逢，更多只是像流雲一樣慢慢飄散而去，但就是這樣的短暫停

留，仍然一下子迷醉了張愛玲急需滋潤的心。「我的驚豔是還在懂得她之前，所以她喜歡，因為我這真是無條件。而她的喜歡，亦是還在曉得她自己的情感之前。這樣奇怪，不曉得不懂亦可以是知音。」沒有說護佑一生，也沒有說終此一生，但這樣的相遇相知誰又不懂呢？無論在時光裡相距如何遙遠，該出現的總歸還是要出現的，本來是想以調情的方式，來俘獲一個當紅的作家，結果卻不小心讓自己成了被俘的對象。

就這樣，兩個人肩並肩前行著。

「妳的身材這麼高，這怎麼可以？」雲纏綿，水繾綣，身為看慣風月的情場老手，這話中分明隱藏著別樣的輾轉相思的曖昧和調情。張愛玲對這唐突的言語並不以為然，只是在朦朧和惘然中感受著猜不透看不透的熾熱，並非她聽不懂其中傳遞的意味，只是疑惑眼前這男人真會如此隨便？竟然神奇地開啟了她那扇始終關閉著的愛戀之門，至少在過眼雲煙的生命中有了不再孤單的心暖。

想到這些，張愛玲的臉色不由得變紅起來，兩個可愛的小酒窩映襯著那抹淡然的笑容，立即從骨子裡透出許多親和與誘惑來，就像是一團溫柔的火焰，從微微翹起的嘴角蕩漾起十足的美來。這樣的誘惑自然無法抵擋，兩顆陌生的心陡然間又走近了許多。

巧笑倩兮，美目盼兮，原來愛情是如此之美，恍若遊蛇悄然潛入心扉，頓時就打亂了張愛玲始終保持的矜持和方寸。她一路幸福地回到家，把少女的心思全都沉浸在一杯紅茶中，細細回味彼此接觸過的每一個細節，突然發現滿心底都滿溢著他的笑容，時不時地就會讓人想起。那個只為一人而唱的夜晚，這位始終緊閉著心扉的女子，終於從靜寂中感受到了長夜漫漫的味道。

第三章　戀愛的味道

現在，又到了燈亮的時候，

我喝了一口街上的朦朧，

倒像清醒了，

伸一個懶腰，

掙脫了，

多麼沉重的白日夢。

從遠處送來了一聲「晚報」！

我吃了一驚，移亂了腳步，

丟開了一片皺摺的白紙，

去吧，

我這個一天的記錄！

愛是如此地纏綿悅動，任百年的孤寂只為一人守候。而躍動的思緒如電閃雷鳴、如喁喁細語，從卜之琳的小詩中讀出了人世間所有的歡喜與清醒。

如果真是這樣，相信張愛玲願意花費生命中的每一分每一秒，期待著再次相逢。

花開塵埃

相遇，既然一如絢麗的煙花在夜空中綻放出美麗，乾脆就在這亂世裡燦爛開遍，在溫情記憶中水深火熱。

總之，張愛玲就這樣開始了人生中的戀愛。

戀愛的感覺無疑是甜蜜的，「見了他，她變得很低很低，低到塵埃裡。但她的心裡是歡喜的，從塵埃裡開出花來」。突如其來的喜悅讓這位無比孤傲的仙子，用心感受著流光溢彩的重重包圍，就像身處開滿桃花的雨巷，在瞬息萬變的璀璨中不斷麻木著情緒。她或許也知道浮華褪盡一場夢，但是寧願委身也不想醒來。

其實，歲月已經非常眷顧奇女子張愛玲，讓這段美好的「愛情」出現在她最美好的年齡。而她呢，也是許以芳心全力付出，絲毫沒有辜負這注定光彩的絕代風華。

那剎那間的燦爛，煙花的塵埃也散發出溫暖，當人們都在為這樣的盛放談笑風生時，卻無人顧及繁華之後的無比寂寞。現在來看這燦若煙花的愛情，才發現惆悵的人生中還有著別樣的精采。是的，這個叫做胡蘭成的男人執意要讓她記住這一生的美麗了，以後幾天連續都來找張愛玲促膝長談，變相延續著談情說愛的方式。政治場上嚴重受挫的他，現在全然要以男女調情的方式來滿足著其無比變態的慾望，那恍惚中的興奮像杯中晃動的酒精一樣，開始讓張愛玲不平靜起來。

他每一次風情萬種的到訪，其實都是用寂寞和無聊在撩張愛玲，各種不經意的變化像是微波蕩漾，像是日光傾城，擺脫不掉的卻是美好而溫暖的感觸。好多時候她也在自問，難道他就是一個夢境做了千年的男神嗎？這種似水真情的感覺來得不早也不晚，讓她無法去拒絕什麼，只能以從未有過的美妙在勾勒和點綴著人生，以致偏執地想起那些含笑的言談時，張愛玲內心就似千瓣蓮花在慢慢綻放，她準備要全身心地投入傾世的溫柔之中了。

第三章　戀愛的味道

　　雖然彼此都是生命中的匆匆過客，但對相互愛慕的人來說，卻是用幻想織就的整個世界，一任這如同瘟疫在蔓延的相遇，在悄然掏空著溫情滋養下的靈魂。說真的，她也不知道這是什麼樣的感覺，除了心臟在怦怦然作響外，剩下的就是在不斷地迷失。

　　看來即便是場夢魘，也要讓彼此在迫不及待中成為永恆。

　　照花前後鏡，花面交相映。素來習慣於自我保護的張愛玲，每每在面對他的出現時就會深感不安和糾結，也許是真的不懂愛情，但這樣的陷入並非逃避，而是神魂顛倒的身不由己。對胡蘭成來說，愛情無疑是浪漫的，只是此時的張愛玲還沒有出脫到招人喜歡的地步，面對她弱不禁風一吻丟魂的模樣，他更多看重的是聊天時的有趣，但就是這一點卻也渲染出了這個女人無可替代的特徵。「以至於多少年後，胡蘭成並不覺得她看上去漂亮。張愛玲屬於那種貌不驚人的人，甚至沒有照片上面光彩照人，倘若要說特別，不是她有會討人喜歡之處，真正讓胡蘭成心動的地方，是她並不顯山露水的文采。這樣的低調也是他不曾想到的，如果兩人只是在人海中相視而過，注定將都是彼此生命中的匆匆過客，根本不會在情海中如此波瀾起伏了。」確實，張愛玲老到而又不凡的文采，任誰也無法想像出她到底有多世故，然而等真正見了面，其身上表現出的羞怯卻又讓人不知所措。興奮與忸怩、主動與靦腆，強烈的反差瘋狂顛覆著讀者的認知，也讓閱人無數的胡蘭成有些手忙腳亂，也正是在這樣道不盡風情的情況下，這兩個人卻不由分說打得火熱起來。

　　一個長期孤傲冷僻的人，或許天生就能抵制這種若即若離的撩撥。但偏偏胡蘭成又不同於別人，以有意的唐突和執著，恰到火候地掌握著張愛玲的臨界點，讓她在輕鬆與刻骨銘心中體驗著難得的快感。

　　所有的一切都在按預想進行著。

寂寞之中，你無論遇見誰，都是你生命中該出現的人。他不按規律出牌的放蕩不羈，確實給張愛玲帶來了驚喜。意想不到的事情很快發生了，這次是胡蘭成被請進了活色生香的閨房。房間不大，收拾得甚為潔淨、雅緻，粉色系的環境讓人恍然來到了獨處一隅的世外桃源。還不待細看其中的陳設，特意打扮過的張愛玲就出現在了眼前，一身飄逸的寶藍色綢緞襖褲，一副時髦的嫩黃色邊框眼鏡，一雙帶著流蘇的繡花布鞋，給人感覺這所有的繁複華美都是從骨子裡散發出來的，雖然有著咄咄逼人的氣概，但朦朧的氣氛中更多的還是不施朱粉的純粹。「恍如十七八歲的女生正在成長中，卻連女學生的成熟亦沒有，但衣著打扮卻又透著華貴雍容之氣，一時間讓人近身不成。胡蘭成面對此情景，當下便不安起來。雖說不只妖嬈風情，卻絕對是清純潔淨。」精巧優雅的家具陳設，混合著淡淡的體香、粉香、檀香、幽香，似乎連空氣都為此變得安靜起來，以其溫和、凝練默默地融入木質紋路中。稍等心緒平和，他才放眼細看過去，斑斑點點的陽光照著高高低低的紅木家具，從閒適愜意中閃爍出屬於一個時代的鮮豔色彩，絲線繡著圖案的短幔鋪墊在上面，四周的流蘇如同綠藤垂下，不失風雅和靜謐。裊裊升騰的煙氣中，這樣擺設全然超脫了富貴家庭的奢靡，根本看不出絲毫帶著炫耀的粗俗。無論是軟柔的光彩，還是精緻的富麗，這擺設與主人的品味、愛好、氣質、性情息息相關，看不盡的是亂花漸欲迷人眼，悟不透的是無法按捺住的誘惑。

其實未必是張愛玲想要透過這種方式來放大自己，但他原本想玩弄貧困女作家的心思還是落空了。隨之而來的不安如同帶著涼風的秋雨，像被風無情追逐的落葉，在動盪、難堪中不斷地掠過溫熱的臉龐。少了臆想下的欺騙，平添了些許愁緒，也不知道接下來還會發生什麼。「但我

第三章　戀愛的味道

使盡武器，還不及她的只是素手。」無盡的落差中，他只是覺得自己如此卑微，就像遊走寂寥街道上的人，任由雨水慢慢地淋溼全身。

　　這些年走南闖北，胡蘭成什麼樣的大富大貴沒見過？但此時身處錯落有致的陳設之中，雖然不會輕易地被這些精美物件所俘獲，可還是忍不住為之一振。粉色的窗簾在眼前不住拂動著，像琴弦，像香菸，輕漾著諸多無法言說的奢華。喜歡一個人是身不由己的，之所以會從這種氛圍中走不出來，都源於他年少時特別喜歡看人結婚，結果有次從花轎外看到了嬌豔欲滴滿含幸福的新娘，兩雙眼睛不經意對視在一起，突然有種「千秋無絕色，悅目是佳人。傾國傾城貌，驚為天下人」的感覺。他立即被美人既醉的凝眸嬌柔打動了，皓腕霜雪般的白皙似乎從雪山上流下的冰水，在凝香豔露中如同盛開的芙蓉。也正是從那時開始，他記憶裡就留存下了這美好的意境，雲一渦，玉一梭，以致帶著無數嚮往到了現在。

　　回憶起這些多年前的往事時，胡蘭成的想像膨脹到了極致，他心神不安地看著張愛玲，更多了時尚的情趣、文藝的味道。這一切恍如歷史與真實的寫照，更像京戲中的典故橋段。當年，據說哭江山的劉玄德死了心愛的甘夫人，周瑜在多次派人討要荊州未果的情況下又心生一計，虛情假意要將孫權的妹妹許配與其。劉備一聽內心就開了花，神機妙算的諸葛亮也是假戲真做，竟然讓「周郎妙計安天下，賠了夫人又折兵」。最出乎意料的是，劉備最後還得到了孫權母親的疼愛，不聽不聞執意要堅持著置辦婚禮。當年，孫夫人屋裡的這些陳設不也是散發著淡然的香味嗎？劉備初次走進去時，也是按捺不住內心的激動和不安。胡蘭成與劉備相比自然有著不同境界，但在審美情趣上卻都是大同小異，尤其是這種如此相同的感覺下，讓所有臆想又縈繞到了他身上。

　　張愛玲朝他莞爾一笑，豐富的表情慢慢地綻放開來，在清香中神祕

而又富貴，耀眼的光色讓他說話時都緊張了。「妳這裡布置得非常好，我去過好些講究的地方，都不及這裡。」張愛玲只是謙遜地回應道：「這裡的一切，都源於母親和姑姑的精心布置，只是住久了，便習慣了。」本是一句無關輕重的說辭，卻又不經意地說到了對方心裡，或許這才是心心相印的感覺吧？

那天，他在閨房中待了很久，張愛玲既沒有表現出反感，也看不出任何的局促不安，她更像小學生一樣，只是安靜地聽著，偶爾也會插上幾句。而他侃談著理想、人生以及那些所謂的曲折經歷，最後巧妙地都引申到了小說《孽海花》上，並對主角威毅伯，也就是張愛玲的曾外祖父李鴻章讚譽有加。說者有心，聽者有意，張愛玲何等聰慧，怎會不知這人物的真實原形呢？她微微起身，從身邊的幾案上拿過紙筆，從容不迫地將祖母李菊耦的詩句寫給他。

雞籠南望淚潸潸，聞道元戎匹馬還。

一戰何容輕大計，四方從此失邊關。

焚車我自寬房琯，乘障人誰惜狄山。

宵旰殷勤猶望捷，群公何以慰龍顏。

歲月雖然無聲，但沉澱下來的定然是快樂、幸福、自足。在這樣的時刻，因為一首詩使得彼此的談話越發有了意趣，透過那俯身揮筆的女子形象，讓人從夢裡花飛中又增添了些許想像。正是如此，才讓內心隱隱的快感變得妙趣橫生起來。他的目光縈繞在幽深中，只是還不待張口說話，張愛玲又稍作停頓後，文思敏捷地提筆寫出了另外一首。

痛哭陳詞動聖明，長孺長揖傲公卿。

論才宰相囊中物，殺賊書生紙上兵。

第三章　戀愛的味道

　　宣室不曾留賈席，越臺何事請終纓。

　　豸冠寂寂犀渠盡，功罪千秋付史評。

　　用心細讀，無論是樸素有力的字跡，還是流傳已久的詩文，都有著引人注目的理由，婉約的墨跡中，又何嘗不是一種說不出口的遙望、守候之美呢？這哪裡是在謄寫詩文，分明是在情意悠長中抒寫穿越流年的清麗。認真讀了幾遍後，他忍不住擊掌稱好，不料想張愛玲卻並不為這樣的示好所動，只是輕描淡寫地說祖母作詩的技巧不很純熟，這些詩都是經過祖父反覆修改後才得以示人的。如果要說詩中表現出的淒涼、複雜，那確實是一點也不為過，尤其是對馬江海戰失利後的無比痛惜，以及對於國破家亡的沉重哀嘆，都於綿密的脈理中能夠讀出指陳時事的悲傷。原本是一段因嫁女而生的詩話，結果便被她活生生地肢解開來。他心中的張愛玲變得越發銳利無比，才藝絕代，那種知書達禮就似散發著清新的溪流，溢滿著智慧和才情。張愛玲的確與眾不同，她在肆意表現的同時，又不時會觸及這個男人的所有好奇。緣是切磋、緣是詢問、緣是關切，緣又像是憐愛，不經意中流露出美好的風韻和清純。好多年後，這個深陷其中的男人依然深有感觸：「男歡女悅，一種似舞一種似鬥，而中國舊式欄上雕刻的男女偶舞，那蠻橫潑辣亦有如薛仁貴，與代戰公主在兩軍陣前相遇，舞亦似鬥。」不論是要征服女人，還是要征服世界，現在看來激情似火的征服從來都是男人的夢想，或許是甘甜如蜜，或許是心曠神怡，兩個人不動聲色的比試，猶如煙花柳月下的雲水蒼茫，無法阻攔的卻是不妥協下的包容。

　　相聚總是如此短暫，恍若一世轉瞬。儘管天色在變，但他心中只想著如何來維繫這份難得的融洽，所以就不願起身別過。張愛玲亦是端坐在旁，款款有禮，不急不躁，如夜色中瀰漫的花香誘惑，無時無刻在牽

動著神經。他恍然間覺得渺小了許多。原本是兩個人的比鬥，現在成了美如春花的戀慕，誰都想不動聲色地攪住對方的心。

總之，張愛玲死心塌地要戀愛了。無論是甜蜜還是無奈，她的內心中陡然生出了風姿和柔媚，所有的細膩頓時在空靈中泛出冰清玉潔。

誰也沒有想到愛情會來得如此之快。這些年，她一個人苦心付出和期盼，不就是為了此時的微雨燕雙飛嗎？至於他有家有室又如何？張愛玲的愛意如同火焰肆意蔓延著，像她性格中的從不妥協一樣，似乎要將所有的傳統禮儀全部燒掉。張愛玲才發現自己的身體變得發燙起來，就感覺自己彷彿是即將爆發的火山，不僅要燒掉自己，還要無情地毀了別人。不知是對人生的真實摹寫，還是冥冥中早有預兆，張愛玲曾在《爐餘錄》中寫下了香港空戰期間，有學生登報結婚的生活世相，當時真不懂這樣的夫妻在一起，是想依偎著躲避戰爭，還是為了亂世中的真愛？當一對對男女懷著某種目的走到一起時，實際上卻只是為了苟且地享受。那麼自己呢？

人其實都是這樣的。看別人時，她都是清楚的；一旦換成了自己，卻始終一片茫然。

等待的盡頭是海角，想念的那端是天涯。陷入了愛情的男女，便不在乎個體的渺小，而是以轟轟烈烈的燃燒來面對這些機緣，像李益與霍小玉，步非煙與趙象，關盼盼與張惜，在征服與折服、渴望與期待的糾結中相互交織。山雨欲來風滿樓又有何妨？反正一段愛情要在彼此最寂寞的時空中上演了。

眼看著暮色重得如同墨染一般，他才不好意思站起身來揖別。昏黃的燈光下，張愛玲削細的身形讓人聯想到太多說不出口的鮮潤，飽滿得像水果、柔弱得像早熟的麥子，連那明暗交錯的眼神也變得十分多情起

第三章　戀愛的味道

來，兩人不知不覺在閨房中聊了五六個小時，竟然不飢不餓，不累不乏，全身上下都散逸著無比的興奮。以致回到家後，滿眼都是柳眉幽眸的他又依順著性情，提筆書寫長信一封，在其中大書愛慕歡喜之情，並願順應著這緣分走下去。眾所周知，胡蘭成除了人品、立場差之外，琴棋書畫才藝等皆佳，雖然在這封信中未曾按捺住情緒，卻分明讓人感覺到了對女性態度的淺薄可笑。他已經全然不在乎這些了，只想著趕緊把這封信立即就發走，把信中所謂的愛戀傳遞給對方。

這封濃縮了千言萬語的求愛信，瞬間就將彼此間的所有試探全部定格了。張愛玲迫不及待地開啟信後，又面色嬌紅地扶著眼鏡，以渴望而又急切的心情反覆讀了幾遍。

你曾是我的紅塵客棧，我曾是你的驛路梨花，像數千年前的緣定三生，因了這愛情，不由分說牽手到一起。趴在窗前，窗外是來往的電車。張愛玲只感覺那顆不安的心要飛出去了。或許真是宅居得太久了些，現在想要感受外界的不同，眼前中出現的卻是他的一臉窘狀，久久拂之不去。

絡緯秋啼金井闌，微霜悽悽簟色寒。孤燈不明思欲絕，卷帷望月空長嘆。無比的憂鬱中，張愛玲這座火山被點燃了，從此再也沒有人可以阻擋她對愛情的嚮往了。

又是一天下午，張愛玲端茶靜觀窗外，一杯香茗淡然入口，眼前便浮現出了堪比畫卷中的萬水千山。天邊雲捲雲舒，而那些逝去的歲月，分明就是流過指尖的如水時光。在人來人往中，熟悉的身影又一次出現了，他只是微微側身回頭，卻如閃電一樣直抵內心深處。

相思甜，相思苦，相思如酒讓人迷戀。雖非美人，享受傾盡天下又

何妨？只是四季的輪迴，已讓生命在不知不覺中如影相隨。那天兩人握別之後，年華似乎從此停頓不前，萬般無奈的凝視後面，只任一行熱淚漸然匯成無聲的河流，才懂得相思如此之苦。

以後的日子，胡蘭成每隔幾日都要去張愛玲的寓所裡吃茶聊天，「誰能克制住不沉醉於貝多芬的第九交響樂，巴托克的鋼琴二重奏鳴曲、打擊樂以及披頭四樂團的白色唱片集呢？」沒辦法，彼此精神上的情投意合，不但給平時安靜的寓所帶來了諸多的歡笑，還在對方的心靈深處烙下深深的痕跡。他的眼裡，張愛玲這杯紅茶是生命裡的無比喜歡；在張愛玲眼裡，他這杯紅茶更酷似毒酒，只是散發著太多香息，讓人一時無法自拔。或許只有這樣的凝視才充滿著情趣，才會在你來我往的談笑風生中逐漸成為傳奇。

見過大世面的姑姑有自己的想法，一是對眼前的這個已婚男人充滿著不屑；一是對兩人迅速升溫的感情並不看好。她多次以過來人的直覺數落、指責她，更多的擔心是這般親密的關係會毀了姪女的清白。而身陷情海的張愛玲也似乎從中覺得了不妥，可她無法控制自己，只能任由著性情在紅塵中繼續離經叛道。

或許只是敷衍給姑姑看，等到再次見面時，張愛玲的臉上突然生出了些許慍怒，甚至連言談中也開始變得冷淡。這讓胡蘭成一時不知所措，卻也不敢過多去問，只是在匆匆別離時收到了一張紙條，上面簡單地寫著以後不要相見的話語。說不出的失落感頓時洶湧而來，只是一想到那份清純中的嫵媚和溫柔，又鐵下心不去理會這柔弱的拒絕，依然厚著臉皮前往她的寓所。

這種置若罔聞的做法，確實讓張愛玲沒了主張。在寓所內，他笑談

第三章　戀愛的味道

著天文地理、文化藝術，彷彿什麼事情也沒有發生過。也曾顧及姑姑反感，張愛玲只好當面又說出了「不要再來」的話，但眼神中的分外迷離，絲毫掩飾不住慌亂的內心和難以斷絕的情思。在他面前，張愛玲完全就是個透明人，沒辦法，世故的他已經完全吃透了女性的所有心理變化。

她說她的，他則默不作聲。這種貌似無禮的做法似乎在激怒著張愛玲，卻也讓她所有的堅強在慍怒中變得猶豫不決。於是，姑姑苦口婆心的相勸成了耳邊風。等到再次見面時，他故意說到了《天地》雜誌上刊登的那張大幅照片，那若有所思的無比溫柔，那眼眸中的無比誘惑，讓人看了之後真的難以釋懷，尤其是從嘴角間溢出的沉默，更是攜帶著女人的善良與雅緻。聽了這一席露骨的奉承話後，張愛玲只是面含羞澀一笑了之，結果第二天她竟然以原版的照片相贈予，並鄭重其事地在背面寫下了一行字：因為懂得，所以慈悲。

懂得，從來都是張愛玲的春藥。自始至終伴隨了她多情而又豐富的一生。還要說什麼呢？再多的文字未必就能懂得，再多的激情未必就能面對。痴情和寬容在不斷地淹沒著張愛玲的情緒，注定讓她在這洶湧而來的波濤中失卻全部。

所有這些經歷，在張愛玲過往的生活中都不曾有過。而贈予照片的那刻，實際上是以含蓄的內在來表達以心相許，像臣服、像自願、像心靈間的默契。身為女人，在那個時代能做的也只有這些了。他什麼都明白，越發喜歡得不行，手抬照片長時間凝望後，這才猛然抬起頭來直直地對著她那張充滿渴望的臉，心平氣和地說：「我不喜歡戀愛，我喜歡結婚。」當時，張愛玲尚不滿二十三歲，雖說對結婚的話題不驚不詫，但畢竟還有張紙沒有捅破，卻不知道她當時是何原因，竟然用真誠而又低聲下氣的話語說：「你太太呢？」

思索了片刻後，他才慢悠悠地說：「我可以離婚。」人一旦陷入了情海，又有誰的話可以去相信呢？

　　想想也是，一個是貓，不停地試探戲玩；一個是鼠，盡情地玩弄挑逗。

　　「我現在不想結婚。過幾年我會去找你。」

　　話雖然這樣說，但張愛玲已對自己以後的形勢發展有了清晰判定，並且在腦海中升起了一幅充滿和諧情思的畫面：戰爭結束了，心中的那個男人已倉皇逃往一座偏遠小城中求生，她聞訊後不遠千里、一路勞頓地找了過去，也不管他會不會拒絕，兩人最終相逢在窮鄉僻壤的青燈下。窗外是呼嘯而過的風，不停地拍打著窗櫺，惹得窗紙不時地發出驚悚的聲音來，彼此緊緊地依偎在溫暖的被窩裡，聽著熟悉而又渴望的氣息長時間不說一句話。這種只會出現在小說中的情節，被張愛玲全然不顧地照搬了過來。在她看來，只有經歷過生死的愛情才會更加唯美和持久。

　　言談中的將來，承諾中的天長地久，對於張愛玲來說都是無法想像的遙遠。她既然能夠放下身段恭迎這變態的愛情，自然就不曾打算用一生一世來相守。可以看出，十分務實的她只在乎的是眼下這男歡女悅。

　　愛情的力量真的如此之大？反正這個男人感覺他要用心呵護這塵埃中長出的花朵了。不過確實也是變化，從那時起他確實再也顧不上南京那個原本溫暖的家了，而是守著張愛玲品茶醉眠，晨昏不分，任眼前的人生幻化出太多美妙。對於真正懂得的人，張愛玲從不會去浪費時間、拖泥帶水，而是飛蛾撲火般全副身心投入，以自信來表現她最為柔情的一面。這在他後來出版的《今世今生》中也曾提及：「她卻又非常順從，順從在她是心甘情願的喜悅。且她對世人有不勝其多的抱歉，時時覺得

第三章　戀愛的味道

做錯了似的，後悔不迭，她的悔是如同對著大地春陽、燕子的軟語商量不定。」

本就是無關錯對的感受，從偶然相識到情深意切、從紙上相識到談笑風生，所有張愛玲的談吐卓識、聰明伶俐，都撩得他不得不另眼相待這位如月光一樣美好的女子了。從他寫下的文字中可以知道，這位民國奇女子張愛玲還是有著不同妻室之處：「我已有妻室，她並不在意。我有許多女友，乃至換女友遊玩，她亦不會吃醋，她倒是願意世上的女子都喜歡我。」

到底是該竊喜還是倍感幸運？是不勝感激還是橫眉冷對？張愛玲的謙卑反讓胡蘭成樂得自在。既然昏昧奶油燈下無法共度，那就成為彼此生命中的過客吧？只是這種相逢的情趣，注定要在朝朝暮暮中被無限放大。面對著終將要被毀滅的這一切，張愛玲已不在乎繁文縟節的鋪陳了，縱然前面是刀山火海也無所謂了。人生一世，何必那麼拘泥於享受生活的態度和情趣呢？這就是她對於愛的態度，在不斷享受著陽光雨露的滋潤與呵護的同時，讓愛的花朵在懸崖峭壁上生長。

人生不就是要求得**轟轟**烈烈嗎？冰冷如水的張愛玲終於撲進了火熱之中，因果於她是悲是喜，決然是不會在意了。

第四章
何須厭紅塵

第四章　何須厭紅塵

亂世佳緣

「人活著不在於世界讓你高興，而在於你選擇了高興。」張愛玲在創作生涯的黃金時間裡選擇了這個男人，且不說命運是如何使然，僅他滿口的甜言蜜語就已經使她去除了所有防備，嬌弱無力地繳了械。

「嫁給我吧？」

這位臭名遠揚的文化漢奸絲毫不顧及眾人的指責，竟然在揚揚自得中開口求婚了。那一刻，他也厚顏無恥地相信了這種誠懇。

「他若懂我，這就足夠了。」

張愛玲連絲毫的考慮都沒有，便憑藉著內心的歡喜，勇敢而又堅決地點頭應了下來。

高手過招，不外乎就是你死或者我亡，總歸注定有人要被降伏。至於這兩個不食人間煙火的人，真的無法知曉到底是誰輸給了誰。

所有這一切進展都是出乎意料之快，一直到了舉行婚禮那天，被矇在鼓裡的姑姑才在驚詫中得悉消息。眼看著一切已成定局，也顧不得去指責誰，只能自怨自艾看不清這個複雜多變的世界。

一九四四年八月，三十八歲的胡蘭成與二十四歲的張愛玲結合到了一起。雖然彼此年齡懸殊，但看上去倒也算般配，但所謂的婚禮就真有些拿不出手了。先不說婚禮為何要選在愛丁頓公寓裡舉行，僅就是那簡單得不能再簡單的結婚現場，最多也只是比平時多了幾個人的熱鬧。真不知道張愛玲面對著這種草率時，又該如何屈尊自己的內心來接受人生中最為濃重的儀式。難道她真的不在乎這個形式？難道她真的只是在乎

這個男人？或許是，也或許不是，但從中看出的是張愛玲在當下這個階段的百般無聊。大概是戰爭把人們壓抑得太久，讓這場本就形同鬧劇的婚禮，為平淡的生活增添了幾分情趣。

夫妻對拜心相連，

婚書簽約訴衷情。

媒證面前三世緣，

洞房花燭嬌聲喘。

隨著司儀一連串的口令，花燭下，兩人在眾人的關注中開始書寫起閃爍良辰美景的纏綿。無論如何，筆下生花的張愛玲在愛情面前總歸是一張白紙，只能任由他在這無比的生澀面前毫無顧忌地描繪。他只是想著如何早日抱得美人歸，才不在乎外人是如何看，又如何作想。也正是這種不斷展現人生閱歷的自鳴得意，才不經意洞穿了凝結在張愛玲體外的那層硬殼，一下就讓她難耐的寂寞得到了宣洩和釋放。對張愛玲而言，這種熱情四溢下的放蕩不羈，讓他更多地融和民國文化人的書生氣息，甚至連舉手投足間都有著太多無法拒絕的中年男性魅力。她能做的只是任由著暖暖的陽光投射過來，讓生長在塵埃中的那朵花兒自由綻放。

如果再說得實際一些，張愛玲也並非那種不諳世事之人，她從小就因為父母、家庭等變得早熟、敏感，從中累積下來的情感經驗，一直找不到人來擎手。而這個男人不失時機地出現，瞬時讓她帶有挑戰性的內心安穩下來。要說到男女之間最愜意的事，調情則莫過於首當其衝。而一個熱忱無畏，在貌似乎淡的世間經營著自己的江山和美人，在藝術和知識的偽裝下，俘獲了一個又一個的純情女人；一個是技高一籌，於不動聲色中遊走於各色人的心扉之中，至少讓他有著如醉如痴的興奮。

第四章　何須厭紅塵

　　生活時時都是這樣無比奇妙，對於張愛玲來說，所有用心經歷過的事情，最後又都在回味中以另一種方式出現在了筆下，飽含唯美和自信的文字，便成了見證傳奇故事的密碼，等待著一批批的「粉絲」在不同時期去解碼。

　　這樣的文字自有其精采之處，就如范柳原曾對白流蘇說：「你是醫我的藥。」一個「藥」字，便道盡了人生的所有理論；再如喬琪喬對葛薇龍說：「他是眼中釘——這顆釘再沒希望拔出來了，留著做個紀念吧？」其實，這顆「釘」如若換成了其他詞語，還真是讓人一時半會兒無法體會所要表達的那種感覺。

　　身為這場婚禮的參與者，好朋友炎櫻一直伴隨在左右，她眼中始終充滿著無盡祝福。其實又有誰知道呢？人群包圍中的那位青衣馬褂，頭戴禮帽，身上斜披著紅布的男子，曾經也讓她在無數個夜色裡心潮澎湃、夜不能寐。只是命運造化讓人不解，他為什麼會與自己最好的朋友結為連理？或許是出於這種原因，她樂意用這樣的心情來陪伴張愛玲，一起享受這幸福得讓人只想流淚的時光。只是她此時不能哭，縱使有再多的愛戀與惆悵，也必須讓往事從此消遁。

　　內心上下起伏的炎櫻整理好情緒，手端茶盤向前走去。盤內建有婚書兩封，上面赫然寫著：胡蘭成張愛玲簽訂終身，結為夫妻。細細看著這大紅的婚書，她內心又是一陣說不出的思緒飄渺。當她看到他無比幸福的眼神時，還是坦然送上了最美好的期許。她知道，一切都注定要成為往事了。

　　月兒彎彎照九州，
　　幾家歡喜幾家愁。

幾家夫婦同羅帳，

幾個飄零在外頭？

　　為表現出忠誠和對婚姻的重視，胡蘭成還專門在媒體上釋出了兩條訊息：一條是與新歡張愛玲永結同心、不離不棄；一條是與舊愛全慧文、英娣解除婚約，再不來往。篇幅雖然不大，卻甚是引人注目。張愛玲知道後，勝出的感覺帶給她諸多無法言說的欣慰，同時也隱約感到些許的酸澀。在《小團圓》中，張愛玲只是把現實中的主角換了姓名，而且真實地預設了結局。「她把報紙向一隻鏡面烏漆樹根矮几上一丟，在沙發椅上坐下來，雖然帶著笑，臉色很悽楚。」

　　其實，懷抱著同樣心情的還有姑姑張茂淵。身為張愛玲最為親近的長輩，即便是這場婚禮再簡單，也該開心地出席、見證和祝福，可她理性地拒絕了眾人的請求，把自己關在裡屋憂傷地發著呆。

　　張茂淵的反對自然沒錯，但從中也看出了人生的無奈。雖然她以旁觀者的清醒看透了胡蘭成虛偽、玩弄女性的伎倆，真正疑惑不解的卻是張愛玲到底在追尋什麼？

　　確實，現世安穩的強烈願望下，是時局的越發動盪，是人心的無比浮華，是帶著遲暮之氣而來的蒼涼之感。驕傲的張愛玲定然是清醒的，只不過她更願意以唯美的想像，帶著所有夢想成為胡蘭成最後的歸宿。

　　婚禮繼續進行著，當兩人鄭重其事地寫下「願使歲月靜好，現世安穩」這行字時，現場傳來了喧譁和掌聲。那一刻，他倆是在完成著婚禮的儀式，還是原本就不在乎這些虛無的名分？就像張愛玲筆下的男女角色，從未有過皆大歡喜的圓滿結局。也是，對一個之前從沒有想過愛誰的人來說，又能刻意挑剔什麼呢？現在坦然地牽手，不就是為了將來灑

第四章　何須厭紅塵

脫地分別嗎？只是這牽手，卻注定了她要用一世的清白來換取。

誰也不知道這場婚姻的結局是什麼，張愛玲就像一艘全力開進的船不斷地加速著，至於前面是冰山暗礁，是洶湧浪濤也全然不在乎了。至於那些「我永遠和你在一起，我們一生一世都別離開」的話，現在聽起來卻是如此地享受，更無須說那些「生與死與離別，卻是大事，不由我們支配的。比起外界的力量，我們人是多麼小，多麼小」的自欺欺人了。

無比糾結之下，讓張愛玲不願去追問任何世事。她只想將這段才子佳人露水相逢的傾城之戀經營好，能在每日的安穩中枕夢尋安好。至於世間的柴米油鹽、瑣碎平凡，以及所有不入眼的缺陷，都似乎與她無關。

因為懂得，所以慈悲。而亂世裡的姻緣，就如同開著妖豔花束的曼陀羅，在無比紛亂中迷惑著眼球。反正只是一場精神的狂歡，乾脆讓肉體放開享受好了。

婚後那段生活是幸福的，可謂世事安詳，情深意切。在小寓所之中，兩人時時刻刻都沉浸在男歡女愛中不能自拔。無論是他得了紅顏知己，還是她添了閨中良伴，所有輕鬆歡快中的撫慰都勝過了一切想像。寧負天下不負卿，三生三世結桃花。儘管家國淪陷，儘管民不聊生，但欲仙欲死的享受卻絕不能少，尤其是那種用驚喜和風流渲染而成的情緒在不斷地塗抹著蒼白，成為這個年度裡最蔚為壯觀的幸福上演。

柔和的燈光下，胡蘭成不無滿足地欣賞著眼前這位才女，以無比懂得的細心呵護著、縱容著、讚美著，他只想近距離地看個透澈、讀個明白，知道關於她所有的審美、好惡、相貌等。張愛玲需要的正是有人能理解、能欣賞、能愛慕，包括無比的順從。某種程度上，熟諳女性的胡

蘭成早已在精神和肉體的交合中，完全把張愛玲供奉到了香火膜拜的高度。沒辦法，他骨子裡就是個討人歡心的厲害角色，尤其哄女孩子的技巧從不落俗套，把張愛玲內心熨貼得平坦。更讓人感動的是，只要有空閒時間，他不論遠近都會趕過來陪伴其左右，幫助她完成著生命的怒放。

張愛玲是個愛起來很決絕的人。愛情中的無比歡悅，時時在刺激著她的靈感，也帶給她無法想像的自信。她就像是春天裡飽受滋潤的植物，每天都為那男人心甘情願地拔節著、抽枝著，如膠似漆的快感，已經沒有任何人能夠阻止。偶爾安靜下來的時候，張愛玲也會以自己的漠然、冷靜和惶恐不安，來思考需要面對的生活。有一次，兩人正相擁著在燈下讀書，無意間的抬頭凝望卻讓他來了感覺，頓時覺得眼前開出了一朵燦爛無比的花。他也知道平日裡張愛玲不善言笑、不擅交往，便不由自主用大手輕撫其臉，任眼前幻化成一輪皎潔晶瑩的圓月，突然就那麼高懸在冷清的夜空之中。

「妳的臉好大，像平原緬邈，山河浩蕩。」

原本就是一句不中聽的話，但偏偏此時是處於相看兩不厭的狀態，她聽後笑著說：「像平原是大而平坦，這樣的臉好不怕人。」這既是自我解嘲，又不容他心生尷尬。隨後，她又巧妙地說起《水滸傳》中宋江見玄女的橋段，以「天然妙目，正大仙容」來進一步化解這種不適。本是一句形容玄女的詞語，但此刻用在這裡確實是巧妙不過。他真心要服了這女子的知識淵博，但一時語塞，只好語無倫次地稱讚她的繡花鞋精巧細緻，不落俗套，無意間見張愛玲起身端茶倒水，又驚嘆她有弱柳扶風般的美不勝收。張愛玲聽後自然是喜不自勝，臉上露出了難得的笑容。

第四章　何須厭紅塵

　　愛情的雲煙中，從來都充滿著女為悅己者容，士為知己者死的玄妙。而張愛玲不但將這種愛戀演化成誠惶誠恐的順從，還表現出了情願委身於泥塵的姿態，完全將自己放到非常低的位置上，甚至包括她從門外無意看到胡蘭成潛心讀書的背影，也會開心地寫下：「他一人坐在沙發上，房裡有金粉金沙深埋的寧靜，外面風雨淋漓，漫山遍野都是今天。」

　　初享愛戀的無比甜蜜，卻已經火熱到這種不可思議的程度，確實超出了彼此的想像。分外強烈的愛慕，讓生性並不浪漫的張愛玲，極力展現著內心的依戀，如同孔雀一般表現著華貴的羽毛。表現在生活中，她調皮地用手玩弄他的眉毛，嘴上就會說道：「你的眉毛。」而手卻已經不經意地到了眼睛上。然後她又會說：「你的眼睛。」等撫摸到嘴唇上端時就又自言自語說：「你的嘴，你嘴角這裡的渦我喜歡。」不近情理的動作，完全就透著小孩子的天真無邪，讓人哭笑不得，卻又有著太多的樂趣在其中。

　　這些，原本才是愛情的真實模樣。

　　張愛玲婚後的變化很大，就連她在叫「蘭成」時，竟也是透著滿腹的親柔，竟然呼喚得他不知該如何應答了。試想，一個風月場的老手在面對臨花照水的唯美時，能變得無任何想法，這完全出乎人的意料之外。當然，這僅僅才是開始，擅長調情的張愛玲卻還要硬逼著他開口叫「愛玲」，可偏偏他又尷尬得無法叫開口，於是便會一系列的作難糾結，結果臉色很快地就變成了醬紫。縱然這樣也無法推諉過去，便難受得不知該如何開口，嘴裡只好吱吱哇哇想矇混過關。

　　愛玲自是不依，非要他重新叫，而且一定要帶著濃濃的愛意。等他

好不容易叫出了口，卻已是渾身發熱，開始坐立不安了。恰恰這些窘態在張愛玲眼裡，是順從的滿足、歡喜的怒放、不無快意的放鬆。

而她喜歡的就是這些。愛情不就是這樣簡單嗎？只願這幸福能夠無限地延續下去，直到海枯石爛，天荒地老。那些時日，他甘願只做一個平凡的人。想想也是，以他這樣兩眼向天的身分，著實不易。

相信，就會相遇。

其實，不論他們以什麼樣的方式相遇，那種膠著都可以視為愛情，即便如同火光般短暫，卻也一樣地讓人無比動容。在接下來的日子中，彼此的情感越發地升溫著，兩人就算身處鬧市也如入無人之境。

有天午後，天色晴朗，微風輕揚，他又攜手張愛玲款款出門去散步。出門前，張愛玲還對著鏡子細心收拾了一番，那蓬鬆秀髮下的淡淡紅唇，桃紅旗袍下的玲瓏曲線，儼然就是畫報上萬種情懷的民國風景。而在他的印象之中，旗袍多出現在白牆青石的小巷之中，撐一把沾滿雨滴的油紙傘，婀娜的身姿就像天地間飛舞的桃花瓣，就像人世間半開半合的唐詩宋詞，在一步一響中散發著丁香的幽然。那一刻，與張愛玲耳鬢廝磨的他被眼前的這景緻驚呆了，竟然忘記了要做什麼。

這古典詩意的美，是蕩氣迴腸；

這光陰曖昧的美，是三千痴纏；

這嫵媚和風的美，是煙花綻出月圓。

這美，縱有千萬種語言，都無法表達出張愛玲的那種美來。

見此情景，張愛玲只是意味深長地宛然一笑。

又是一日，兩人去看朝鮮著名舞蹈家的表演，返家途中天空突然落起了雨滴。剛才卿卿我我的情趣，頃刻間就變成了人群中的四處慌亂。

第四章　何須厭紅塵

好不容易叫來了一輛黃包車，張愛玲便趕緊擠上去，撒嬌著斜斜坐在他身上。雨水帶來了清新，也讓他享受到無比柔情的依偎。車緩然向前行著，也不知是淡然的香息讓他來了靈感，還是其他什麼原因，反正他突然覺得懷中的張愛玲身形高大，如此抱著竟有著諸多不合時宜，思前想後卻又不知道如何開口，就只好在風雨中沉默起來。張愛玲根本不知道這些想法，依然開心著、享受著。

有一種牽掛叫相思，有一種深情叫心碎。總之，張愛玲給這個男人帶去了一種甘之若飴的感覺，讓他在深情中不忍忘懷，在思慮中難以割捨。

往事重重，這樣的愛卻也讓人沉醉。

情海孽緣

一九四四年十月，「七一五」反革命政變的主要人物因病醫治無效在日本去世。

隨後，他的遺體被追隨者們運回南京。隨著盛大葬禮的結束，胡蘭成不禁開始憂心如焚，他最直接的感覺就是如漂萍不知該何去何從。窗外依然是槍砲聲聲，屋內卻充滿著一連串的唉聲嘆氣，彷彿偌大的上海、南京兩座城市，突然間沒有了其容身之地，恍然間才覺得安穩是如此之好。

汪偽政府坍塌後，胡蘭成失去靠山只能賦閒在家，除了回想以往政界的輝煌，只能寄情於詩書，只能纏綿於閨房。如果要說還殘存有希望

的話，那就是他時刻對整個社會局勢的預判。在他心中，政治永遠都擺在首位，畢竟這才和自己後半生的命運休戚相關，並非張愛玲所嚮往的讀書寫作。他很清楚，眼下日本人在中國已逐漸由強轉弱，但內心裡卻又不願意他們弱得那麼快。極其矛盾的心態下，他一方面撰文鼓吹日本撤兵，為自己的未來謀取出路；一方面又四處奔走，想解除大難將至的壓抑。以至於有次同張愛玲在江邊散步，看到夕陽西下，兩人竟然心有靈犀地同時發起感慨。

胡蘭成隨口借用了《漢樂府》裡的句子：「來日大難，口燥唇乾；今日相樂，皆當喜歡。」

張愛玲心領神會，直接接過來說：「這口燥唇乾好像是你對他們說了又說，他們總是不明白，叫我真是心疼你。」

隨後又說：「你這個人哪，我恨不得把你包起，像個香袋兒，密密的針縫好，放在衣箱藏了好。」張愛玲只關注著眼下的愛情，在自我的小空間裡，做著憐花惜人的夢想，自然不懂得他此時所面臨的「大難」。

在思量了許久之後，他才緩緩說道：「我必逃得過，唯頭兩年要改名換姓，將來與妳雖隔了銀河必定找得見。」說罷手手相牽，身身相依，仰望著那抹燦爛的紅霞，兩個人的背影注定要定格，成為時光中難以相忘的印記。

若無相欠，怎會相見？「那時你變姓名，可叫張牽，又或叫張招，天涯海角有我在牽你招你……」

佛說：伸手只需一瞬間，幸福便會很多年。無論你遇見了誰，都是你生命裡必須要出現的人。如果可以這樣平凡而又默默相守，真實地書寫著朝夕廝守的情感也未嘗不錯。

第四章　何須厭紅塵

　　在張愛玲的世界裡，她盡心盡力地扮演著妻子的角色。時局於她不懂，也不願去懂。她需要的只是能感受到對方的愛戀，其他都無所謂，包括名分也不在乎。所以，她可以放棄手中事務，陪伴他出席各種與時局有關的會議，偶爾也會別出心裁設計時裝來消遣時光。這樣的幸福時光真心充滿著愜意，在外人眼裡更像年輕人的戀愛。

　　僅從用錢這件小事上就可以看出，張愛玲的夢想是何等單純。她自己曾說：「用別人的錢，即使是父母的遺產，也不如用自己賺來的錢自由自在，良心上非常痛快。可是用丈夫的錢，如果愛她的話，那卻是一種快樂，願意想自己是吃他的飯，穿他的衣服。」

　　新婚的新鮮感很快就走向了結束。正當百無聊賴的他不知如何是好之際，日本主子考慮著他尚有利用價值，又著手安排他去了武漢主持《大楚報》的創辦工作。種種形勢的發展，通常不以人的意志為轉移，就和張愛玲當下的現狀一樣，反正也看不清楚遠處是什麼，就只能過好眼前。好多時候，她面對著男人那張憂鬱的面容，在心疼之際更希望他走的路是條死胡同，或者說能早些從政治舞臺上摔下來。就可以實現閒時上街遊轉，樂時談論文藝，在人間煙火中享受平凡夫妻愛戀的生活了。

　　很快，胡蘭成就去了武漢籌辦報紙。漢口已經被炸得不堪入目，整座城市都瀰漫在煙塵之中。空襲讓人司空見慣，盟軍的砲火也在反擊中成為家常便飯。朝不保夕的恐慌感不時地刺激著他，為謀劃長遠的發展，他又親手創辦了一所政治軍事學校，作為日後重出江湖的資本。

　　他每天都要乘著輪船渡過漢江去報社，這一路上其實並不安寧，因為隨時都會有炸彈從天上掉下來。當水花形成水柱翻騰著向四處飛濺開來時，除了要死的心之外，又常常慶幸躲過了生死之劫難。即便這樣冒著生命危險，他也是幹得盡心盡力，唯一有壓力的就是《大楚報》始終見

不到任何起色。在這兵荒馬亂的當口，誰還有心思在讀書看報中消遣偷生的生活呢？但是他卻不願放棄每一個機會，為了轉變生機又開始思索著要將雜誌改辦為文學刊物。

面目全新的《苦竹》一問世，還真是贏得了不少讀者的青睞。患難妻子張愛玲更是全力以赴，親自伏案撰寫了《談音樂》、《自己的文章》等一系列文章，甚至為謀關注連好朋友也拉了進來，讓炎櫻幫忙設計雜誌封面和文章翻譯。在混亂的時局下，文壇已非常萎靡，可張愛玲耳目一新的文字還是受到了讀者的認可。

雜誌確實很快就有了轉機，正當張愛玲準備大幹一場時，他又將眼光再次轉向了政治。也就是從第三期《苦竹》開始，原本消遣性情的文藝又投向了空泛無趣的時政報導。本來是幫夫未曾盡興，張愛玲現在卻只能望刊興嘆。稿子自然是無法寫了，那就乾脆鴻雁傳書訴衷情吧？回憶一起讀詩品畫的談笑風生，暢想同住同修的寵愛知音，訴說兩地別離的相思之情。每封書信都深深牽繫胡蘭成的心思，讓他在最猛烈的砲火下欣慰地生活著。

這樣的牽掛無疑令人感動，偏偏在胡蘭成無聊的生活中，又出現了一位長相清秀的小護士，名叫周訓德。話說《大楚報》的寓所和漢陽醫院單身宿舍毗鄰，時間一長大家都變得熟識起來，慌亂時局中能有這些光彩照人的護士相伴，對於文化人來說又多了心靈上的安慰。小護士們對這個男人的名氣仰慕已久，知道他是社長並且住在這裡時，更是禁不住內心的仰慕與崇拜，常常過來主動幫忙打掃環境、提水、晾晒被褥。或許是營養不良，胡蘭成眼中的這些護士都長得土裡土氣，全然沒有時尚淑女的迷人可愛，如果真要從矮子裡拔將軍，只有那位想學詩作對的周訓德還算說得過去。

第四章　何須厭紅塵

　　關於學寫詩歌之事，胡蘭成一直推託著不曾答應，到後來實在執拗不過，只好同意讓其每日裡幫忙打掃環境。時間稍久，最終還是沒禁得住小周要替他抄寫詩文的甜言蜜語。也不知道這周訓德使得哪門子迷惑術，開始讓風流才子心生邪念，從此在談笑廝混中變得心猿意馬，有意無意中便把張愛玲給忘記了。這個時節，張愛玲自然不會想太多，她永遠不會想到那原本屬於她的溫暖懷抱，又要重新納入新人了。

　　沒有了「紅玫瑰」的陪伴，便開始耐不住寂寞。現在來看，男人們喜新厭舊的心態是如此明顯，只要有人陪著，哪怕是「白玫瑰」或者狗尾巴草也未嘗不可。尤其這些涉世未深的少女們才剛剛走出校門，別看她們平日裡一副素面素心，但只要稍加收拾就會顯出水靈秀氣。在他不放棄，也不加拒絕的情形下，利用老男人的勾魂手段，很快就解除了那抵擋誘惑的能力。之前還是帶著敬佩之心膜拜，現在卻要低聲下氣讓自己如夢如醉，想想都是非常值得炫耀的一件事情。

　　他先藉口請吃飯以示感謝，進而又以講詩、散步等老套路來獻殷勤，嬌滴如水的小周很快就墜入男歡女愛織就的情網中。

　　他開始不在乎旁人的眼光和說辭，成天裡和小周親熱著成雙入對，毫無遮攔地享受起砲火轟鳴下的同居生活。小周完全改變了自己，她帶著對於這個男人的無比尊敬委身，她已在內心中甘願和他成為亂世中的露水夫妻。

　　亂世雖亂，但也有著正氣。就比如《大楚報》有位副社長叫沈啟無，平日裡做事情就特別正直、無私，他感覺自己實在看不過眼前這齷齪的行為，便私下裡找到小周加以好心規勸，並實情相告胡蘭成已有家室的情況。然而正迷戀於他淵博知識和身體的小周，又哪裡聽得進去這些推

心置腹的話呢？後來也是覺得不好意思，只能是在表面上答應，卻始終見不到任何變化，反而是變本加厲地陶醉在自我營造的幸福中。

有一天，小周應了他的要求，親自上門去送自己的照片，或許是出於感激和那種男女間說不清楚的情愫，還特地在照片後面題寫了一首剛學的詩：「春江水沈沈，上有雙竹林。竹葉壞水色，郎亦壞人心。」

本該是妻子寫給丈夫的情詩，小周糊里糊塗地用到了此處，大概是她真心喜歡眼前這個男人吧，而他也從此細節中感受到另一種幸福。先是手捧照片細細端詳，接著又是一番精緻到位的點評。小周哪裡聽到過這樣的誇讚，而他又是赫赫有名的人物，於是又多了份柔情和嬌弱在眉宇。

「吾來悟道無餘說，雲在青天水在瓶。」這兩人說歸說，做歸做，卻在眉來眼去的挑逗中，竟也醞釀出了肌膚間的甜暢淋漓，等狂風暴雨過後，當彼此放鬆身心躺著閒聊，胡蘭成無意中聽到了沈啟無規勸小周的那席話。那種從心而起的憤怒，恨不得即刻就去問個清楚。

第二天上班，他直接衝到沈啟無的辦公室，當著眾人就怒斥開來。

「你對小周說什麼了？說話如此齷齪！簡直就是卑鄙。」如此過激的反應，確實讓沈啟無沒有想到。面對這種盛氣凌人，他竟然不知所措，其實又能夠說些什麼呢？徒增的只是無盡悲哀。

當然，沈啟無所做的這些事，除了骨子裡的應有的正義之外，更多的是對張愛玲的敬佩。他喜歡她文字中的溫情練達，尤其是對人物刻劃的細節描寫，完美地表現出了當時社會的醜陋與不滿。在這種不依不饒的境況下，他唯有選擇默默離去。

這些內幕，張愛玲自是無法知曉的。當她聽了胡蘭成的片面之詞

第四章　何須厭紅塵

後,還特意把這段笑談寫進了《小團圓》。「報社正副社長為了小康小姐吃醋,鬧得副社長辭職走了。」愛情往往就是這樣,不得不承認這樣的盲目中錯失將是怎樣的幸福。即便在這個時候,她還敬佩這個男人能夠勇敢而坦率地說出與自己有關的情事。當然,這些只能歸於她對於胡蘭成嘴臉的不甚了解。更確切地說,張愛玲是被自己的痴情矇蔽了,包括人性。此時,他卻只管沉醉在新鮮的男歡女愛中,以致在《今生今世》中欣喜地寫道:「後來事隔多日,我問訓德:『妳因何就與我好起來了?』她答沒有因何。我必要她說,她想了想道:『因為與你朝夕相見。』我從報館回醫院,無事就去護士小姐們的房裡,她們亦來我房裡。我在人前只能不是個霸占的存在,沒有野性,沒有性的魅力。那種刻激不安,彼此可以無嫌猜。我不喜見憂國憂時的志士,寧可聽聽她們的談話,看著她們的行事。戰時醫院裝置不周,護士的待遇十分微薄,她們卻沒有貧寒相,仍對現世這樣的珍惜,各人的環境心事都恩深義重,而又灑然如山邊溪邊的春花秋花,紛紛自開落。」

筆下的文字算不算愛情?但清晰的是他的內心深處,已經把這種感情昇華到了生命的層次。唯一讓人不知的是他們之間的床笫之歡。

對了,張愛玲是不會知道的,可小周呢?

小周經事不多,性格上甚至還潛藏著粗獷的痕跡。或許是接觸過太多的純情,這點卻滿足著他的全部好奇。與張愛玲相比,小周從骨子裡散發出的乖順,以及無底線的服從,自是胡蘭成從未感受過的新鮮。這讓他勝不自喜,常常還施以小恩小惠予以幫濟。從未見過世面的周媽媽聞訊後,內心深處滿是說不出口的感動,可以說,她已經被這個所謂大人物的行為感動了,時常囑咐著女兒要學會知恩圖報,至少要用心來服侍好先生。

小周便懵懂地答應了媽媽，甘願在暗下裡成為小妾。《今生今世》中有這麼一段：「她的做事即是做人，她雖穿一件布衣，亦洗得比別人的潔白，燒一碗菜，亦捧來時端端正正。她閒了來我房裡，我教她唐詩她幫我抄文章。她看人世皆是繁華正氣的，對個人她卻敬重，且知道人家都是喜歡她的。有時我與她出去走走，江邊人家因接生都認得她，她一路叫應問訊，聲音的華麗只覺一片豔麗。她的人就像江邊新漲的沙灘，踏一腳都印得出水來。」從文字的描述中，讀者無法看出私情。其實，小周在他的調教下已經是欲罷不能了，雖然她也知道其身後還有個張愛玲，卻不能有任何的妒忌之心。

　　一邊是情感上孽花綻放，一邊是事業上欣欣向榮。此時的張愛玲可謂是順風順水，她的小說《傾城之戀》先是被改成舞臺劇，旋而又開始要拍成電影。除了要牽掛的人之外，她把全部心思都放在文學創作上，雖然也聽到了一些關於小周的風言風語，卻從沒有過多疑心。

　　伊人柔情為誰似水？願用等待來換取一世的不離不棄。轉眼就到了年關，春節的鞭炮聲響中，張愛玲雙手合十默默祈福，心中滿是牽腸掛肚。

　　不管是花叢中的蝴蝶，還是畫闌憑曉的雪，小周的千嬌百媚卻是墨染青衫，讓這個男人很難再想起張愛玲來，就如同他此前想不起英娣一樣。無比熱鬧的氣氛中，懷抱著嬌弱無力的小周，他還是從心底深處升起一股惆悵和茫然。「昨夜西風凋碧樹，獨上高樓，望盡天涯路。」只是不知他這樣的心境又是為了誰？

第四章　何須厭紅塵

傷痛無期

「今生無理的情緣，只可說是前世一劫，而將來聚散，又人世的事如天道幽微難言。」讀起這樣的句子，便從悲憫中會透出淡然的無奈和一語成讖的蒼涼。曾經是執手相看淚眼的死生契闊，現在卻要在低眉回首中成為傷痕累累。或許真是心已遲暮，已無法在行雲流水中開出曼妙的花朵。

小周亦是個本分人，早已陷入情網中無力自拔，加之又懼怕他的名聲和無休止的胡攪蠻纏，只能委身於小妾的角色定位上。她對這個男人從來沒有太多的需求，只是每日裡盡其所能地服侍好，如同對待今世恩人一樣地細緻溫柔，根本就不在乎他是個有家室的人，也不去考慮以後的路如何走下去。

時局雖亂、民不聊生，但始終沒有影響到兩人在夕陽下散步，在微風中綠波泛舟，讓不明就裡的人很是羨慕小周的幸運。性格使然的他到周家也從來不會低調，不僅當著周母的面大談兒女私情，而且也堂而皇之談及以後與小周的婚姻大事。

雖說後來周母也曾數次催促結婚，每次都讓他振振有詞的話壓得啞口無言：「我因為與愛玲亦且尚未舉行儀式，與小周不可越先。」

小周懦弱慣了，但她並不願意身邊的人勉為其難。隨著時間的不斷推移，嫁為人婦的憧憬也成了泡影，只能在花言巧語中變得更加沉默。

日子，平淡無奇才是真實的，其實沒有想像中那麼好。

一九四五年三月，他從武漢回到了上海小住。說是小住，其實就是

換換口味，順便再炫耀他本不寂寞的生活。人回到了上海，自然每日都要恩愛一番，在得到身體和精神的滿足後，又開始惦記結識的小護士周訓德。對於張愛玲這樣懂他的人，他毫無隱瞞自己的婚外私情，還不待細問，就已將細節全盤托出。柔弱的她能說些什麼呢？「男子憧憬著一個女人的身體的時候，就關心到她的靈魂，自己騙自己說是愛上了她的靈魂。唯有占領她的身體之後，他才能急匆匆忘記她的靈魂，也許這是唯一解脫的方法。」青春是道明媚的憂傷，張愛玲似乎並未全信這些話，面對如此張揚的私情，她甚至「糊塗得不知嫉妒」，只能夠在精神與生活中尋找著平衡。

有一天，兩人看戲回家的路上，張愛玲突然拉住了胡蘭成的手，說姑姑給她介紹了一位外國朋友，只是沒接觸多久便想要與她發生關係，每個月還可以補貼些生活費用。她本人對這事不反感，反倒希望身體上的快意應該多些才是。可他聽後不由得大怒，當下就要去找姑姑理論。看著刺激已經達到了預期目的，喜在心上的張愛玲，於失落中多少也有了一些慰貼。她明白，人生苦短，只有抓緊時間相伴廝守。

愛，在胡蘭成的世界裡，全然是建立在身體上的愉悅，是男歡女愛的欣賞，是那麼淋漓盡致地顯現著中國文人的心理狀態。而這樣的愛對張愛玲來說，讓她在全副身心付出的同時，也忘記自己的存在的價值和意義。太多的不解，讓張愛玲明明心灰意冷，卻又不願讓孤獨的心靈黯然傷神，只能放任心中的痛楚一寸一寸襲向心口。

王者歸來，儼然就是一派夫主的形象。就在昨日，他還身處張愛玲與小周的兩難選擇之中。身心不定的游離，多情目光的猶豫，都深深地在刺痛著她的心。真不知道人生為何有著那麼多選擇，如何選擇才是好呢？在他眼裡，新歡與舊愛就如鮮花和剩飯，可以扮美心情，也可以填

第四章　何須厭紅塵

飽肚皮，偏偏此時，他還要用言語來狡辯、來理論。狡辯從來都是他的強項，也是他天命難違的絕妙見證。

「我待她天上地下，無有的比較。若選擇，不但於妳是委屈，亦是對不起小周。」

兩個特別的女人，讓他不願費心思去選擇，真正的目的無非就是想全部占有。沒辦法，習慣了魚臭的人，就會忘記了蘭草花的芳香；沉溺於男歡女愛的人，就會迷失掉自我的人性。

本是恬不知恥的做法，卻要和兒女情長牽強地扯到一起。說實話，小周和張愛玲有什麼可比之處呢？話雖這樣說，可聰慧的張愛玲沒有吱聲。在她自我豐滿的人生裡，一直都希望能擁有著完美的愛情，之所以不願去面對胡蘭成的花心成性，無非想用愛情來逃避婚姻的不幸。結果，那個出現在生命裡的笑容卻如同湍流暗河，讓她費盡心力卻又無法替其自圓其說，恍然間只能覺得愛情竟如此容易動搖。

曾經，你給我一滴眼淚，我就看到了你心中所有的海洋；此時，為了眼下世俗的快樂和幸福，只能是默默承受。為了讓這段時光更值得記憶，張愛玲在兩人相處的日子裡強忍脾氣不去發作，並裝出若無其事的灑脫。其實，若不是高傲而又自卑的心理在作祟，她的心底世界並非大得能容納一切。因為小周，這憂傷而明媚的三月，分明就在抽枝發芽中飽含悲情的隱喻，似乎像風吹過流年，要吹碎這最美的笑容。

這樣的泛愛，是不求結果的圓滿，是以樂忘憂來換得暫時的滿足。張愛玲的短視在於，她只看清了文人的表面，便要以生死相許來求得天長地久。在同好朋友炎櫻的聊天中，她首次談到了男人世界中的多妻主義，這些言論似乎在為丈夫的屢屢出軌開脫。張愛玲在愛情面前的退讓，完全是為這個風流倜儻的男人喪失了自我。「理論上甚至可以贊成多

妻主義，只是心理上無法接受的。」不能不說，張愛玲阿Q式的心理，完全是在俯下身體屈辱求愛了。「如果另外的一個女人是妳完全看不起的，那也是我們的自尊心所不能接受。結果也許妳不得不努力地發現她裡面的一些好處，使得妳自己喜歡她。是有那樣的心理的。當然，喜歡了以後，只會更敵視。」

張愛玲始終在盡力幫他開脫著，人生中出現的暗影，似乎也讓這個男人有了些許的愧疚與悔。於是在一番思前想後再次指天盟誓，要一生一世對張愛玲好，珍惜這難得的愛情。

然而他前腳剛離開上海灘，就因為過分地貪戀和沉溺，讓所有的承諾在沒有止境的慾望中忘得一乾二淨。見到了小周的第一眼，他很快就在甜甜的夢鄉中忘記了滿臉愁緒的張愛玲。

天水相隔的守望的背後，他又開始了樂不思蜀、飄飄欲仙的享樂。只是這次之行，讓他對整個社會發展的趨勢看得更為清楚，甚至還對日本即將垮臺的大致時間進行了準確預判。與把酒言歡後的人生快意相比，這種無味的政治更有著別種意義在其中。

時局越發動盪不安，國家的命運前途一時間也讓人無法看清。這時，各種與胡蘭成相關的議論又開始甚囂塵上，無形中也波及了張愛玲。這些迎面而來的恐懼就像無盡的黑暗，要將張愛玲毫不留情地吞噬掉，她終日裡為此忐忑不安，心中時時掠過無比的幽暗。先是上海大時代出版社出版了一本《女漢奸史》，她的名字與佘愛珍、川島芳子等赫然出現其中，這讓張愛玲的腦子裡一片空白，心中彷彿被沉重的石塊壓得喘不過氣來。其次攻訐張愛玲是大漢奸胡蘭成的小老婆。這突然而至的一切，讓張愛玲變得不知所措，成天在屋裡焦急地走來走去，內心煩躁不說，手心裡還不停地冒著冷汗。此時此刻，她不知道自己幹了什麼，

第四章　何須厭紅塵

也不知道自己又該怎麼辦。

整個上海灘都瀰漫著緊張可怕的氣氛，部分媒體為了抓人眼球，又不失時機地捏造出「張愛玲做吉普女郎」的新聞噱頭來。熟悉張愛玲的人都知道，她英語流利卻始終不關心政治，對於政治圈中的人物更是不屑。可以說，她只為內心的那份安穩而自顧自地活著，至於提及張愛玲和美國大兵的談笑風生，這何嘗又是件值得掛齒的事情呢？在當時，如宇垣一成、熊劍東等日偽政府的諸多高官，透過各種途徑想結識張愛玲，雖然多數情況下都遭到不近人情的拒絕，只是這些拒絕依然成了網羅罪名的口實，並沒有洗掉強加在身上的罪名。

一個人如果沒有話語權，無論錯對，自然只能聽任媒體的描畫。例如，偽政府為了營造淪陷區的繁榮文化景象，積極主辦了第三屆「大東亞文學者大會」。開會就開會罷，最讓人不可思議的是，他們還虛張聲勢地在報紙上刊列出一長串與會人員的名單，其中就有著張愛玲。

無意中聽說此事後，張愛玲立即致函組委會進行闢謠：「承聘為第三屆大東亞文學者大會代表，謹闢。張愛玲謹上。」能以這樣的做法，來直接地表明自己的態度，又怎麼會是漢奸呢？可報刊上的鉛字終是無法抹去，又如何去說得清楚呢？

細細思慮，張愛玲所遭遇的這一切，其實皆因為風流成性的胡蘭成而起。

到了八月，日本作為戰敗國無條件投降，這一震驚世界的大事，也讓這個男人神仙般的好日子結束了。他也沒心思與小周繼續廝混纏綿，也自知惡行重重，難以逃脫重慶政府的嚴懲，便開始心神不定地思索著如何逃生。

大難來臨各自飛，原本他的心思就沒放在張愛玲身上，現在連那個不諳世事的小心肝也是無法顧及了，只匆匆給周家留下了十兩黃金、吃剩的半袋稻米和一些日用品便開始了逃亡生活。在《今生今世》中，他記下了這段往事。

「是日半早晨，訓德為我燒榨麵乾，我小時出門母親每燒給我吃，是像粉絲的米麵，澆頭只用雞蛋與筍乾，卻不知漢陽亦有。我必要訓德也吃，她哪裡吃得下。我道：『妳看我不惜別傷離，因為我有這樣的自信，我們必定可以重圓。時光也是糊塗物，古人說三載為千秋，我與妳相聚只九個月，但好像自從天地開闢時起已有我們兩人，不但今世，前生已經相識了。而別後的歲月，則反會覺得昨日今晨還兩人在一起，相隔只如我在樓下房裡，妳在廊下與人說話兒，焉有個嗟闊傷遠的。』訓德聽我這樣說，想要答應，卻怕一出聲就要淚落。」聲情並茂的文字，繪聲繪色地寫出了彼此難得的情感，著實讓人在這樣的思緒中動容。只是不知道當張愛玲讀到這些文字時，心思敏感的她又會作何感想？

境遇已經如此，只是這位文人起家的大漢奸並不甘心就此被歷史的書頁匆匆翻過，很快就和國民第二十九軍軍長鄒平凡勾結起來，自恃擁兵數萬在武漢宣布獨立，以此來對抗重慶政府的接收。無論是理想也罷，夢想也行，當他迫不得已地面對著政府的委任狀時，才知曉大勢已去。

草草十三天的武漢「獨立」失敗了，為求生存的他只好扮成日本傷兵，趕緊星夜乘船離開武漢，然後開始了沒完沒了的躲藏。當全國開始搜捕和圍剿漢奸時，張愛玲每天裡都是提心吊膽，惦念著顛沛流離中的男人，希望他的生活能夠安穩下來。

第四章　何須厭紅塵

　　逃亡之際，他又化名為張嘉儀回到了張愛玲住處。從前的意氣風發沒有了，濃雲密布的臉上寫滿著心事。此種境況下，張愛玲卻是心懷驚喜，終於可以和眼前的這個男人相依相伴了。

　　心中雖然對小周這個人難以釋懷，轉念卻又生出些許心疼來，畢竟他帶給自己太多的快樂與歡笑。偏偏那夜，兩人並沒有多餘的話說，以至寓所內竟然像冰一樣沉寂。一個是不知道說什麼，一個是不知道怎麼說，從未有過的難堪讓彼此都不願先開口。在《今世今生》中，胡蘭成筆墨不多地寫到了張愛玲：「唯對愛玲我稍覺不安，幾乎要慚愧，她是平時亦使我驚……我當然是個蠻橫無理的人，愈是對愛玲如此。」情感的流逝，讓他連文字都不願意多給舊人了，還會有什麼執手相悅的歡愛呢？而展現在《小團圓》中，可以知道張愛玲當時的心境是無比痛楚的。「我臨走的時候她一直在哭，她哭也很美的，那時候院子裡燈光零亂，人來人往的，她一直躺在床上哭。」真的無法說清人生中的愛恨情仇，只是沒想到愛竟然會消失得如此之快，不知不覺已走到了人生的邊緣。有過猜疑，有過誤解，有過相守，有過牽掛，更多的是從熟悉到失望，還有著讓人不易察覺出的恨，那是一種想要殺人的恨，難免讓素來大言不慚的胡蘭成也感到內疚了。

　　其實，對張愛玲來說，哪怕是無情的欺騙也行。可自詡多情自負，卻在這亂世中不願給她半點尊嚴。第二天清晨，天色還沒有完全亮起來，他又趁著朦朧消失在海面上。彼此沒有任何的告別和溫情，只有那股熟悉的氣味飄散在空蕩蕩的房間。面對人去樓空，張愛玲突然有些不適應，耳邊能想起的只是那句話：「同住同修，同緣同相，同見同知。」

　　而他始終沒有回頭，直接上船去往溫州，水花不停地翻滾著，承載著太多的憂鬱。隨著船從眼前消逝，這段曾讓人看好的傾城之戀，注定

著要在無情的刺激中如花般萎謝。

　　為了求得人世間的安穩，她寧願過最為簡單的生活。這對張愛玲而言，也漸然要成為一道奢望。

　　假如人生不曾相遇過，那麼也就不會有太多的牽掛。牽掛是深沉的愛，是純美的情，是爛漫的暖，是質樸的真。牽掛很苦也很甜，很憂傷也很幸福。那些時日，張愛玲可謂是日思夜想，度日如年，她把所有的心思都牽繫在那個出門在外的男人身上，關於他的一舉一動，隻言片語，甚至連夢中出現的場景，也會為此感到寢食不安。確實，世界最美的風景不是感情，而是人與人之間的牽掛，要不然怎麼會有不捨的相守呢？

　　從海上消失後，他別無選擇，以往的朋友又都不願收留，只能倉皇逃竄到浙江諸暨的一個古村落裡避難。

　　他年輕時曾來過這裡，在同學斯頌德家中客居達一年之久。這地方相對偏僻，一個個的村落是以合圍的形式築建而成，人在其中很難被人發現。故地重返，只是心境已大不相同。無論如何，他不經意的出現，還是讓斯家人感到了分外意外和驚喜。相互問過平安之後，才得知其眼下處境艱難，斯家便頗費周折地安排庶母范秀美，及時送他去她溫州的娘家避難。

　　范秀美雖說大他兩歲，人卻生的是弱柳扶風，姿態萬千，讓人遠遠看去，就會生出莫名嚮往。再說兩人一路曉行夜宿，確實也受盡了磨難，但也並非想像中那般狼狽不堪。都說讀書人眼中是淨土，他們偶爾間也會衍生出閒情逸致，或寄情詩畫，或吟詠山水，倒也是其樂陶陶，充滿著情趣。

第四章　何須厭紅塵

　　人生大抵不過如此，對他們來說，與其心憂痛苦，不如追求快樂。出身悽苦的范秀美，早年被賣到了斯家做妾，剛剛嘗試到男歡女愛的妙不可言，結果斯家老爺卻無福消受，一場病後撒手人寰。從備受疼愛的小女人，再到備受指責的寡婦，范秀美縱有千萬張嘴也無法說清眼前落差的人生。她一天裡也無事要做，除了閉門不出外，便用洗涮來虛度人生。沒想到憂鬱之時，他的出現一下子攪活了死水般的寂寞。

　　與其說是護送，倒不如視為陪伴。只是這一路上的優哉遊哉，人還未到溫州，卻已在言語和眼神的撩撥中，互許了情意。所有的傳統道德都被激情拋到了腦後，他們更是以夫妻的名義生活在了一起。

　　縱然它不是真愛，至少也會在不經意中留下了刻骨銘心。

　　到達溫州後，曾經養育過范秀美的小院已變得十分破敗。青苔遍地，斷壁殘垣，風中吹過的蕭瑟，似乎全然抹去了記憶中的美好。「寂寞天寶後，園廬但蒿藜。我里百餘家，亂世各東西。」一路奔走，總算在溫州有了暫時的存身之地，彼此並未將此種荒涼的情景與當下連繫起來，心有所思，也不去在乎環境的惡劣了。於是，溫州的日子雖然清苦，但也算過得平穩安逸。「家家門前清流如鏡，可洗菜洗衣；吃食海鮮居多，餐餐有炊蝦，小菜都是冷的，像是供神；有時去家門口附近大士門的明朝宰相遺址走走；正月十五去海壇山看廟戲；三月三去五馬街看攔街福……真的是『歲月靜好』，可惜的是與另一個女人。」

　　身在上海的張愛玲，則沒有了如此愜意，她把女人所有的細膩心思都投放在他身上，既然是東躲西藏，他的生活定然是十分糟糕，好不容易得知他的行蹤後，強烈的思念之情，讓張愛玲突然萌生出千里尋夫的念頭。對弱女子張愛玲來說，這樣的舉動定是有著深入骨髓的愛、有著

深深的牽掛、有著濃濃的思念、有著柔情萬分的渴盼。只是不知她這一路走來，能否帶給這個負心男人由衷的驚喜。

同時，她也知道因為小周彼此有著罅隙，但終究還是無法敵過男歡女愛的力量。因為這味人生的毒藥一旦藥性爆發，什麼理智、修為通通都無濟於事。

一九四六年二月，空氣中依稀還帶有著料峭的寒冷，張愛玲一路上轉換三輪車、輪船、汽車，終於到達了溫州。

說起山水詩的發祥地溫州，似乎總與情感有著太多連繫。遊歷至此的孟浩然、曾任永嘉太守的謝靈運、甘受清貧教書的朱自清等人都留下了不朽的傳唱，現在張愛玲也為尋夫來到這裡，然而迎接她的卻是人生中最為悲涼的場景。

本該是患難中的美好，然而，當兩人在溫州城中不期而遇時，所有現實中的際遇，都超出了張愛玲豐富而美妙的想像，也出乎了胡蘭成的料想。只想著冰釋前嫌，梳理清楚煩亂的情緒，張愛玲急著重新找回屬於兩個人的美妙生活，她真的不在乎胡蘭成的身分。漢奸怎麼了？戰亂怎麼了？流離又怎麼了？就算他曾經閱過千萬個女人，現在都可以不予計較。這樣的大度，是基於當下的流離受難。按理說，面對著風塵僕僕的張愛玲，胡蘭成只需要輕輕一個擁抱，兩三句甜言蜜語，就能在瞬間化解掉所有不快。可他並沒有因此感動。

這一切都很意外，這男人並未因她一路艱辛而倍加感動，甚至連個擁抱都變得十分吝嗇，彷彿張愛玲本就是個陌路行人。他一副不依不饒的模樣，當著周圍的人不可一世地扯著嗓門大喊：「妳來做什麼，還不快回去！」

第四章　何須厭紅塵

張愛玲何曾這樣為人所不屑？他之前在自己面前可是大聲都不敢出的啊。滿腹委屈頓時化作了一腔淚水，除了流淚，她根本不知道自己該如何應付這個難堪的場面。剛才還是急切切如火燎的心情，現在卻如一盆涼水傾身潑了過來。

站在門前，走或不走其實都很難受。

既然來了，便留下吧。

胡蘭成的態度已大不如從前那麼真誠懇切，張愛玲全然感受其中。無數個難耐的夜色中，她只想對著心愛的男人訴說思愁，可他只為掩飾隱藏其他女人的尷尬，草草地將她安頓在附近的一家小旅館中，並再三囑其以兄妹相稱，藉口竟然是警察查夜，不能留宿。

妹妹就妹妹，想那麼多做什麼，只要能夠相守在一起。「我從諸暨麗水來，路上想著這裡是你走過的，及在船上望得見溫州城了，想你就在那裡，這溫州城就像含有珠寶在放光。」說這麼煽情的話，分明就是夫妻間的暗語，而他卻絲毫聽不進去。

沒辦法，他人是在難處，卻有了新歡范秀美。

在張愛玲眼裡，這個男人是珠寶，是他的全部，是委屈之後的依靠，是值得珍愛一生的人。他卻不這樣認為，豐腴的范秀美從十八歲時開始守寡，身體保養得十分好，而眼前的張愛玲只是徒有文采，根本感覺不到女人的味道。自從他落難來到范家後，范秀美便禁不住風流浪子的百般挑逗，毫不猶豫委身於這個生性多情、人見人愛的男人。由於出身貧寒，范秀美居家過日子是行家裡手，服侍人也遠勝過小周和張愛玲，那妥帖的享受足以勝過任何的人間天堂。出身高貴的張愛玲不流於習俗，只是在這個紛亂的時局下，文藝對他沒有任何的幫助作用。

當然，張愛玲的突然出現也不是全無用處，至少也給胡蘭成乏味的生活帶來了難得的樂趣，而這些樂趣主要是以講述外界發生的新鮮事為主。對於只顧忙著奔走的人來說，這些大量的生活訊息無疑是有趣的。他知道，張愛玲能置大亂之下而不顧，千里迢迢地找尋自己，這份愛無疑是真誠可貴的。他也會在一個人時捫心自問，自己的愛到底去哪裡了？回頭去看，卻連自己也無法認清。

　　無論如何，他白天裡總會抽出身來和她說話，晚上則回寶婦橋去陪范秀美。毫不知情的張愛玲雖然也奇怪彼此生疏的表情和交流，但更多時間都陶醉在重逢的喜悅之中。沒有辦法，只要看到眼前這個男人，她心中所有的愁緒和憂鬱都消散得無影無蹤。撫摸著他的眼臉、細看他的鬚髮，開心地談文學、說電影，似乎又回到了之前的熱戀之中。直至後來出現了范秀美，她也沒有多想什麼，三人有時會談天說地，有時也會在附近的商店看家具、木雕，只感覺這樣的日子也過得無憂無慮。

轉身別過

　　人生為什麼總是這樣，口口聲聲山盟海誓永不變心，到頭來卻是勞燕分飛。

　　破落的小旅館裡，兩人相敬如賓，雖然有親熱，卻又難以遮掩疏遠與生分。張愛玲並沒有去多問，她只想在這兵荒馬亂的時節，憑藉柔情挽回逝去的一切。

　　「你與我結婚時，婚帖上寫現世安穩，你不給我安穩了？」面對這樣

第四章　何須厭紅塵

聲淚俱下的逼問，他才低頭不語。追問得急了，又從嘴角裡擠出幾句話來：「世景荒蕪，小周已為我下到監獄裡；我與她有無再見之日也不可知，妳不問也罷⋯⋯」本想著緩解彼此間的緊張情緒，消除數日未見面的陌生感，不料又無端扯出了小周來，以致讓人頓時心生不快。溫州的日子，除了偶爾出遊，大多時間是待在旅館裡，幾乎快要讓人發霉生出芽苞了。趴在窗前，看那些美好的景緻，不由得會想起從前恩愛有加的生活，相攜著逛街看戲，談天說地，其樂融融，不勝歡喜。

張愛玲就是張愛玲，她只要見到心上的男人，就可以暫時擱置心中所有的隱痛。

此時的隱痛，更多是來自范秀美。

來陪張愛玲時，他偶爾也會帶著范秀美。隨著接觸次數的增多，范秀美有時也會單獨來送些食物和日用。敏感的張愛玲很快從中覺出了異樣，也先後幾次試探著問過，而他始終只說范秀美是諸暨斯家的老關係，目前既然居住在范家，只能暫以夫妻相稱，否則怎麼避過當下的難關呢？這理由確實是天衣無縫，張愛玲更多是顧及著男人安危，便單純地相信了。

夜深人靜之際，張愛玲才知道自己根本無法安穩睡去，說不清楚是什麼原因，因為只要是一閉上眼睛，她腦海中就會浮現出他面對自己的驚慌表情，看似無助、無辜，其實在臉龐上卻有著無法說出口的可憎。

是啊，身為正常的女人又怎能不去想這些呢？對於愛之深的張愛玲也是如此。否則真的愧對她的天性獨特了。有天清晨，胡蘭成早早來到旅館，先是興致勃勃地同張愛玲聊西洋文學，談興正濃時忽然感覺到腹部不適，想著痛疼感很快就會過去，不料這竟持續了許久不去，一時間

滿頭大汗，連臉色也變得蒼白不堪起來。張愛玲發現後十分關切，先用手輕揉其腹部，接著用溼毛巾拭去額頭上的汗珠，最後扶他躺下休息，可他竟然以無甚大礙的理由冠冕堂皇地推過。既然無事也好，可范秀美剛進得屋來，他便如小孩子見了母親，立即上前說自己身體是如何不適。范秀美趕緊詢問病狀，又是端茶，又是倒水，好一陣子的忙亂。

這秀恩愛的場景，以前分明就是張愛玲的專利，現在讓她突地感到了十二萬分不安，慌亂之中又不能上前撫慰，只能眼睜睜地站在一旁觀望，雖說也會上前端水遞毛巾，極力扮出表妹的樣子來，但內心甚至要生出死的念頭來。在《小團圓》一書中，張愛玲那犀利而又帶有預先感知的筆觸，把小女人的矜持和敏感刻劃得真真切切。那一刻，她全然明白了眼前的這一切。只是出於對這個男人的疼愛，讓她不敢往壞處去想，只怕這樣的想法不小心成為真實。

張愛玲並不想讓范秀美難堪，也不願意看著他糾結。面對事實，只能盡情地讓他們「表演」，從那一舉一動的親暱中，咬牙切齒著這太多的不尋常。

千里尋夫，原本是要找尋回完整的愛情，給純美愛情一個交代，並不是要面對這無法接受的現實。不料想，他貪戀一己慾望，卻要狠心地將張愛玲視為局外人。此前，他言談中的那些神情與語氣，都是專屬張愛玲一個人的，沒想到這麼快又換成了別人。先是與護士小周的風流韻事，在社會上傳得紛紛揚揚。正不知該如何處理之際，小周被羈押入了監獄。現在又出來個范秀美，而且還就在眼前大秀恩愛。相信任何一個人都無法面對，但恰恰就是大家同處一室時，他心底裡分明已將自己視為了陌路之人。

第四章　何須厭紅塵

　　為了不去破壞這氣氛，她只有違心地附和著，心痛如絞地誇讚著范秀美，甚至還主動提出要為她畫幅人像。彼此坐定之後，她一邊畫像還一邊不住地說：「范先生真是生得美，她的臉好像中亞細亞人的臉，是漢民族西來的本色的美。」其實，她這話分明就是說給他聽的，而他聽後還真湊到畫像前仔細端詳，不時地加以指點。

　　畫畫對於張愛玲來說，實在有些過於簡單，好在她上學時對這門技藝就已是熟練在心，包括後來出版的作品插圖也多出自她手。現在，寥寥數筆就勾畫出了范秀美的臉廓，俊秀的眼眉唇齒，只是畫到了一半時，拿畫筆的手卻突然停在半空中，幾滴淚珠子直接地砸在了粗黑交錯的線條上面。他卻是視若無睹，依舊不停地催促著不要停筆，可她的筆就是不願動，怎麼說就是不動。彼此都是心知肚明，並沒有大聲地爭辯，都在顧及著范秀美的感受，分明又可以感覺到內心的牴觸。

　　待到范秀美離開後，張愛玲的淚水才不禁奔湧而出，她低聲說：「我畫著畫著，只覺得她的眉眼神情，她的嘴，越來越像你，心裡好一陣驚動，一陣難受，就再也畫不下去了，你還只管問我為何不畫下去！」這些話雖然柔弱無力，卻似千萬支利箭在不斷地刺痛著張愛玲。面對張愛玲無比的幽怨和委屈，真不知道他又會作何感想。然而在這樣的境況之下，她依然還在不斷地說服自己，為其齷齪的私情尋找著所謂合理的理由。

　　這個內心現代的女子，因為愛情卻早已喪失了自我、尊嚴和自信。如果說，她一步一步喪失自我的退讓只為求得人生的安穩，那她退讓的代價幾乎是「向後猛跌」，讓這場婚姻與想像的差距越發遙遠。以往的心高氣傲沒了，冷眼觀世也沒了，也不知道消失在什麼地方，能給人看的只是華麗外衣被無情剝落之後的尷尬。於她，所有的一切都逐漸變得淒

涼起來，絕非是夢中想要的絢爛愛情。

歲月很長，日子卻短。這日，兩人一同上街去轉，無意中又談到了小周。他自然又是一番狡辯，可能是他本就喜歡目前的現狀，能不談就不談，能拖延就拖延。沒辦法，天下的女人都被他視為掌中的把玩之物，至於是誰其實並不重要。

張愛玲對名分並不看重，只是想借探望他來說個明白，卻沒想到小周的問題沒有釐清，現在又冒出來一個范秀美來。然而，周訓德的單純可愛、范秀美的豐腴賢惠，都躲不過這個賞玩之心的誘惑。

「生在這世上，沒有一樣感情不是千瘡百孔的。」她真的快要絕望了，壓抑讓她根本就無法喘過氣來。

在溫州不冷不熱地待了二十天，張愛玲不得不提出了離開。既然對方給不了自己安穩，也只能這樣無關痛癢地告別。原本還想多待些時日，陪伴他度過擔驚受怕的日子，可現在已全然沒有再待下去的勇氣。

是不是愛到深處，才會有寸寸成痛的感覺呢？可以說，溫州之行是張愛玲帶著情感餘溫的幻滅，是失落之心的黯然墜落。反正這所有的一切，都讓情緣在朝著結束的盡頭走去。

又是一夜綿綿細雨，張愛玲漠然地收拾好行李決定離去。「生命是殘酷的。看到我們縮小又縮小的、怯怯的願望，我總覺得有無限的慘傷。」留戀是用心的付出，也是對他戀戀不捨的選擇。既然愛他，就只能放任他去，這樣的愛或許才會更久長一些。張愛玲不由得又想起了那夜，她獨自去了胡蘭成與范秀美同居的小屋，簡陋得讓人不敢相信，曾經風光無限的他會寄夢想於此偷生。雖享有家庭之樂，只是這種淪落更讓人傷痛。夜分外靜寂，三人共處一室，卻是相視無言。至深夜時，不捨離去

第四章　何須厭紅塵

　　的張愛玲終於提出了告別，兩人也沒有過多地加以勸留，而她在那一刻更加清楚了自己離去的選擇是對的。

　　這離去，一段美好的青春時代成為煙飛雲散般的回憶。於心於人，於情於理，都是心底柔軟的捨不得。

　　在溫州，張愛玲還算是開心的，至少她臉上煥發著開懷的笑容，雖然無人知曉她內心是怎樣的糾結。

　　天才的女人在夜色中變得越發黯然無光，她感覺自己在不斷地向下墜落著，根本不知道何處才是盡頭。你說她怎麼能夠不去糾結呢？自己深愛的男人，轉眼間就成了別人懷中的恩寵，自己卻還要裝作若無其事的模樣給人看。如此自欺欺人絕非是張愛玲所擅長的，可為了愛情又不得不去面對羞辱，以求得人面前的所謂安穩。

　　雨中的別離，是從來沒有過的想像。淅瀝的雨飛落在油傘上，也似石塊重重地砸在身上。沒有了以往的情趣，也少了以往的浪漫，而這一滴滴的雨殘酷地把初戀歲月的美、青春時代的張揚，毫無保留地給撕碎了，又一片一片扔進風雨中。

　　張愛玲已無力去阻擋這種殘忍，依然只能是默然面對。為了愛，這些都不算什麼，尤其是愛到了極處，能伸手救助她的似乎只有這個男人了。此時，他就是個高明的術士，手中掌握著無比神奇的藥方，只要他願意施捨，張愛玲就可以永遠無虞地滋潤著、開心著。而此時，他斷然沒有時間去考慮人生和愛情，只需要精神和肉體上的愉悅，就和當初瘋狂追求每位心儀的女子一樣，然而只要得到了，就可以暫時鬆上口氣，再將目標再轉向下一個。

　　他何嘗不懂這些做人的道理，只是不願去伸手罷了，他要眼睜睜地

看著張愛玲在翻滾的水浪中掙扎、掙扎，最終還是無休止地掙扎。看起來風平浪靜的生活，其實已沒有了任何挽回的餘地。現在，無論對這世界是否有著千萬般的不捨，張愛玲都只能在無比辛酸中飽嘗自己選擇的人生。

誰也沒有想像過這樣的別離，甚至連夢裡也從來沒有出現過。前方霧濛濛的一片，真的不知道還會發生什麼，張愛玲倚著船舷，浪花和著雨水撲面而來，讓她明白別離之傷是何其之痛，那痛就彷彿海面上躍動的波浪，視線所及之處全都沸騰了起來。

「這上海，無人來，往事已故此景誰還在？燭殘漏斷頻欹枕，起坐不能平，世事漫隨流水，算來一夢浮生。」十數天後，凝望著窗外，心中有著太多壓抑的張愛玲，在心事重重中寫下了書信一封。

信中說：「那天船將開時，你回岸上去了，我一人雨中撐傘在船舷邊，對著滔滔黃浪，佇立涕泣久之。」附信還寄去了三十萬元的稿費以濟生計。

世界上最遙遠的不是天涯，也不是海角，而是心靈的距離。當兩個曾經相愛的人再也感覺不到溫暖時，愛情也即將走到盡頭。手捧無比沉重的信箋，一任往事歷歷在目，說不出口的只有潛在心底的痛楚。

縱然人間再亂，也亂不過當下的心境。這段看似難以掙脫的感情，更像是無法說清的命運，一念成痴，時時縈繞著張愛玲。這到底是一種怎樣的感情？不言夢醒腸斷時，愛到千年難知。

「我想過，我倘使不得不離開你，亦不致尋短見，亦不能再愛別人，我將只是萎謝了。」

人生往往就是這樣，對自己擁有的一切不予珍惜，失去後才知道可

第四章　何須厭紅塵

貴。一場亂世之戀的絃斷音絕，以人間喜劇的形式隆重開場，又以無比辛酸的方式草草結束。

這之後的八九個月時間裡，張愛玲盡量想讓自己心情平復下來。這時候，一直以深刻面孔示人的她，突然變得不明白愛情的含義了，飯量少了，話語少了，連臉上那抹淡淡的桃花暈也不見了。姑姑和炎櫻三番四次前去安慰，卻也是無濟於事。總之，所有天荒地老的美好都全然被毀在溫州了，這個從來不肯在人前落淚的女子，為了愛終究還是在閣樓中以淚洗面。

「沒一個男人值得妳這樣。」姑姑不停地安慰著張愛玲。其實從胡蘭成踏入家門那刻，張茂淵就認定這個人根本就是不可靠的主，可缺乏經驗的張愛玲卻始終聽不進去姑姑的好言相勸，自投羅網中成了刀下魚肉。

張茂淵何嘗不知道，現在僅憑這片言隻語想將她從痛苦中救出來，確實是不大可能，可是不說，又無法盡到一位長輩的責任。時局的發展已經讓人無法看清楚，張愛玲才從溫州離開，范秀美的住所周圍便陸續出現了大批的士兵，他們每日裡四處搜尋著漢奸胡蘭成，嚇得他躲避在房屋中不知所措，這個時候的男人才知道家是最溫暖的，才知道再美的梁園都非久留之地，才知道這個世界只有張愛玲是真正對他好。

此地已經不能久留，他只得再次打算離開溫州。

范秀美一邊收拾著簡單的行李，一邊暢談著溫柔鄉中的纏綿。此時的張愛玲雖然無比反感，卻還是會定時書信，偶爾也會捎去些錢財衣物，以緩解他奔波途中的流亡之苦。這樣的掛念如果換為他人，該是多麼滿足的幸福啊，但習慣了風流的他根本就不在乎兒女情長，更衷情於

飛揚恣意的水性楊花。他們一路逃竄，一路留情，把一個本分實在的范秀美又滋養得心馳神往，許久未有過的體驗，又重新在逃路中被找回來。

很快又回到了諸暨，由於顧及旁人，他和范秀美在行為上自是收斂了許多，至少不能在光天化日下放浪形骸了。以後的日子裡，他只有偷偷看范秀美的舉止，在意淫的世界中躲進小樓，盡心盡力完成有著親身經歷的《武漢記》。現在我們來看這本厚書，延展出的是他九個多月的流浪生活，與其說是在書寫文字，不如說他是在回望美好，暢想人生快意。同樣，在張愛玲的心神不定中，想要幽禁的也是諸多不解的愁怨。不是嗎？他們的身體都是自由的，可彼此的內心中何嘗不是倍受禁錮呢？

手扶憑欄秋意濃，秋蟬悽悽獨自凌。窗外是星星閃閃的燈光，拉長的是寂寞，渲染的是昏黃下的潮動，表現出的是無助。似乎還在昨天，兩人卿卿我我如膠似漆，從那些吟哦的文字中聽出的都是情深意厚，兒女情長。現在是孤館寒窗，成了佳人獨坐，成了漫長幽怨的等待。是在等那個多情男人的回心轉意嗎？是在等心中早已了斷的人嗎？混亂的她什麼都不知道。

一杯紅茶、一本閒書，在裊裊的熱氣下，散發出一個又一個延續起來的無盡黑夜。

隨著局勢的稍微好轉，這個男人偶然也會回信說說自己的近況，少之又少的文字中，依然流露出無法掩藏的得意。張愛玲只有牽掛，在一次次無盡的失望之中。原本以為日子就這樣平靜地生活下去，但范秀美又出現了，她專程從溫州趕到上海，並且找到了張愛玲，讓她真的不知

第四章　何須厭紅塵

該如何來面對這種尷尬和悲痛。

范秀美懷孕了，準確地說，她肚子裡跳動的小生命是那個男人的。斯伯母心知肚明，只能是打碎牙齒往肚裡吞，顧及家醜也不願多說，只是讓她儘早去醫院自我了結。到了上海後，范秀美自己很快就聯繫好醫院，並且約好了手術時間，本想著悄無聲息地結束這趟行程，結果卻因結算醫療費用差錢，只好手持著胡蘭成寫的紙條找到了張愛玲。

范秀美自是一臉窘狀，站也不是坐也不是。張愛玲更加難受，又不知道如何是好，在思索良久後還是忍住了眼淚轉身進屋，錢幾乎都接濟了那個男人，她只有不捨地取出母親留下的金鐲子送給她。同為女人，她能理解男女之間發生的一切；身為妻子，她真的覺得自己到了崩潰邊緣。

張愛玲如同一隻孤獨的小動物，在茫然無措中四處張望，就彷彿自己做錯了什麼。那張望中有期盼，有等待，又似乎還有著漠不關心。等送走了范秀美後，她就一直待在屋裡沒有出來，渾身無力地躺在床上直想死去，姑姑在門外揪心地安慰著，卻只能聽見從屋內傳出高低起伏的哭泣。

人間的各種極致，總歸要從瑣碎的生活中回歸日常。沒錯，是他將張愛玲從凡間帶入飄飄欲仙的世界，在享受了美好的床笫之歡後，又將她重重地扔進了世俗中。手術費一事對張愛玲傷害太深，讓她好多天不能回過神來，她真的不知道如何去接受和面對。一旦天上人間的氤氳之氣散盡，這樣的感覺便更是搖搖欲墜。她不能找人訴說，不願當面指責，反正是一時間尋求不到任何解脫的方式。

橋歸橋，路歸路，本就是各不相擾。原本一切都會隨著時光輕描淡

寫地過去，但這樣的日子裡偏偏又出現了這個男人，從而讓所有的生活節奏都起了變化。如果說是緣分，那分明已讓張愛玲感到了生活中的突兀；如果說是幻覺，那分明又帶著久別重逢的熟悉。

因為斯伯母平時在周圍，無法像以往一樣和范秀美恩愛，這種難耐的憋屈，又讓他開始懷想起溫州的神仙生活。恰好近日時局好轉，天氣也特別晴好，他便外出活動身體，才覺得來諸暨已有些時日了，突然間又想起了張愛玲，便生出了離開的念頭。

說走就走。是日，他便前去向斯伯母和范秀美告別，雖然她的眼神中充滿太多幽怨與不捨，但還是無所牽掛地走了，就像一陣由地而起的風，不帶走一片痕跡。

路過上海時，他去見了張愛玲，或者說，他是直接奔著張愛玲而來。性情慣了的張愛玲一見到風塵僕僕的他，鐵石心腸就像上上下下的吊桶，又開始東碰西撞，一種恍若少婦懷春的感覺頓時衝動全身。

幾多時日不在一起，張愛玲心潮澎湃地望著他，傻傻的神情生怕他一轉身後就不復存在。那種焦灼如風吹來，把所有籠罩在眼前的霧霾全部吹散去。

金風玉露一相逢，便勝卻人間無數。那夜，兩人重新冰釋前嫌，緊緊相擁在一起，在男歡女愛中訴說著思念別離。好久沒有這般放鬆，全身慵懶的他有種說不出的舒服。手撫著張愛玲光滑細膩的身體，又開始炫耀和范秀美之間的樂事來。張愛玲本來就在逃避著，一直擔心著臆想會變成事實，現在卻連這難得也成了奢望。紛至沓來的言語，卻根本容不得她有任何的迴避餘地，惱羞成怒之下，爆發了兩個人相識以來最為激烈的爭吵。在屋內，雙方誰也不願意讓著誰，誰都覺得自己有理。只

第四章　何須厭紅塵

有疼愛她的姑姑生怕她傷心，無奈地坐在裡屋黯然神傷。

激烈的爭吵之下，剛烈難犯的張愛玲徹底對感情失望了。起初，她還想著用委曲求全來妥協，現在卻只能在痛苦中改變自己。所有的和顏悅色被拂去了漂亮的外衣，剩下的只是赤裸裸的你死我活。

大吵大鬧之後，兩人開始分房而住。他只是想在亂世中排解寂寞，可這次縱然有著回天的能力，也無法癒合彼此撕破臉面的衝突和裂痕了。起初，胡蘭成還以為張愛玲在使小性子，便用手去輕拍她的後背，這一拍卻點燃了她情緒的導火線，讓性情和善的張愛玲又得以再次發作。而素來所謂名士風範的胡蘭成也是不依不饒，於是兩團碰撞的火焰，直接燒向相敬如賓的隱忍與成全。

是夜，彼此都躺在床上難以入睡，情緒的爆發無疑觸及了他們的內心深處。在這蒼涼的人世間，人與人之間的依戀，縱然是善始善終的白頭到老，又能算是真正的擁有嗎？現在來看，所有為人讚譽的完美，不過都是在加劇著生活的掙扎。

夜半時分，面對著生命的熱愛與痛徹，他還是輕輕地來到張愛玲床前，藉著微微月光細細地看過去，這些年的種種流言和擔當，已讓她面容上分明生了魚尾紋。再看過去，發現她的眼角還有淚未曾拭乾，在沉睡中分明帶一絲的幽怨。他只想俯下身子去抱抱，給她這一刻裡最為真實的溫暖，哪怕只是輕輕的一個吻，旋而卻又擔心再度引起不快，便在猶豫不決後步入屋中重新躺下，等著天亮後彼此重歸於好。

天亮得很早，一夜未眠的他又再次去了張愛玲床前。或許是這些時日的折磨已讓她身心俱累，她蜷縮著身體恍若仙子一般沉睡著，看到此處，他還是忍不住俯下身子去吻她。而她突然從暖暖的被窩裡伸出一雙

玉臂，只是緊緊地抱住了他的脖頸。頓時，一聲聲親暱的呼喚，有溫情、有絕望、有惋惜、有作別，讓愛伴隨著淚花逐漸溢散開來。

愛與恨全部交織在震撼中，為過往淡而又淡的情緒畫上了句號。

一切都是那麼地靜。

敢問世間情為何物，只教人生死相許！當愛情真的變成了索取、渴望和負累時，不期而來的注定是分手和別離。也是，當兩個人的祕密愛戀，成為天底下的公開話題時，不論時光如何流逝，他都會成為張愛玲心中無法抹去的印痕；而作為華麗旗袍裡最大的那隻蝨子，他注定著要痛癢難耐伴隨其一生。

來易來，去難去，數十載的人世遊。

分易分，聚難聚，愛與恨的千古愁。

於是不願走的你，

要告別已不見的我。

至今世間仍有隱約的耳語，

跟隨我倆的傳說。

……

也只有傷透了，才會讓她一如死灰般徹底，然而愛情就這樣萎謝了。當這場大幕徐徐拉上之際，一個努力向著全世界尋求完美的張愛玲已不復存在了。至於傾國傾城的情緣，也隨風消逝在滾滾紅塵中。沒多久後，他收到了張愛玲寄來的信函。

「我已經不喜歡你了，你是早已不喜歡我了的。這次的決心，我是經過一年半的長時間考慮的，當時唯以『小吉』故，不欲增加你的困難，你

第四章　何須厭紅塵

不要來尋我,即或寫信來,我亦是不看的了。」

可他對於這段感情仍心存僥倖,先後幾次藉著赴港之際取道上海。一路上都想好了如何開場和道歉的說辭,然而這次他卻未能如願,心如枯木的張愛玲早已不知何時搬走。面對著物是人非的熟悉空間,真不知他該做如何猜想,唯有惆悵滿腹地離去。

人世間的完美愛情,就這樣在風輕雲淡中荒蕪了。

第五章
鉛華始消盡

第五章　鉛華始消盡

相守沉默

破碎就破碎，要什麼完美？

紅塵飛揚的生命中，誰沒有幾段刻骨銘心的情感呢？正如張愛玲富於情調的一生中，始終為情感徒增著憂煩。

原本不為人看好的婚姻，就這樣在風雨中匆匆結束了，如萎謝的花束。萎謝，讓一個只想在亂哄哄世界裡求安穩的人，無端地陷入人生谷底，甚至連文字都不願再觸及。

張愛玲真的要放棄自己了，完全輟筆放任的這一年，既有對愛情絕望的哀嘆，也有躲避外界沉重的吃力。生活中的種種意想不到，暴風驟雨般襲了過來，所有的夢想都給澆滅了。原本還是沾染著校園氣息的小姑娘，曾對生活帶著無限的嚮往，現在卻被重重地摔在地上，可憐再也找不到蹤影。那個承諾給她安穩的男人，也跟著感覺去了另一個溫柔鄉，享受著酣暢的魚水之歡。

所有這一切，只有張愛玲自己來面對了，以往只有在小說中出現的情形，現在栩栩如生地把讓自己演繹成了主角。不要說後悔，就連夜晚發出的嘆息似乎都是那麼軟弱無力。就是曾經視為生命的文字，也無法和靈丹妙藥催生生命的激情與愜意，一切都在枯竭著。

帶著「惘惘地威脅」，卻只能讓身心在泥潭中陷得更深。社會如此殘酷，但人還是要活下去，無論是絕望還是求助。無論如何，當活色生香的愛情無奈地結束時，滿腔的熱烈和尷尬也隨之消失。過往的炫耀與飛揚，也從一反常態中漸變為平實的歲月。張愛玲的「冬眠」期似乎很長，

長得讓她對生活不再有任何的幻想與熱情，甚至讓年僅二十七歲的張愛玲開始衰老。有一天獨自行走在街道上，她突然看見一個蒼老的身影從商店的櫥窗中映出來，等她再停駐腳步細看時，卻被自己的憔悴嚇哭了，細細一想，竟然有幾個月都沒有來例假了。所有不幸都在加劇折磨著張愛玲，老父親的身體每況愈下，風燭殘年的生活透著心酸；母親常年居住英國，似乎回來過一次，從此便終年音信全無；弟弟也來看過她，依舊沒有太多話說，只能是極其不自在地告別。

張愛玲身後的那個大家庭正在走向敗落，可以想像，當那堵坍塌破敗的牆倒掉後，看到的也將是各自苟活的人。

這就是人生。

人生是永恆的悲劇，這是人所能達到的最高的，也是最真的認知。沒有了文字的張愛玲，活下去的意義便不大。其間，她也一直思慮著以後的出路和歸宿，可能選擇的只有繼續寫作或重修學業。好多時候，讀者和學界都認為張愛玲的華麗轉身輕鬆如是，實則又有多少人了解她的徹夜不眠呢？這個階段，沒了那個男人的甜言蜜語，沒有了無休止的糾纏，卻感覺周圍一切都空蕩蕩的，甚至連牽掛也變得無味起來。只有姑姑憂心重重地愛著、安慰著，鼓勵她拿筆寫出心中不滿，寫出人生際遇，寫出歲月悲切。偏偏這一切都變得不順心、不順手，等張愛玲剛有了動筆的慾望，接踵而至的卻是一家家刊物的先後停辦。即便以往關係不錯的報刊，也都刻意和她保持著距離。

這一切，敏感的她都懂。

經歷了一系列人生的意想不到後，張愛玲曾悄聲地問自己，那個前呼後擁的榮光時代，難道就要以這樣的方式告別？糾纏不清的宣洩，處

第五章　鉛華始消盡

在風口浪尖的謾罵中，一點一滴地淹沒著眼前的快樂與幸福。

日本政府無條件投降後，汪偽政府也在冰消水解中慘不忍睹垮臺。漢奸，作為中國歷史上一道令人憎惡的風景，雖然政權沒了，但汪偽要人的漢奸行為必須要予以清算，不清算不足以懲治惡行。如此紛亂的境況下，許多壓抑許久的民眾發出了不滿和聲討，並且把矛頭都朝著這個單純女子。這些都是張愛玲所不曾預料到的，一個忘情負義的男人，在倉皇離去後竟然還能掀起如此大風浪，無非就是愛錯了人嘛，至於引來這毫不留情的殺戮？

好吧，既然如此那就選擇沉默，收斂才氣，面對風暴，忍受罵名，總可以了吧？這些非議著實也讓張愛玲感到了人言可畏，感受到了來自政治方面的威脅。此時，還是血脈相連的弟弟關注著姐姐，雖然潦倒也無力相助，但在洶湧而來的打擊中，依然悄悄祝福姐姐平安無事。

「抗戰勝利後的一年間，我姐姐在上海文壇可說銷聲匿跡。以前常常向她約稿的刊物，有的關了門，有的怕沾惹文化漢奸的罪名，也不敢再向她約稿。她本來就不多話，關在家裡自我沉潛，於她而言並非難以忍受。不過與胡蘭成婚姻的不確定，可能是她那段時期最深沉的煎熬。」弟弟懂她，而他們的心思也是連繫在一起的。至少從他平實質樸的文字中，能讀出以自我解脫來化解無比悲憤的情緒。

弟弟的良苦用心，不知能否帶給張愛玲內心的安慰。但這樣的沉寂確實有些太久了，連不少讀者也不情願她就這樣淪落下去。上海有家《辛報》，考慮到當時讀者的強烈反映和需求，還專門策劃了一期文章——《張愛玲哪裡去了？》，透過這種方式來表示關注。與那些放肆謾罵的文字相比，這微不足道的火星給張愛玲帶來的卻是難得的鮮活。

張愛玲知道，如果自己不努力在文壇上復出，以後還將要無休止地忍辱負重。確實，她這個人就是這樣，可以不在乎身邊任何人、任何事，卻不能有人對她的文字表現出不屑。

張愛玲的文字不是「飛刀和匕首」，但在某種意義上能夠自我療傷，讓她從萎謝中重新綻放新綠。很快，她的新作《華麗緣》便刊載在了文藝刊物《大家》創刊號上。故事依舊是此前的那種風格，寫男女之間浪漫唯美的愛情，然後又以犀利的反諷手法，逐漸寫出了生活中不為人知的哀痛和人性。

懂一個人，有時不需要語言，但卻很溫暖。《大家》的主編龔之方，那時才三十多歲，他生性豁達，先後從事過畫報、影視、戲劇等，被朋友們戲稱為「龔滿堂」。之所以要在有爭議的境況下，冒險發表張愛玲的作品，無非是喜歡她獨特的文字風格。尤其那悲劇色彩下的人性慾望描寫，不僅神奇中享受到視覺的強烈衝擊，而且也於不經意中觸及靈魂的痛處。或許是對生命的理解相同，那種靜觀俗世下的冷漠、傲然、蒼涼，也讓他們透過文字開始有了「同情的了解，了解的同情」。眾人避之不及，龔之方卻不在乎，從而讓張愛玲在不曾想到的落寞中，重新樹立起了創作的信心。

看來有文字，真的不會再寂寞。

對張愛玲而言，這是重新復活和認識人生的契機。認識人生，其實就是認識人生的悲劇，這種認識雖然不能夠改變現實處境，卻足以帶來安慰。於是，《華麗緣》刊出後沒幾天，張愛玲突然想去會會龔之方。她先要精心收拾一番，好久都沒有這樣盛裝了，對著鏡子精心裝扮時竟然有些莫名激動。以往的濃妝淡抹，只為那場如煙花般的不期而遇；當下的輕描淡寫，只想在這個薄情的世界裡深情地活著。

第五章　鉛華始消盡

　　張愛玲步伐輕盈地出現在龔之方的辦公室，這位達人正忙著編撰案頭的稿件，似乎恨不得要將自己埋在這些紙堆中間。她站了一陣子見無人搭理，便將厚厚的書稿放在了書桌上，不待龔之方抬頭發問，直接就說：「我要你幫我做一件事。」

　　「你哪位啊？」龔之方是丈二金剛摸不著頭緒。

　　「張愛玲。想請您看一部書稿。」這樣的開場白和炒豆子一樣乾脆直接，沒有絲毫的拖泥帶水，龔之方只能拿起書稿認真對待。而一旁的年輕導演桑弧，也將這情景全然看在眼裡，當即也被這位女子的特立獨行驚呆。

　　從來就沒有人會對龔主編這樣說話，這難道就是傳奇中的張愛玲？看上去並沒有那麼冷豔炫目，卻讓他不敢抬頭直視，彷彿她身上附著了無比耀眼的光環。在那一刻他才恍然明白，歲月山河裡的孤單並非絕望，刻骨感情中的沉默依然平靜。最奇妙的是，他並不知道這無意的凝望，將要開始一場溫情似水的男女愛情。當然，也因了這樣的相逢，才會讓彼此成為對方世界中的一盞明燈。

　　不去深入接觸，看到的只能是表象。此時的桑弧導演又哪裡會知道，眼前這張愛玲正處於人生最困頓的時期。生活真的不是在演戲，從溫州回來後她茶飯不思，每天裡只喝些西柚汁勉強度日；感情上「那痛苦像火車一樣轟隆轟隆一天到晚開著，日夜之間沒有一點空隙」；創作上，拜「漢奸妻」的名頭所賜，任何刊物都拒絕刊登其作品。正如柯靈筆下記述的一樣，人生失意中的張愛玲患上了「內外交困的精神綜合症，感情上的悲劇，創作的繁榮陡地萎縮，大片的空白突然出現，就像放電影斷了片」。

從此，亂世中的奇女子逝去了，但張愛玲的人生歷程中卻有了新的標記。

生活有所轉機，日子仍有壓抑，好在不少朋友想真心幫助張愛玲。一九四六年七月，老朋友柯靈突然邀請張愛玲去參加一個晚宴，許久不曾出門，她便開心地應了下來。

宴會的舉辦者，是年輕導演桑弧。

桑弧，一九一六年生於上海，先後執導多部影片獲獎，在上海的電影圈中有一定的影響力。桑弧與柯靈是交往多年的好友，追根溯源要說起來，他倆與張愛玲之間還有著微妙的關係。當年，張愛玲的作品《傾城之戀》被搬上了舞臺，柯靈收到了張愛玲特地送來的絲綢面料。當他將此面料裁剪成長袍上身之後，大家都是讚不絕口，只有桑弧不曉內情唱反調，每天都用上海話盡情開涮。本是說笑的事，等他知道這面料與張愛玲有關之後，從此不再言說玩笑。

桑弧對張愛玲的創作才能十分欣賞，所以彼此在宴會上剛見面，便迫不及待邀請她進入文華影業公司做編劇。同時還有一層用意，就是想鼓勵她能夠重新拿起筆解決生計。只是張愛玲平時言語極少，那天也是從頭至尾閉口不說，桑弧在無果的情況下只好作罷。

不過，這個以溫暖著稱的年輕人並沒有放棄自己的目標。幾天後，他和龔之方一起登門拜訪了張愛玲。

張愛玲確實迷戀電影。作為那個時代品味、時尚和身分的象徵，電影這種直觀化的視覺媒體，無疑充滿著理想化的訴求。出身於官宦家庭的緣故，張愛玲從小就開始接觸電影，並常常陷入故事的情節中不能自拔。確實，張愛玲小時候常常一個人去看電影，用心感受著電影中嬉笑

第五章　鉛華始消盡

怒罵的真實，等到電影散場，她又會樂呵呵地站在馬路邊等著車夫來接她。上車後，她就滔滔不絕地開始講述故事發展的情節，有時會把車夫惹笑，有時也會將自己逗哭。隨著年齡增長，她對電影就變得更加痴迷，常常會三五人結伴一起去看，有時候為了看一部新片，竟然可以從很遠的外地趕過來。除了愛看電影外，她還嘗試著寫下了一系列很有特色的影評、劇評，不但用中文寫，還用英文來寫。

現在，影業公司誠心上門詳談拍攝電影的相關事宜，自然不能夠敷衍了事。劇本倒是不難寫，寫作過程中還可以回憶與電影結緣的種種趣事。

一九四七年，桑弧導演和民族資本家吳性栽合作，投資創辦了上海文華影片公司。由於吳性栽平時很少拋頭露面，所有的事務性工作都交由桑弧打理。為盡快出好作品，他們找到了張愛玲。身處困境的張愛玲並沒有推辭，很快就試著寫出了一部與情感糾葛有關的故事，這部劇的名字叫《不了情》。劇本大意是中年企業家夏宗豫與女家教虞家茵萌生愛意，當他和太太準備離婚的時候，家茵卻「經過理智與情感的掙扎」去了外地教書。

好萊塢中最常見的故事情節，卻讓張愛玲巧妙地加以了「中國化」。看到劇本的第一眼，桑弧就眉開眼笑起來，他連續讀了好幾遍後，腦海中竟然能清晰浮現出故事中的人物來。於是，他向吳性栽極力推薦，並將其視為公司的重頭戲進行拍攝。

為顯重視，桑弧不但親自執導了電影《不了情》，還邀請到當時上海灘最紅的劉瓊和陳燕燕分別出演男女主角，拍攝陣容可謂空前強大，電影上映後也是好評如潮，拉動票房收入直線上升。巨大的轟動效應之

下,張愛玲又重新成為家喻戶曉的公眾人物,而這部電影也被稱為「國產電影最適合觀眾理想之巨片」。凡俗世界裡的喧譁和揮不去的悲涼,讓張愛玲趁勢將《不了情》又改編成了中篇小說,以《多少恨》刊在《大家》雜誌上。

為了讓讀者明白她此時此刻的心跡,張愛玲又特意在小說標題下面寫了這樣的話:「這一篇恐怕是我能力所及的最接近通俗小說的了,因此我是這樣的戀戀於這故事。」

其實,《多少恨》的故事很簡單,主要想反映出人與人之間的愛怨。一個是想擺脫舊式妻子的可憐,一個是想遠離厚顏無恥的騷擾。迫於種種無奈,愛情最終只能是勞燕分飛的嘲諷和譏笑。從這些人物可悲可嘆的經歷中,似乎也可以讀出張愛玲曾經的不幸經歷。但從這「冷冷的成熟」中,卻又有著「澤及萬世而為不仁」的暖意。尤其是虞家茵對夏宗豫的那種需要,以及對於「大女兒」身分的認可,完全可以視為虞家茵對健康、完滿愛情的追求和渴望。這似乎與張愛玲的童年相似,也從另一層角度解釋了她依戀那個男人的根由。

誰也沒料想到,張愛玲試水的第一部電影會有如此之大的反響。於是,桑弧又不失時機地邀請她寫第二部電影。或許是因了《不了情》的備受熱捧,張愛玲當即應允下來,並按照導演要求的框架和思路,又開始了新的創作。戲劇色彩深厚的《太太萬歲》妙趣橫生,沒有情感的幽怨,少了人生的傳奇,無形中多了日常生活中的世故、勢利、精明和無賴,從而使這部家庭生活劇即刻有了不盡的笑聲與淚水。

於亂世中偷歡,於波瀾裡看平常。張愛玲的電影《太太萬歲》一反中國傳統觀眾對苦戲、對傳奇的特別看好,用輕鬆幽默的筆法寫活了小市

第五章　鉛華始消盡

民的日常生活百態。「中國觀眾最難應付的一點並不是低級趣味或者理解能力差，而是他們太習慣於傳奇。不幸，《太太萬歲》裡的太太沒有一個曲折離奇可歌可泣的身世。她的事蹟平淡得像木頭的心裡漣漪的花紋。無論怎樣想方設法給添出戲來，恐怕也仍舊難於彌補這缺陷，在觀眾的眼光中。但我總覺得，冀圖用技巧來代替傳奇，逐漸沖淡觀眾對於傳奇戲無饜的慾望，這一點苦心，應當可以被諒解的吧？」

隨著電影在市場的暢銷，《太太萬歲》一舉成為中國電影的經典代表。這為張愛玲帶來了不菲的收入，也為她的重新復出打了一劑強心針。這樣的強強合作，讓桑弧對張愛玲的認識也更為全面。「張愛玲的小說或劇本，總是力求做到能為普遍讀者或者觀眾所容易接受……我認為這是值得我們思考的一種觀點。」

一個人要活成什麼樣子，關鍵在於她的內心。如果內心簡單，看什麼都不會複雜。隨著一部部電影的成功拍攝，張愛玲的社會交往也逐漸多了起來。對她來說，生活在情感和文字的世界裡，永遠都是那麼性情和單純。確實，這個時候，大家突然都覺得她與桑弧十分般配，由於彼此常在一起談論劇本和拍攝事宜，難免會讓人生出許多想法來，也有熱心人前去撮合說媒，但每次都不出例外地遭到拒絕。

桑弧比張愛玲大三四歲，在電影史上頗有建樹，人也長得眉清目秀，尤其是那雙眼神下的深邃、沉靜，更是有著諸多無法言說的男人氣質。只是這位工作狂平時只專注電影拍攝，對愛情一竅不通。他並不知曉張愛玲的短暫婚史，「性格內向，拘謹得很，和張愛玲只談公事，絕不敢斗膽提及什麼私事來的」，只是傻傻地喜歡著。在大家極力撮合這件事上，龔之方表現得最為熱心，有次還專程尋到張愛玲來挑明此事，然而才受過傷的張愛玲除了驚詫地搖頭外，只能是搖頭拒絕。「她的回答不是

語言,只對我搖頭,再搖頭和三搖頭,意思是叫我不要說下去了。不可能的。」好心的龔之方非常尷尬,他看不明白張愛玲的拒絕,不知道是因為傷得太深,還是因為理智而不想再步入婚姻。

燦爛背後是灰燼,光彩背後是黯然。

張愛玲看似我行我素的背後,始終有著她望遠皆非的悲涼。這是她的行為準則,也是人生奈何的虛無。不論外人是否懂得,張愛玲自己是明白的,就算彼此結合在一起,也未必會有旁人眼中的幸福。確實,她對暖氣質的桑弧有著另一種感覺,私下裡也保持著某種親密接觸,只是在人生的蒼涼中看不清理想的光澤,才會在傳聞中偷偷地選擇了同居。或許這只是蜷縮在世俗中的生活方式,但這又深深地連結內心的隱祕,那種不可名狀的信心,消除掉的卻是自身的不安、恐懼、絕望。

愛又一次來得這麼快,讓人眼花撩亂甚至來不及細細回味。選擇同居,讓張愛玲在男權社會裡不需要獨自承擔,不需要傾心全部,不需要不顧一切,卻又可以慰藉曾經被拋棄的靈魂與失落。

一念紅塵短,一念天地長。情緣就這樣結束了,似乎什麼也沒有發生過,卻真實地停留在張愛玲的記憶中。與那個男人相比,桑弧既不風流,也不勇敢,文雅下的懦弱讓他將愛深藏於心,也注定他無法掀起情感的洶湧波浪。「生活的藝術,有一部分我不是不能領略⋯⋯在沒有人與人交接的場合,我充滿了生命的歡悅,可是我一天不能克服這種咬齧性的小煩惱,生命是一襲華美的袍,爬滿了蚤子。」既然如此,那就用沉默來懷念這塵埃裡開出的花,以沉默來呵護這份難得的愛,以沉默來面對這不尋常的煙火幸福。

錦瑟流年,兩兩相忘。

第五章　鉛華始消盡

花落無奈

　　虛能引和，靜能生悟。

　　漫長而短暫的人生當中，每個人都有太多不完美。張愛玲亦如此。

　　月光映在夜色中愈發飄渺起來，當一個人只能面對寂寞時，張愛玲終於在了無著落的張望中，感覺到了剜心的疼。從她曾經輝煌的人生大場景中來看，那場婚姻無疑如同文章的敗筆，確實只能以無言的沉默來應對，慢慢地，她也明白，這個世界總歸要由人來評說的，人家要怎麼說，那是人家的事。

　　無謂的消極，實際上沒有任何抵禦作用。抗戰的槍砲聲愈響愈烈，上海灘又像炸開了鍋一樣，有人四處逃竄，有人深居宅所，還有人忐忑不安地感受著外界的不安。只有張愛玲並不上心，自己就是個以寫字為生的人，從不沾染政治，無論是誰的天下，寫風花雪月總不礙事吧？動盪的時局下，又有人不想讓她安穩下來，時常以各式各樣的方式來攪擾她，尤其是一些進步的左派作家，集體發聲來質疑和批評張愛玲，想要從她以往的文字與經歷中找出所謂的證據。

　　沒想到名氣帶來的榮耀，現在卻變成了無盡煩惱，與那個男人短暫的婚史，又一次讓她處在風口浪尖。本就是一段不願說出口的傷心事，那裡經受得住這麼多的流言蜚語？可眼下這些所作所為卻像針一樣，結實地扎在心口上。「時代是倉促的，已經在破壞中，還有更大的破壞要來。」以往的清醒，是對世俗的判斷，一旦預言和現實驚人地重疊後，張愛玲只剩下了無比的驚慌失措，在無法預知將來的情況下，便只能在心中生出無端的害怕。此時，張愛玲真是寧願萎謝了生命，也想求得一絲

安逸；寧願失去精神家鄉，也要求得眾人理解。在當時的社會大背景下，所有人都惶惶不可終日，誰也不知道生命將會以何種方式呈現，又以什麼樣的方式終結。

人言可畏又算得了什麼呢？

身處大上海解放前夕的敏感時期，她只覺得被擠壓得沒有形狀了。一九四四年，張愛玲的《傳奇》增訂本出版。在前言中，她終於說出了此前一直想說的話：「我自己從來沒想到需要辯白，但是一年來常常被議論到，似乎被列為文化漢奸之一，自己也弄得莫名其妙。我寫的文章從未涉及政治，也沒有拿過任何津貼。至於還有許多無稽的謾罵，甚而涉及我的私生活，可辯駁之點本來非常多。而且即使有這種事實，也還牽涉不到我是否有漢奸嫌疑的問題；何況私人的事用不著向大家剖白，除了對自己家的家長之外我沒有解釋的義務。所以一直緘默著……」壓抑，委實讓張愛玲喘不過氣來，她努力掙扎著以示命運的不公，但這一切卻像投入河中的石子，只能看見圈圈漣漪，卻聽不到任何聲響。張愛玲忠於自己的坦蕩，好多時候顧及了文字裡的情節，卻不在乎故事的背景。反正是說也說了，但這種發聲太微不足道，沒有人能夠伸手幫她。

時局變化確實很快，上海很快就解放了。喧鬧聲中的張愛玲，也渴望著能夠突破周圍的雜擾，用鮮活的筆觸來見證人生，不料想時局不允許，內心也同樣不允許，她只好一個人在孤寂中踱步、翹首，在百無聊賴中整理著紛亂的書稿。近段時日來，媒體上關乎她的訊息很多，有人貶低，有人推崇，幾乎都是伴著時代的歡呼在四處飛揚，這其中還有著名作家夏衍。

仰以察古，俯以觀今。人活著，不在於世界讓你高興，而是在於你選擇了高興。

第五章　鉛華始消盡

抗戰剛結束，身為「左聯」元老的夏衍從重慶來到上海，擔任上海市委黨委兼宣傳部部長。除了感受到大上海的繁華外，他還帶有一項任務，就是聯繫那些「原不屬於進步文化陣營的文化名人」。其實早在淪陷時期，他就陸續讀過張愛玲的作品，對她的文學造詣感到由衷敬佩，雖然彼此不熟識，但始終覺得這樣有才的年輕作家實在不可多得。「張愛玲一直是個有爭議的人物。她才華橫溢，二十多歲就在文壇上閃光。」等接管部隊進駐上海後，為及時宣傳新政府的立場和態度，盡快開啟文化建設的新局面，夏衍又及時聯繫龔之方、唐大郎等進步作家，說明想籌辦新報紙的想法，同時也捎帶打聽了張愛玲的消息。

一九四九年七月二十五日，《世界晨報》就被改版成四開四版的《亦報》面世，主編唐大郎，社長龔之方。與此同時，另一份《大報》也隨之全新推出。新報的出現與以往流行上海街頭的小報大為不同，一股股清新的面孔替代了頹廢，展現一縷縷明快的文風。不僅受到了大多數的讀者歡迎，進而也吸引了周作人、豐子愷等名家陸續投稿。這時候，唐大郎和龔之方也聯繫到了張愛玲。

對文字從不排斥的張愛玲，骨子裡始終充滿著各種瑰麗的都市故事，也正是這樣的個性文字，才讓她在歲月的流轉中變得簡單純淨。對於《亦報》的連載約稿，她欣然同意，只是提出了用筆名發表的要求，這可能是對於當時體制的觀望，也可能是自我敏感的保護。寫長篇對於張愛玲來說是挑戰，不僅要改變以往的傳奇故事手法，也要契合時代風潮，張愛玲並沒有去想太多，只是和以往一樣又陶醉在文思泉湧中，享受著每日裡寫字的快感，再也記不起人生中的種種悲哀。

姑姑看到這些，心中也開始變得寬慰起來。

一九五〇年三月,《亦報》上開始連載起署名「梁京」的小說《十八春》。小說著力描寫了幾對男女陰差陽錯的愛情婚姻,表現出都市情感的糾葛與纏綿。從整部小說的構思來看,這是張愛玲步入新時代後的第一次寫作,她在迎合政治與形勢的同時,也自覺地褪去了以往文字中的華麗與蒼涼,融入了積極向上的精神面貌和政治理想。

陽光暖暖,享受著紅茶的張愛玲,每天陪著姑姑心無旁騖地讀著報紙,在鉛字中悠然度過每一天。只要能和文字進行交流,她便是開心的。連載之前,《亦報》上還特地發表了推薦語,稱讚:「梁京不但有卓越的才華,他寫作態度的一絲不苟,也是不可多得的。在風格上,他的小說和散文都有他獨特的面目。他即使描寫人生最黯淡的場面,也仍使讀者感覺到他所用的是明豔的油彩。」報紙對於張愛玲的垂青有目共睹,而張愛玲也未曾辜負報社俯身書寫。

作為張愛玲生命中的第一部長篇小說,《十八春》雖然根據美國作家馬寬德的《普漢先生》進行改寫,卻在讀者的熱捧中連載了三百一十七期,直至一九五一年二月十一日才全部結束。旅美期間,她對其中的帶有政治色彩的內容進行了刪除,易名為《半生緣》出版發行。

這些榮耀都要歸功於眼光獨到的夏衍,只是張愛玲對此並不知曉。

一九五〇年七月二十四日至二十九日,在夏衍、巴金等人的發起下,在上海虹口的解放劇場舉行了第一次文學藝術代表大會。會前,張愛玲也榮幸地收到了一封燙金的邀請函,只不過是以「梁京」的名義發來的。邀請張愛玲參會,無疑是當時上海文藝界高層的決定,而這個決定,也為這次大會增添了不少「亮點」。

帶著莫名的驚喜、恐慌和感動,張愛玲在對時局重新進行了研判

第五章　鉛華始消盡

後，決定去感受一下新政府的新氣象。僅從出席當時會議的文學界九十四名代表中，就能感覺到這是不小的禮遇。真要出席這樣的會議，她真正的煩惱是穿什麼衣服才會得體？素來喜歡以服裝炫耀的張愛玲，那天與姑姑商量到半夜才遲遲睡去。以後的那些天，彼此最開心的話題就是衣服。

很快就到了開會那天，張愛玲思前想後還是由絢爛歸於平淡，選擇了身著青灰色素雅旗袍，在外面又搭了件帶網眼的白絨線衣。人與衣服的完全融合，讓她依然從低調中穿出別樣的風韻，旗袍在張愛玲身上散發著白蘭花的優雅氣質，亭亭玉立中又有著豐腴和柔媚。這已經是她所有行頭中最不起眼的裝束，到會場後卻發現自己還是鶴立雞群，與那清一色的中山裝、列寧裝在一起極其不協調。參會代表都在新奇地望著她，婉容的髮式，銀製的月牙髮飾，洗盡鉛華的面容上依然有著風情萬千，一股檀香的氣息在會場淡淡地瀰散開，任那雅緻、那無心、那落寞、那風采，都在浮華中閃現出不凡的傳奇。

時值夏季，張愛玲只覺得尷尬和不安湧上心頭，恨不得找個地縫立即鑽進去，她只能找到後排無人的地方落座。至於會上講什麼，她全然沒聽進去一句，只盼著會議能早些結束，除掉這身上的不合時宜。

繁華中的含蓄內斂，原本只是一段自己懂得的傳說；少了煙花般的五彩，便成為溫柔蝕骨的自責。

好在文字的生命力出乎意料地強盛。《亦報》因為連載文章每期都會大賣，沉悶的上海文學創造了空前新高，有不少熱愛張愛玲的讀者，其實已經從人生觀察的透澈和深刻中，漸然猜測出了梁京的真實身分，但還是執著地寫信到編輯部進行詢問。遍城紛飛的書信，又讓所有不快在回眸一笑中變得緲如雲煙。

莫道不消魂,那文字裡延展開來的從容優雅,依然是不顯山不露水的詮釋。唯美的文字意境中,有著布質般的舒適,綢質般的飄逸,更多是顧盼神飛的柔美。

在小說《十八春》中,講述了顧曼楨與同事沈世鈞的曲折愛情,故事中充滿太多人性悲劣。軟弱無助的顧曼楨十四歲時喪父後,生活成長全依賴姐姐曼璐。而為了養家餬口,有著奉獻精神的曼璐只得忍痛放棄愛情和前途,在剛烈中甘願淪落為風塵舞女。好不容易與身為投機商的祝鴻才結婚,原以為從此就可以洗卻過往,卻陷入了長期不能生育的痛苦中。無奈的婚姻危機下,移情別戀的祝鴻才又對小姨子生出邪念。曼楨始終埋頭苦讀,想早些為姐姐分憂解難,也一直拖延著與沈世鈞的婚期。直到有天她被沈父認出是妓女的妹妹後,才在一連串無法化解的沉重打擊下崩潰,而這個家庭也很快亂成了一鍋粥。更不可思議處是,曼璐的前男友這時又陰差陽錯來到顧家,結果見到曼楨後便不能自拔。這些舉動深深地刺激著曼璐,讓她覺得自己年老色衰無人疼愛,便在命運的捉弄下動了加害妹妹之心,想透過借腹生子來保全自己的婚姻。於是,她把妹妹騙到家中並協助老公將其強姦,讓曼楨懷上了孩子。性格懦弱的沈世鈞誤以為曼楨與張慕瑾結婚,在不夠熱烈的愛中,滿懷失望地斷了這椿姻緣念想,一怒之下又與親戚家的小姐喜結連理。

妹妹的囚禁,並沒有阻止祝鴻才尋花問柳的陋習,他依然在糟蹋了曼楨的清白後沒有收手。數年後,蛇蠍毒心的姐姐去世,妹妹這才得以和祝鴻才分手。當曼楨、張慕瑾、沈世鈞三人再次重逢,一系列真相大白於天下時,所有對人性之惡的憎恨、對物是人非的惋惜、對社會的揭露與批判都全然呈現書中。

十八個春秋,也不知人生的曲折是錯是對,也不知月夜下是誰裝扮

第五章　鉛華始消盡

　　了夢，總歸是人生如夢，轉身一場空。曼楨只以為這個世界充滿著恐懼，但與沈世鈞相遇抱頭痛哭那刻，才知道這種真愛並不能分割。恍若一世的時光，錯過的又何止半世情緣呢？「世鈞，我們再也回不去了，回不去了。」由於小說情節摹寫得過於真實，一時間竟弄巧成拙，讓不少讀者沉湎在書中。

　　世間的事本來就大同小異，恰巧有位女讀者與曼楨經歷相似，始終覺得作者在寫自己，便千方百計從報社打聽到張愛玲的住址，專程去找她傾訴艱難的人生際遇。人自然無法見到，她只能失望地站在樓下放聲痛哭，這哭聲吸引了許多路人過來圍觀，張茂淵實在聽不下去，好言相勸其離開了事。從那次事後，讀者們陸續知道了張愛玲的住址，時不時就會有人前去拜訪晤面。

　　人生如夢，縱然有太多的妙不可言，只是歲月無法回頭。一代才女張愛玲不也是這樣嗎？待到《十八春》單行本發行時，她又別有用意地改名為《半生緣》，算是對主角不幸人生的概括，也是對她的生世不安穩進行了恰如其分的抒寫。

　　小說引起的巨大反響，實際上並未真正地讓張愛玲覺得安靜。在夏衍的安排下，她又隨團去農村親身體驗生活，感受基層的人文氣息。在蘇北的幾個月中，她的生活志向也開始有所轉變。那段難忘的生活歷程，對於張愛玲來說，除了處處充滿著驚喜外，還能接觸到各式各樣的人和事。她每天都穿著不起眼的衣裳去排隊領糧，又逐家逐戶去登記戶口。平凡而又充實的日子，讓她無形中忘記了許多不快，也從中感受到生活的樂趣。其實，日子不就是這樣嗎？有簡單的衣食住行，有基本的生活保障足矣。如果要說還有其他更多想法，那就剩下生命中無法割捨的文字了。說起文字，張愛玲也有著自己的尷尬和苦惱。

有朋友曾私下問她：「無產階級的故事妳會寫不？」

「不會，只有阿媽她們的事，我稍微知道一點。一般所說時代『紀念碑』式的作品，我是寫不出來的，也不打算嘗試。因為現在似乎還沒有這樣集中的客觀題材。」

這些約束個性的要求，讓張愛玲在內心中萌生著別意。也就是說，她要離開上海。

《十八春》在讀者中的熱賣，讓《亦報》又繼續和張愛玲續約起小說連載。同樣，張愛玲還和上次一樣，以很快的速度完成了小說《小艾》。

《小艾》中的傭人小艾逆來順受地任人打罵、糟蹋，在經受了種種意想不到的艱辛經歷後，她身體和精神上都落下了病根。在別人眼中，她的人生似乎就是以這個大家庭為中心的；在她自己眼中，這些充斥著太多無法言說的屈辱，讓生性軟弱的她成了花團錦簇中的易碎品。要說不同，那就是文字風格上有了很大變化，文章結尾也不再淒涼。張愛玲大筆一揮，讓可憐的小艾和工人馮金槐結婚成家，生兒育女，享受起了人生的天倫之樂。

這些故事，可能是生活中的真實存在，也可能是她道聽塗說，總歸讓人在無盡的嘆息中有著驚喜和不同，尤其是思想上的激烈抗爭，既有著主角的夢想成真，也有她對於這個時代的認知。

各種媒體宣傳下的繁華過後，很快就歸於了冷寂，終如浮雲在歲月中蒼老而去。從這些閃爍其詞的虛偽和蒼白中，張愛玲越發地清醒起來，那從血脈中流淌著的陰冷，是末世的冰冷刺骨，是不可思議的特別洞察。

也就是說，經過這一階段的**轟轟**烈烈，張愛玲世界裡所謂的高漲和

第五章　鉛華始消盡

熱情，只不過是她人生中的短暫瞬間，她又要開始新的出行。這個訊息剛傳出，很多好朋友都極其反對，只有夏衍還不知道這些變故，他此刻正忙著上海電影劇本合作所的籌備事宜，而且還準備邀請張愛玲前來擔任編輯。

只是這一切的真誠挽留，都似乎在催促著張愛玲快些離開。

無關他人的轉身，其實只是想活好自己。

人生況味

人生的滋味，難免有時清遠微涼。縱是如景繁華，也終抵不過人生的漫遠。

要說張愛玲的與眾不同，那就是歲月對她始終不薄。在最好的年華有了愛情，在最激情時有了創作，在生活的真實中有了雋永，在漫長的期待中有了厚重……

所有這些風光，都注定要成為張愛玲生命中不可或缺的風景。一九五二年七月，三十二歲的張愛玲手持香港大學入學通知書，在眾人的不解中毅然離開上海，一路火車到了廣州，然後又從羅湖口岸出境，以別樣的心情再次到了香港。

無論是蒼涼抑或繁華，每個人都有自己的宿命，對張愛玲來說，她的宿命便是要逃離一切的決心。不為人知的躁動不安，始終在促使著她不停地漂泊著，似乎只有這樣才可以安穩一切。「時代是倉促的，已經在破壞中，還有更大的破壞要來。」遙想張愛玲多年前說的這句話，突然發

現這個悵然若失的女子，珍惜的本不是身邊的榮譽，在乎的是不知何處才是盡頭的腳步匆匆。

十年生死兩茫茫，不思量，自難忘。也許是因了這宿命，十年之後張愛玲又重新來到香港這座城市。面對種種變化，只是感覺時光流逝如此之快，而眼前的一切彷彿老電影中的場景，「依舊有那麼一剎那，我覺得種族的溫暖像潮水沖洗上來，最後一次在身上沖過。」舉目無親的張愛玲獨行在物慾橫流的街巷，面對香港這個雜亂紛呈的社會圈，能支撐她的只有那些少得可憐的記憶。

花紅柳綠中，湧動的是不易察覺的冷漠與虛偽，泡沫一樣膨脹著，相互擠壓著，讓小的變成大的，大的又重疊小的，最後在不斷地隆起中塌陷，又繼而重新開始。蜘蛛織網不也這樣執著嗎？看上去密密匝匝，實際上卻經不起風吹雨打。

十年前，也是這樣蕭索的季節。張愛玲不情願地從香港回到上海，滿腹都是說不出的無奈。如果說歲月是一本大書，那上海的每頁都是不可多得的精采，但與香港的充實比較起來，這些精采背後有著無數不同的故事。不知不覺的十年，確實收穫了太多，自然也失去了太多。如果要將當下視為一種歸來，那這樣的途中便不會有逃避，更多的是對人生的失望，讓人不知道去往何處，又從何處而來。

所以這次來到香港，張愛玲心事重重。她只想從所有不堪的回憶中消失掉，讓生命忘記前塵，成為雲煙。

面朝大海，春暖花開，真正面對浩瀚平靜的海水時，心情才能澄澈。天藍藍的，幾朵雲彩點綴其間；風涼涼的，帶著潮溼的鹹味。遊輪上的人們早已陶醉其中，就連一向與人保持距離的海鳥，此時也隨便地在船前面飛來飛去。婀娜著身姿的張愛玲倚在船舷，花布旗袍的素淨與

第五章　鉛華始消盡

天際疊映在一起，似乎在思考人生，又像在往事中憂鬱著。

城市漸漸遠去，燈紅酒綠成為幻影。張愛玲不施粉黛的素面素心，如抽枝的綠芽，黃中帶綠，綠中沁黃，黃綠交錯，正勃發著另一種生機。沒有人前來打擾這種沉思，她也任思緒沿著水波洶湧翻騰。海風翻飛著髮絲，旗袍隨風搖擺著，在來回閃爍著卑微而又驕傲的願望。滄海桑田般的悠悠過往，夢一樣要帶走所有的失意和離別。

沒有了家的庇護，繁華的盛放也顯得虛無。張愛玲怎麼會忘記收拾好行李出門那刻，她輕輕擁抱了至親至愛的姑姑，又親暱地附在她的耳邊私語一番：「從此一別，不再通訊，不再聯繫，也不給彼此牽掛的念想。」張愛玲就這樣，執意與家劃開了距離。

是啊，怎麼說忘記就能忘記呢？姑姑淚流滿面，只是緊緊地握著她的手，一句話也不說。執手相望，她知道即使前面是萬丈深淵，張愛玲也會義無反顧地出發。濃重的鹹味飛濺在臉上、髮梢上，在這陰冷的晨風裡，能聽到的只有心跳。

姑姑是個極開明的人，既然這樣，那就先獻上無盡的祝福吧，祝福她前途安好。小弟除了沉默地落淚外，只能目送著姐姐雲彩一樣飄向天涯。這些年，弟弟其實過得並不怎麼好，先後換過幾次工作，始終不是得心應手。所以，這淚水之中既有對現實生活的不滿，也有著對姐姐放棄尊榮生活的不解。現在看來，這些與生俱來的壓迫感，不過是雲煙下的暫時安穩，讓她想時刻地逃離出來。

好吧，既是心願，那就期盼好夢好圓。

背影如此美好，誰又會在乎流淚呢？幾家悲歡幾家喜，人生不就是這樣嗎？臨去香港前，張愛玲特意前往西湖遊覽，這個地方實在太熟悉

不過了，可她還是在這個不合時宜的季節去了，大概是想以文人的心態，來回望江南的詩意所在吧！透著寒意的西湖還沉睡在料峭春寒中，花未開，葉未綠，情景卻像極了張愛玲身上的蒼涼與冷豔。這樣的景與這樣的人重逢在一起，根本讓人看不出夢的美妙。沿著溼氣四散的西湖行走，蘇堤、亭閣、斷橋，還有樹木叢中的雷峰塔，似乎都映襯出了內心的憂傷。此時，能想到的也只是風月溫軟。

西湖之行，是為香港之行做出選擇嗎？留下抑或離開？說實話，她自己也不知道。許多人不明白，張愛玲到底在尋找什麼？從她漠然的神情中根本無法看出。

到底是什麼樣的力量，讓張愛玲要拋棄眼前這一切呢？遠赴香港，真的可以求得內心的安穩與平靜嗎？對張愛玲的悄然離去，上海文化圈的名流也是十分惋惜，只是得知這個訊息時，她人已經行在海上了。

或許只有這樣無牽無掛地走，才不會遭到時代無情的折磨，才可以避免觸及過往的傷痕。在船頭站得有些久了，張愛玲還是感覺到有些冷，冷讓這個惆悵的女人逐漸變得清醒起來。思緒紛亂，無論是在上海的萬人簇擁中，還是在西湖幽靜而冷寂的水色中，她都意識到自己邁出的這一步無法收回。

總之，上海這片滋養過她的沃土，已漸然成了過往的背影。

「自古聖賢多蒙妒，不遭人妒是庸才。」各種思索不定的動盪，無法猜測的瞬息萬變，都讓她努力在煙火的城中找尋著丟失的自我。關心她的人都知道，張愛玲去香港是要「繼續因戰事而中斷的學業」，只有她自己明白，這種絕世獨立的叛逆，已經很難融入新時代中。

復學的事情進行得很順利。

第五章　鉛華始消盡

八月二十日，張愛玲以重新完成戰時中斷的學業為由，再次回到了充滿著書香氣息的香港大學。這方世外桃源的靜謐果真不同，從半山腰的宿舍裡就能遠眺整座城市。校園無疑是美好靜心的，鳥語花香的氛圍讓她很快就忘卻了太多的煩惱。唯一不同的是，走了幾次以前熟悉的路，她都無法找回失去的天真了，只好把自己關在了空蕩蕩的宿舍，忘情地翻譯、寫作，以此來完成心頭上的涅槃。

但這種安靜的生活狀態並沒有持續多久，缺少固定收入的張愛玲必須要為生計奔波，同時還要應付那些慕名來訪的「不速之客」。所有這些意想不到的事情，都讓張愛玲表現得措手不及。這時，母親的老朋友吳錦慶聞訊後也出手相助，主動向香港大學文學院院長貝查推薦，並積極幫她申請獎學金，意欲一解她的困窘。

香港這城市不大，張愛玲內心卻始終攜著難民意識，感覺自己走不到盡頭。她喜歡簡單、喜歡無人打擾，可眼下要實現這些都變得極不容易，要在這座華美但悲哀的城中立足太難了。好在這種種的不快之中，還有那能夠帶給她無比欣慰的文學創作。

校園生活輕鬆而又明快，只是張愛玲卻突然少了想像中的新鮮感。為了能在這浮躁的香港孤島生活下去，她迫切地需要錢來謀文學的出路。她知道，只有在文學上努力堅持下去，才可以帶給她無數的風光。於是，張愛玲只得從女青年會搬離，重新找了間沒有家具甚至沒有書桌的小房子。環境雖然艱苦，但內心卻純淨多了，即便趴在床邊的小几上寫作也是幸福滿滿。也是這樣的原因，她始終覺得這裡不是自己的家，從來也不購置任何東西，只怕「一添置了這些東西，就彷彿生了根」。

本當順理成章地完成當年未竟的學業，現在卻要無可奈何地為賺錢

想方設法，這是張愛玲內心不願意面對的，突然而起的困惑讓她不知何去何從。好朋友炎櫻偶然知道這些事情後，欣然來信邀約她前往日本一起發展。

面對命運的困頓，人生的無常，個性的張愛玲徹底將香港看透了，她終於感到這座城市並不屬於自己。由心而起的悲傷，反覆提醒著她離開這座城市。既然逃不出悲傷的色彩，那麼就在這種蒼涼的味道中退學吧？剛堅持了不到一個學期的學業就這樣中斷了，而貝院長和吳錦慶卻還在為她的獎學金四處奔波。

陰差陽錯讓張愛玲沒有像從前那樣無所適從。來港之前，她曾有過這樣的顧慮，可面對現實，只能在困窘後匆匆卜卦，急急乘船去了東京。這樣的性格，似乎有些奔走無路，自然注定要經受四處漂泊的困境。然後到了東京後，張愛玲依然沒有什麼好運氣，只能在四處碰壁中心生無比幽怨之情。炎櫻也為幫不上好友張愛玲而心生愧疚，只得送她回到香港去謀生。

生命的悲哀，不斷地迫使著她從文字中找尋著溫暖，在頹廢中體驗著悲涼。這樣的生活陰影，其實是對悲哀的注解，是對社會真相的不屑。除了寫作，她似乎什麼都不想知道。

重新回到忙碌而又興奮的香港，看到的一切仍然還是那麼的緊張。正在這時，美國駐香港總領事館新聞處獲得了海明威《老人與海》的中文版權，正在各大報刊上徵集適合的翻譯人選。張愛玲為了生活也前去報了名。據說在現場面試時，張愛玲操著一口純正的英國腔調對答如流，給現場的負責人宋淇留下了極為得體的深刻印象。宋淇的夫人鄺廣美在美新處工作，種種原因讓她們成了一見如故的好友。

第五章　鉛華始消盡

　　宋淇為著名戲劇家宋春舫之子，來港後一直供職於美新處。他和張愛玲一樣非常喜歡中國古典文學，尤其對《紅樓夢》的研究更是超於常人。共同的興趣，讓彼此的關係從熟悉走向了信任。從此以後，宋淇夫婦一直無私地幫助張愛玲，沒有絲毫怨言。

　　在一九四十年代的上海灘，光芒四射的張愛玲又是誰人不知呢？她身後有著諸多的支持者，而宋淇夫婦便在其中。隨著逐漸熟悉，朋友們在一起也會提及她「傾國傾城」的往事，但張愛玲總擺出一副冷漠面孔，這樣的話題便不了了之。滄桑的過往，讓她將愛情全然拋到腦後，從此不想提起，也不再提起。眼下她只想透過文學重新讓自己崛起。

　　應徵後，張愛玲開始以自己的才智和聰穎做起了英文翻譯工作，參與到大規模的美國文學作品中譯計畫中。反正是你給錢，我辦事，至於人家讓譯什麼就譯什麼，什麼都無所謂。「我逼著自己譯愛默生，實在沒辦法。即使是關於牙醫的書，我也會照樣硬著頭皮去做的。譯華盛頓‧歐文的小說，好像和自己不喜歡的人說話，無可奈何地，逃又逃不掉。」雖然有各種框架的約束，好在還有著她喜歡的。扎實的功底，讓張愛玲在面對這份缺少主動性的工作時很輕鬆，鍾情文字，她很快就忘記了生活中的憂煩，投入精力先後翻譯了《美國七大小說》、《無頭騎士》、《老人與海》等大批經典文學名著。

　　說實話，這些必須要翻譯的文字，張愛玲都是發自內心排斥的。可為了生活下去，這種無聊的工作，竟然也讓她做到了極致。默默低頭苦幹外，始終夢想著在奇幻的香港能夠找到屬於自己的位置。

　　求學的經歷也沒有時間去想了，和風吹樹葉一樣了無影蹤。張愛玲在工作閒餘開始讀書、寫作。這種難得的生活讓她只覺得身心都充滿樂

趣。這樣的狀態表現在文字中，便有了清淡不失意蘊的性情。這就是張愛玲，忙於生計的同時還堅持著文學的創作，確實難能可貴。與此同時，她還會寫些電影劇本來聊以自慰，滿足著內心和生活上的需求，諸如《小兒女》、《南北喜相逢》等劇本，就不失真心真味真誠。

　　洗盡鉛華的文字，只會讓女作家的世界更純粹，更自在。四五十人的團隊中，張愛玲的這種表現很快就受到關注，身為美新處處長的理查‧麥卡錫更是對其非常器重。

　　畢業於美國愛荷華大學的麥卡錫是個中國通，他先後任美國駐中國大使館副領事，駐中國香港、泰國、越南等地美新處處長等職。雖然張愛玲不屬於美新處的正式員工，彼此間還是因為工作結下了深厚友誼，日後還合作完成過一本小說《兩個香港妻子》。後來張愛玲飄洋過海到美國後，之所以還繼續承擔著這份翻譯的工作，再後來改弦易轍前往美國之音做翻譯，都離不開他的熱情推薦。

　　在美新處的「授意」下，張愛玲又拿起筆開始創作起「命題作文」。

　　如果說文字是作者的失憶藥，是作者人生經歷的自傳，那一點都不假。在和宋淇夫婦保持著密切來往的同時，張愛玲認真完成著創作。她至今還記得第一部英文小說《秧歌》完成的情景，她把稿件送去讓宋淇夫婦把關。那優美暢快的文字，細膩生活的描寫，無形中勾起了他們對於故鄉月明的懷想。

　　之後，張愛玲一直未停止創作，但經歷了太多的事情後，張愛玲對外界更是漠不關心，她的創作風格發生了很大的改變，文筆少了豔麗的裝扮，少了濃彩的燈紅酒綠，少了人與人之間的勾心鬥角。許多老讀者更是始料不及，只感覺這樣的文字淡如白水，索然無味。

第五章　鉛華始消盡

　　可人生路上的各種變故，誰也無可奈何，更不要說稱心如意了。生活不就是這樣嗎？要不傷痕累累，要不全身而退。而此時的大風暴正朝著張愛玲襲來，她已沒有太多的選擇。

風雨一夢

　　人生的無奈，才是這個社會最可怕的漩渦。張愛玲只在乎寂寥孤燈下的文字，只有文字能讓她安之若素，抵擋住歲月的無情。「生活自有它的花紋，我們只能描摹。」話雖這樣說，但從張愛玲創作的速度來看，香港三年無疑是她的第二個創作高峰期。雖有諸多煩心和攪擾，但一直堅持著寫作卻是她最開心的事。獨處一室，在神清氣爽中完全享受著自我的創作態勢，隱士一樣將這座城市視為了雲水間的茅廬、深山中的廟宇，也便不在乎一窗之隔的喧鬧了。這時她是真實的，尤其是在對宋淇夫婦說起這種創作進度時，都忍不住內心的無比興奮。「寫完一章便開心，恨不得立刻打電話告訴你們，但那時天還沒有亮，不便擾人清夢。可惜開心一會兒就過去了，只得逼著自己開始寫新的一章。」

　　心思單純，便不會思慮太多。張愛玲原本不愛動腦，隨著創作風格的改變，她的人生也在發生著改變。這既不是人為的較量，也不是迫於生計的無可奈何，只是想讓讀者從中感受到最底層的生活氣息，然而她卻失敗了。

　　讀者喜歡的是風華驚世的花滿枝頭，她已無法去滿足。思考良久，她不知如何應對這種境況，一九四五年十月二十五日，張愛玲帶著仰望

的尊敬之心給同為安徽老鄉的胡適去信一封，並附寄自己的作品。

從少年時期起，張愛玲就對胡適不陌生。雖然從未謀過面，可除了喜歡他的文字，還有種特別親切的感覺。當然這一切都緣於父親，因為她經常可以看到他坐在書桌前讀《胡適文存》的情景。等到上學後，張愛玲又和弟弟先後讀過《海上花》、《醒世姻緣傳》等作品，那時確實非常痴迷，一遍不夠，又會抱起書來反覆再讀，也不覺得累。最執著的時候是香港淪陷時，她更是投入其中不能自拔，完全忘記了防空洞外的槍砲聲。

「請原諒我這樣冒昧地寫信來。很久以前我讀到您的《醒世姻緣傳》與《海上花》的考證，印象非常深，後來找了這兩部小說來看，這些年來，前後不知看了多少遍，自己以為得到不少益處⋯⋯」

尚感欣慰的是她的作品飽受爭議之際，得到了胡適先生的大力推崇。此時的胡適雖常年久居美國，卻被許多作家視為不可踰越的高峰。一九五五年一月，胡適在百忙之中給張愛玲回覆了信件：「妳的作品我仔細看了兩遍，我很高興能看見這樣很有文學價值的作品。妳自己說的『有一點接近平淡而近自然的價值』，我認為妳在這個方面已做到了很成功的地步。」張愛玲萬人迷戀，胡適之傾倒眾生，彼此的書信往來中，張愛玲已然有著太多說不出的喜悅與欣奮，尤其是面對著書上的圈圈點點時，更由衷多了一份親近，也結識了一份忘年情誼。

人世間諸多的不得意，讓生命中在倔強中逐漸敗落下去。由心而起的徬徨，就連看天上的流雲都是濃得化不開的結。在這樣兩難的境況下，這位女子也不知該何去何從，她只能想到躲避。

如果說，這樣的特立獨行本就是一種活著的態度，只是別人還沒有

第五章　鉛華始消盡

理解罷了。那與社會完全格格不入的尷尬，則是人生經歷中難得的見證。在香港的那些日子，諸多傷感包圍著張愛玲，還不待拂去沉澱在她身上的陰霾，卻又被另一層陰雲籠罩。再回首熟悉的上海，注定是無法回去了。沒有了夢想，就算是回到那座城市也盡是陌生。種種刻骨銘心的體驗，讓一切都變得微不足道。

手無縛雞之力，又不願意接受幫助，張愛玲的表現便有些不合群了。正如她在《天才夢》中寫道：「我是一個古怪的女孩。從小被視為天才，除了發展我的天才處別無生存的目標。然而，當童年的狂想逐漸褪色的時候，我發現我除了天才的夢之外一無所有，所有的只是天才的乖僻缺點。世人原諒瓦格涅的疏狂，可是他們不會原諒我。」實際上並非這樣，熟悉的人都了解她，便也去遷就她，比如好友炎櫻與宋淇夫婦就是這樣的人，以自我的甘願付出給予了無數的溫暖。

無疑，張愛玲的天才夢想在大多數情況下，是以文字來完成其精神依託的。從她出版的系列作品中不難發現，這些故事裡的地點多選擇在上海和香港。從小長在上海的張愛玲，對這座流金的城市有著深厚感情。而香港時不時地出現，則是她對社會和人世深入骨髓的了解。在《茉莉香片》開篇中，張愛玲以屬於自己的超脫來定義香港「是一個華美的但是悲哀的城」。香港城的燈紅酒綠，表面上看起來無法與悲哀牽連，實際上悲哀正是人生無奈、世道炎涼的見證，是內心凝結的痛苦。在接下來創作的《沉香屑：第一爐香》、《沉香屑：第二爐香》、《傾城之戀》等作品中，這樣的悲涼始終在淡然地彌散著。內心的細膩、自信的遺憾，並不快樂的花樣年華，都催促著張愛玲過早成熟，使她更清晰地看透了香港的繁華是向上海「借」來的。也正是在這樣的畸形變態中，統治地位的人高高在上，享受著男歡女愛、縱情生色；生活在最底層的人為了

生存，不惜出賣房屋、子女，甚至一切。這些年的所見所聞，無疑是讓人悲哀的。她筆下與香港有關的文字，更多是在書寫著人與人之間的冷漠，荒誕社會中的險惡，無助人性下的可悲。

佛云：「心中煩惱是妄心，身心安穩是逃避。」一九五三年，美國政府發表了一項難民法令，大意是鼓勵學有所長的外國人來美落戶，逐步成為美國公民，遠東地區指標為兩千人。消息一經傳出，覺得在香港已沒有前途的張愛玲，又重新看到了人生的希望。她藉助與美新處的融洽合作關係，毫不猶豫向美國提出了入境申請。而此時與胡適的頻繁書信來往，也為她日後在美國的發展悄無聲息地鋪平著道路。

申請很快得到了批准。拿到簽證那一刻，張愛玲心中又滿是說不出的蒼涼，就在此前，香港還讓人倍感冷漠，轉眼間又成了戀戀不捨。

晚秋的風從維多利亞港灣吹來，有些潮溼的冷。這個季節，張愛玲仍然身著旗袍，幽幽地行走在高樓林立中，伴著遠處的夕陽，紅色和青花藍相映成優雅。海邊有很多嬉鬧玩耍的人，她一個人行走著，無人知曉她的內心，自然也無人過多地去關注。

其實，每個人都是一道風景，看不看全在於別人。「淡藍色的充滿著煙愁的海，還有那化不開的霧」，伴隨著那股海洋撲面而來的腥味，化不開的是潛藏於心的痴迷和留戀。海灘上，張愛玲又回顧了香港的生活，無味中有著樂趣，無聊中有著開懷，只是這樣的生活終究不是她所想要的。失落、無助以及創作上的不順，噩夢般襲擊過來，讓人不敢想像，也無力去招架。

現在來看，留戀只是人生的一場夢，短暫得不容置疑，短暫得蒼涼濃重。真正能記住的又該是什麼呢？是人生的悲傷，還是生命的無助？

第五章　鉛華始消盡

是作品的遭遇,還是社會的疏離?

不知道,真不知道。當然,這些最終都會讓挑剔的張愛玲帶走,以其一生中最不滿意的方式帶走,因為只有從這陰影中走出去,才意味著後半生還有希望。

一九五五年十一月,張愛玲又要一個人行走了,她決心要離開這曾給予她好運的「福地」。張愛玲從來都是「想做什麼,立刻去做,『人』是最拿不準的東西」。她不但要提筆書寫暗蘊香港人情的「風俗畫」,而且要在奇幻的境界中見證生命的啟示。自古美人如名將,不許人間見白頭。這個決定對她來說是痛苦的,其中也有著刻骨銘心的體驗,畢竟這個地方給了她許多創作的題材和靈感。這種上海人的香港情結中,不僅僅是她所親身經歷的人和事,更重要的是在這種交織著各種複雜的情感與想像的華美中,看清楚了映照在香港人身上每時每刻的悲傷而無奈。

當「克里夫蘭總統」號遊輪悠長的汽笛漸然從海面上拉響時,張愛玲迎著拂面而來的海風,輕輕拭去了留存在眼角的淚滴。此時,不管她是否願意,船都緩緩駛離著這令人心碎的地方。海鳥不斷起伏,隨之躍動而起的浪花,也滿載著她的清高、淡泊以及悲涼朝著大海深處而去。沒有揮別,沒有歡悅,依稀只看著宋淇夫婦由大到小,越來越小,彷彿要融入天地之間。

所有的熟悉都在無比的孤獨飄浮感中神奇地幻滅了,留給她的卻是不知何去何從的命運。「去英國的簽證很難拿到,況且她也沒有生存來源」,張愛玲並沒有去投奔遠在英國的母親,而是在麥卡錫的擔保下,手持他親自簽發的簽證去了美國。

其實,以張愛玲不俗的才情,如花妙筆定能寫盡這座城裡的眾生百

態。要真正面對現實的無情打擊時，她又無法做到對這個世界的遷就和寬容。香港的生活與想像中相悖，好多時候就像在做著虛妄的夢，不知夢何時會醒，徒增的只是無休止的蒼涼。

歲月人生，流轉不定，行走就似寫下的成長。這些年的悲喜交錯，雖未奏出人生的交響樂章，但能有孤芳自賞也是絢爛無比了。這一切都需要面對和擔當。而這一走將是經年歲月，能回望的只能是生命深處的記憶。

踏花拾錦年，枕夢尋安好。張愛玲那顆不安的心，就像這兩本書的出版。你若是只想逃避，世事偏偏就會來尋你；你不懂政治，卻要將你擺上供桌。張愛玲在香港的「滑鐵盧」，成了她文學創作上的硬傷。面對紛雜的言說，她只有接受。

每每夜深人靜之際，沒有了陽光照射下的愜意，沒有了手捧熱茶的溫情，恍然才覺得人生不如意竟十之八九，而真正的稱心如意卻都藏在了夢裡。對於香港這座城市，張愛玲是用心喜歡的。「太喜歡這城市，兼有西湖山水的緊湊與青島的整潔，而又是離本土最近的唐人街。有些古中國的一鱗半爪給儲存了下來，唯其近，沒有失真，不像海外的唐人街。」現在要不得不離去了。

她知道。

風雨路上漫漫無盡，到底又蘊藏著何樣的勇敢呢？所有關注著張愛玲的人，都在等待著她華麗傾城的熱烈綻放。

或許，只有放下，才能行得更遠。

第五章　鉛華始消盡

第六章
新夢愁風雨

第六章　新夢愁風雨

愛的靈魂

人們常常說，我心安處是故鄉，至少現在對於張愛玲來說是這樣的。哪裡能生存，便往哪裡去，就像古時逐水而居的游牧部落。

一九五六年三月，張愛玲一路火車到汽車地輾轉不停，終於從紐約的女子宿舍，來到了在遠離市區的麥克道威爾文藝營。

麥克道威爾文藝營是以美國著名的作曲家麥克道威爾命名的藝術社團，由他的遺孀瑪琳·麥克道威爾於一九〇七年，在新罕布夏的彼得伯勒設立，主要為一些有才華的藝術家們免費提供食宿、創作等條件。為了解決生計，張愛玲也在麥卡錫等人的推薦下透過申請，允許來到了文藝營，利用為期三個月的時間，在這裡完成第二部英文小說《粉淚》的創作。

車向前行駛著，不斷地颳起散落在地上的枯葉，蒼涼和憂傷都隨風散去。雪的痕跡還到處殘留著，在一盞盞燈光的映照下，分明就像一塊塊記憶著陳年往事的補丁。唯有這由遠至近的光，帶給人溫暖和遐想。

文藝營裡的生活很有規律，每天的早餐供應結束後，大家便在工作室內進行創作，到了午餐時間，服務生都會按時將食物放在每個工作室門口的小籃子裡，這樣避免貿然打斷創作的程序和思路。到了下午四點的自由活動時間，彼此才會聚在一起放鬆精神，在一起盡情談天說地、談古論今。張愛玲總算又可以心平氣和地書寫著文字、架構著故事，暫時不再為每天的吃飯發愁。只是在這些人群中，無論是進餐還是敘話，她都表現得十分得體到位，以東方女子的莊重之美成為大家關注的焦點。

如果不是上天安排好的機遇，那只能認為這是人生的巧合，人生地不熟的張愛玲剛來到文藝營，便在無意中結識了劇作家賴雅，沒想到兩人交談默契，情趣甚為相投。

　　說起賴雅這人挺有個性，他本是德國移民的後裔，十七歲時就讀賓州大學文學專業，隨後又考入哈佛大學攻讀碩士，畢業之後去了麻省理工學院任教。平日裡風趣幽默，不拘小節，有著十足的男人味道。由於天生就有著流浪者的基因在體內，隨著他創作的詩劇不斷地受到好評，乾脆辭去了教書的工作成為自由撰稿人，全身心都投入創作中。本來賴雅的這一切都順風順水，已經在好萊塢的圈子裡小有名氣，卻沒料到超人才華被其享樂的性格打敗，先是協定離婚，又因為兩次中風，以致很長時間內沒有新作出版問世。這樣的銷聲匿跡也使他迫於生計，只好申請來到了文藝營。

　　不期而遇的相識，被命運奇妙地安排到了一起。同樣的寂寞，是引燃兩個孤獨者的導火線，一步一步將張愛玲置於奇妙的境地，就像一個回家的遊子，突然發現了遠處有裊裊炊煙。更多的喜悅後面，無疑又合乎著張愛玲「現世安穩」的願望。

　　如果沒有記錯時間的話，那天是三月十三日。

　　幾天之後，一場不期而至的風雪到來了。屋外是漫天風雪，屋內是熱火朝天。興致勃勃的藝術家們紛紛相約到大廳中喝酒、談天，任由咖啡的香氣遍布全身。敏感的張愛玲一邊談文學，一邊聽賴雅談著他以往冒險的各種經歷，心中卻全然接納了這個滿眼閃爍著安全感的男人。正如《傾城之戀》中徐太太一樣，「找事，卻是假的，還是找個人是真的」。現在想想，談文藝說故事，其實都是為私下交流找著說辭，為進入對方

第六章　新夢愁風雨

的內心創造著機遇。

十分融洽的接觸，於無形中彌補著彼此閃電式的相處，彷彿與年輕時戀愛如出一轍。張愛玲思慮再三後，決定將自己的小說讓其指點一二。接到稿件的那一刻，這位風月場的老手已懂得了東方人內在的含蓄，他先是從結構、故事情節方面給予了建議，接著又以情人的浪漫，譽其貌美，以父親的慈愛，讚其文字。一句句話語竟然如同魔咒，讓眼前這位奇女子神魂顛倒，俯首傾聽。錢鍾書老先生說，男女的愛情通常都是由借書開始的，而這部書稿，自然就成了開啟彼此心房的鑰匙。張愛玲沒有多加考慮，心甘情願地投入無比蠱惑的迷亂中。

這種對文字的自我堅守，是她人生態度的真實寫照。這個世界上，張愛玲是一個可以冷落愛人、放棄親情、擊碎友情、懷疑自己的人，而對於文字的執著和自信，根本容不得他人有絲毫的懷疑。賴雅深知這些，以他多情的人生過往，誘惑三十六歲的張愛玲還是綽綽有餘。共同的愛好，和著紅茶的清香，暫時的快樂，足以讓兩人執手相談文字，訴真情定終身。

一生也是閱人無數的張愛玲，面對這位老男人時無法沉靜了，如同小孩子一樣，富於表情的臉上滿是驚詫，似乎只有以身相許才能稍感安穩。同是天涯淪落人的經歷，讓張愛玲在愛情枯萎許久之後，又開始春心萌動。如果說，戀愛的女人智商為零，此時這樣說張愛玲也不為過。在《小團圓》中，燕山曾對盛九莉說：「你大概是喜歡老的人。」其實老沒什麼，只要可以依賴。盛九莉沒有回答，只是在心裡掠過這樣的話：「至少他們生活過。」張愛玲和盛九莉的心思相同，不願意去追尋名譽、地位、身分、金錢，她們要的只是人與人之間的依偎。

他無拘無束地侃侃而談，卻讓張愛玲有了意外的感覺，覺得他就是

生長在懸崖上的勁松，在生機勃勃中帶著不懼困難的挑戰，不僅能帶來戰勝困境的力量，又可以讓人享受到安全的呵護。這樣的男人，其實最容易讓女人心動、上癮，尤其又是張愛玲這樣不安分的人，雖然害怕受傷卻又渴望愛情，雖然隱藏內心卻又芳心撩人。現在，她又想不顧一切地投入進來。

日子似乎過得很快，在這個獨處一隅的世界裡，意外的溫暖讓這兩個人感動了，而這種關係也出乎了彼此的意料。之前所有的矜持不見了，已然成為心情激盪下的飛揚。短短兩月的接觸，他們談文學、談人生、談天上人間，反正談什麼都是那麼默契。這種相逢何必曾相識的感覺，讓他們等待著一份未曾言說的愛戀，很快就變成了燭光下的浪漫。彼此都禁不住眉來眼去的撩撥，很快就有了你情我願的魚水之歡，私下裡的同房之好自然愉悅。這股無形的動力，更多地帶著無法看清的冒險，卻也促使著張愛玲在創作中激情滿滿，很快就完成了小說《粉淚》。

私下接觸的新鮮期才開始，而賴雅在文藝營居住的期限就到了。在申請無果的情況下，只能是帶著哀怨和不滿，前往紐約州北部的葉耶多文藝營。張愛玲不知道自己是如何去火車站送別的，難分難捨中她還是向賴雅坦白了自己想結婚的念頭，並送了一些錢給賴雅。事到如此，感動之極的賴雅也只能如實相告，這樣的感情不帶有任何婚姻的念頭，根本無法保證彼此以後的幸福。從這點來看，這位花甲老人倒也不怎麼賴，不是那種風流過後就撒手不管的人。

那天分手之際，他也對張愛玲許下承諾。因為他知道，眼前這位東方美女不是隨便的人。怎麼去認定一個人隨便或者不隨便呢？自然是透過各式各樣的事情。可在情感面前，張愛玲從來都悲哀著身影，被動著情緒，從來都是慌亂著章法。她當下的情形就像一片極其乾涸的土地，

第六章　新夢愁風雨

需要雨露的恩澤。沒辦法，誰讓他是如此懂得她的文學呢？假設文學是張愛玲的命門，那麼懂得就是祛除她心病的藥；假設文學是張愛玲的皈依，那麼懂得就是引導她前行的心經。只有懂得的人才會知道，文學永遠都是張愛玲與人相處的最好途徑。所以，在文藝營初見賴雅，這位如同一杯老酒的男人，讓她塵封已久的心開始必須要醉了。

執子之手，與子偕老。從此，六十五歲的賴雅與三十六歲的張愛玲開始了浪漫的兩地書，信中自是纏綿無盡，也瀰漫著文藝氣息。這樣的交流和溝通中，日子過得很單純，也很快樂。當中西方文化在你情我愛的氛圍中相互碰撞時，愛情就悄無聲息地來臨了。隨著在文藝營居住期限的結束，張愛玲又碰到了件煩心事，她在無意中發現自己已有了身孕，而遞交給文藝營的申請一時半會又沒有任何音訊。

作為上天賜予的意外禮物，孩子原本就是彼此新生活的希望，可這個意外的消息讓張愛玲始終無法高興起來，她在信中一次又一次地憂慮著，好在賴雅每次都會及時回信予以安慰，在想方設法幫她消除掉內心莫名的懼怕的同時，又經過了慎重的考慮後，寄出了一封求婚信，表示要生生世世和她生活在一起。這些讓心情凌亂的張愛玲心中又漾起了一絲竊喜。

賴雅喜歡鄉村小鎮的寧靜，那裡充滿著自由自在；張愛玲樂意居住在繁華的城市，可以彰顯隨心隨欲。只是這個孩子此時不合時宜的出現，無意地驚醒了彼此安逸的生活現狀，硬要將兩人的現狀打破，並活活地捆綁在一起，或許真的應驗了那句話：世事叵測，朝暮無常，只是我們都沒相信，有一天會殊途同歸。

幾天後，兩人在耶多的一家小酒館中見面了，就孩子和婚姻的問題進行了討論。任何條件都可以答應，只是賴雅始終堅持著不要孩子，而

張愛玲考慮到生活和經濟，也愉快地答應去拿掉這個孩子。

第二天，還是在這家小酒館中，本來就充滿著傳奇色彩的賴雅單膝跪地，手捧著戒指，開口向未婚媽媽張愛玲求婚。明亮的燈光的照射下，突然就沒有了以往的喧鬧，大家都面帶笑容地祝福著這對新人。張愛玲羞赧地起身上前扶起賴雅，接著兩人就緊緊地擁抱在了一起。

臨分別時，賴雅又專門提到了孩子，他輕描淡寫地稱孩子為「東西」，甚至以不屑一顧的神情說：「生孩子有什麼用？有什麼用，生出了死亡來。」在對待孩子的問題上，兩人意見特別一致。張愛玲恐懼生育，賴雅又不停地催促著張愛玲，盡快去紐約的西奈醫院進行檢查，並將檢查結果寫信告訴他。聽了這些話後，張愛玲頓時沒有了壓力，同時更堅定了她盡快拿掉孩子的想法。

她說：「我們的精力有限，在世的時間也有限，可該做的事情有那麼多，憑什麼我們要大量製造一批遲早要淘汰的廢物？」這些話更多是基於兩人生活狀況的拮据而言，只不過旁人不知曉罷了。確實，這個時候非要給孩子名分，實在是有心無力。其實就是喜歡，也只能為生活忍痛割愛。更何況，他們現在的想法只是盡情享受，根本沒任何時間考慮以後。或者說，以後是什麼，怎麼走下去他們全然不管，似乎書寫創作才是生命的本質和所在。

現在想想，這世間的事情根本無法用錯對來衡量。原本都是不羈的人，在對待孩子的問題上，竟然表現出的都是快刀斬亂麻。你又能說誰對誰錯呢？幾天後，張愛玲獨自去醫院做了流產手術，在一陣陣痛徹心腑的呻吟中，讓她不再有任何心理上的顧慮。

沒有了壓力，兩人又可以輕鬆地做喜歡的事情。手術沒幾天，賴雅

第六章　新夢愁風雨

　　卻沒有讓她繼續臥床休息，而是帶她到了一座古老的小鎮上參觀，流連忘返的快意中，大家很快就無暇顧及手術的相關細節。到了晚上，一餐簡單的飯菜後，又開始品著美酒相擁讀書，而這一切都在酒色中幻化為美不勝收的虛妄。

　　生活原來這麼美，幸福來得這麼快。

　　只是夜深人靜之際，看著賴雅在滿足中睡去時，她才有時間從腦海中掠過手術時的種種後怕。在《小團圓》一書中，她也提及了這件事。驚駭自是少不了的，雖然她生命中還有過刻骨銘心的胡蘭成、桑弧這些人，但這樣的神奇孕育經歷卻從不曾有過，也許以後也不希望再有。

　　孩子的出現確實給她帶來了驚喜，但也帶來了許多煩惱與恐懼，無論如何，她真正地體驗了一回做女人的感受，而這是一個女人完整的必然經歷。

　　這次的意外，讓與張愛玲相處至深的夏志清頗有成見，他將所有不快全都抱怨在賴雅身上。這樣的心情確實可以理解，「孩子對女人就像生命一樣重要啊，張愛玲流產後真正是枯萎了！如果她有了一男半女，在以後寡居幾十年中會給她帶來多大的欣慰和快樂啊！」夏志清說得沒錯，從人性的角度來看，賴雅和張愛玲在這件事上著實是自私自利，只滿足於器官的需要，卻不願意承擔撫養孩子的責任，而這也導致了張愛玲終生膝下無兒無女。

　　又是一夜的狂歡之後，張愛玲這才滿足地離開了。生活困頓的賴雅拿不出任何禮物送她，反而又心安理得地接受了她三百美元的支票，之前也是這樣，每次都是賴雅在接受著饋贈。其實，張愛玲已沒有了以前的風光萬千，她現在每開銷一分錢都得仔細盤算，可她偏偏要以這樣的

愛來接濟他、安慰他，只是不知賴雅會有何感想。細慮過往，父親殘暴的記憶，以及此前受到的種種傷害，使張愛玲一直都在渴望能擁有最為平實的呵護，現在她在賴雅身上找到了。

浪漫的兩地戀情，自然少不了彼此的相望，還有著更多的坦然和面對。從後來的研究資料中可以得知，也有人說張愛玲初來乍到，更需要盡快找到物資上的依靠，或許有，但賴雅肯定不是最合適的人選。她之所以不怠慢生命中的第二次婚姻，完全是因了這濃厚如同海浪般的父愛。愛來得太快了些，讓這兩個人還沒有完全做好準備，就結伴攜手步入了婚姻的殿堂。

大家雖然在這一刻充滿喜悅，但誰會知道未來的路上是不是孤獨和無助相伴，有沒有盲目和喜悅共存呢？

這樣的付出，只為生活中能續寫安寧。張愛玲不斷用愛靠近著賴雅，就像緊緊依附大樹生長的纏藤，恨不得把身軀也全部融入進去。她知道，賴雅是愛她的，只是這愛更多時是軟弱無力的。至少從眼下來看，賴雅更習慣一個人無拘無束地活著，不去考慮以後的生計，而飄忽不定的生活，又怎麼能夠為張愛玲提供遮風擋雨的保障呢？兩個人誰都不願意去思慮，只是憑藉著衝動時的念頭，來暫時掩藏住巨大的生活壓力。無論如何，還得感謝這個不請自來的孩子，作為上帝意外賞賜的禮物，使結婚中的一系列瑣事順理成章。

無論是命運的安排，還是生活無情的捉弄，經濟上的窘狀是張愛玲一時無法解決的，年齡不濟，又無積蓄，一系列的矛盾隨時在等待著爆發。唯一欣慰的是，兩顆太多坎坷遭遇的心在這樣的幸福中，又重新感受到了平靜的愛。

第六章　新夢愁風雨

經過了簡單的準備之後，張愛玲又鼓足勇氣，準備開始她人生中的第二春。

此時此刻，張愛玲以對生命的無比熱愛與痛徹，在努力褪去孤獨無助的身影。那少而又少的行李可憐地堆在一起，綿延兩地的思念總算要結束了。這樣的選擇，貌似對張愛玲來說並非壞事，可生命中帶來的喜悅，其實更多是負累。生活是潘朵拉的魔盒，誰能知道開啟後的種種難言不堪呢？

時光無法逆流，只有祈望幸福長久。君生我未生，我生君已老，恨不生同時，日日與君好。張愛玲並不是滿足於愛情的人，不管怎樣，在與賴雅締結的婚姻中又輸了一著。她還是把所有心思都集中到婚禮上。即將到來的婚禮，讓兩個人都努力磨平蒼老與年歲形成的鴻溝。

至於生命中的陣痛，她壓根就不願意去想。

人間煙火

年齡懸殊，似乎不是太大的問題。

從愛情角度而言，生命中該來的都會出現，該發生的也無法避免。張愛玲在最好的歲月，就對男女愛情做過精闢的解說：「一個人如果沒空，那是因為他不想有空；一個人如果走不開，那是因為不想走開；一個人對人藉口太多，那是因為不想在乎。」在這預言般的文字中，她無疑寫出了心跡與思緒，引領著她不斷地跨越國界，穿越時空，在寂寞的行程中感受難得的溫暖，在婚姻中開啟新的生活、裝扮新的故事。

「愛情使人忘記時間，時間也使人忘記了愛情。」為了彼此的相守，他們甚至激動得連一紙婚契的約束也沒有。

總之，他們結婚了。

一個是臨花照水風情萬千，一個是風燭殘年青春不在。眼前的這位老人到底有什麼魅力和不同呢？她能給自己需要的生活嗎？原本就是對歲月靜好的褻瀆，卻枉說什麼現世安穩。

誰人生中沒幾段難忘的感情充實生命呢？誰生命中又沒幾個曾攜手風雨的人呢？不論怎樣的面對與開始，終會在流年中淡然成人生的必然。

如果說，桑弧情感上的無疾而終，只是如花一樣帶來了芬芳，那萎謝的只是張愛玲。賴雅不失時機的出現，竟然又一次催開了她生命的葳蕤。在張愛玲冷靜而疏離的目光中，注定要以傳奇的方式抒寫出獨一無二的人生。

八月十八日，在彼此認識半年之後，這場異常簡單的婚禮見證了他們了人生的另一段歷程。或許張愛玲已經習慣了這樣的結婚模式，她在無比的坦然和幸福中滿足了。寥寥的祝福聲中，兩人又欣喜地踏上了紐約之行的旅途。鑽石老男人賴雅不僅有著男人味，也頗有女人緣，作為對於婚姻的回報，賴雅二話沒說就從小鎮搬到了城市生活。與此同時，張愛玲也將這件喜事告訴了遠在英國的母親。

婚禮那天，前來祝賀的人並不多，其實也知道不會多到哪裡去。這樣草率而又倉促的婚姻，讓人始終感覺就是在玩扮家家酒的遊戲。在彼此的歲月山河裡，至少並不孤單的攜手，也只有見證過的人才會懂得，炎櫻明曉這些道理。同樣是張愛玲，在賴雅眼中如珍寶一樣愛不釋手，而她眼中卻分明是一本厚重的作品集。不同風格的作品讓人讀上千遍也

第六章　新夢愁風雨

不覺厭倦，真正要去深入探索觀瞻時，她的種種卻就成了謎。炎櫻更關心張愛玲能否找到幸福的歸宿，所以也從來不拒絕她，在接到婚禮的邀請後，欣然前去見證這一段唯美的老少姻緣。人來人往的去路上，她已從熱鬧的氛圍中覺察到了未來的結局，只希望這是情感的小插曲，而不會成為張愛玲人生中的記憶劃痕。身為閨密，炎櫻的出席也帶著傷感，在這場「算不上明智，只有熱情」的婚姻中，她不明白張愛玲的人生中，為何會有如此之多的波折。確實，張愛玲一直在躲避著這個世界，可這個世界始終在以無比的真實，一次次刺傷她脆弱的心靈。

炎櫻此前也見證了張愛玲與那個男人的婚姻。如果說，那次的結合是內心的火熱，是無法抹去的情結，那麼這次，純粹是要以歲月的漫長來表現人生的不幸。這個一流的才女就像偏離了千年的時光，從其身上透露出的氣息韻致，依然還在平凡的生活中瀰漫著。淡淡香味下的隨心所欲，恍惚卻又無法掩飾她對於人生的疑問。

身為同學和朋友，張愛玲始終在「明光無涯，遇見有時」中有炎櫻陪伴。自然，炎櫻是幸運的，她用記憶見證了一生流離坎坷的張愛玲，見證了前半生華麗想求一個家而不得，後半生異域漂泊只求過得簡單的張愛玲。她以自己內心的默契，多次出現在張愛玲的筆下，無疑又加深了讀者對這位才女的了解。莊信正也在《舊事淒涼不可聽》中有過這樣的記述，現在看來，這些都是張愛玲的選擇。

張愛玲也把結婚的喜訊告知了母親，聽到這些開心的述說後，黃逸梵心中自有著無比唏噓，但她卻什麼也不能說，唯有默默祝福。黃逸梵實在太了解女兒的性格了，知道這個老男人根本就配不上女兒，只是命運的造化太捉弄人，從不會按照個人的想法去設計。想著自己到頭來也是漂泊一生，只能在孤苦伶仃中感受著人生的各種傷痛。

只是黃逸梵並沒有想到女兒的選擇，竟然是以後媽的角色出現的。結婚前，張愛玲也想過這個問題的，但她覺得所有問題在愛面前都可以迎刃而解，可真正面對時才知道有著太多無奈。當年，那位被父親接進門的姨太太，剛來家裡時處處和藹善良，後來因為有許多矛盾無法解決才變得面目可憎。也許她心裡也想做個好女人，想要對每一個人好吧？張愛玲和賴雅的女兒年齡相仿，一開始她試圖去打動那顆冷漠設防的心，但總是無功而返。於是她也不再努力，而是將心思全部傾注在賴雅身上，給他關愛，給他呵護，給他全部。

張愛玲也明白，既然無法躲避這場情感的劫難，那就全力以赴迎難而上。婚後生活毅然決然平淡無奇，除了寫作賺錢養家，就是享受女人所擁有的那些幸福，購物、逛街、收拾房屋、修剪花草，然後就是四處搜尋各種美食大快朵頤，風輕雲淡的日子自是悠哉無比。

好日子還沒過幾天，大概是十月左右，賴雅的身體出現了意外狀況。突發性的中風，嚴重地威脅到了他的生命，生死的關鍵時刻，張愛玲用全部的愛安慰他、挽留他，給了他活下去的勇氣和希望。

有時候想，愛情的力量真的如此強大嗎？可以將一個生命垂危的人從死亡線上重新拽回來。雖然病情有所好轉，但身體一側還是出現了偏癱，這讓手腳無力、言語不清的賴雅在精神和生活上更加依賴張愛玲，他就像一個失落無助的孩子，時時亟須有人來呵護、來關愛。這次生死劫難帶來的恐慌，讓張愛玲覺得了人生苦短無奈的同時，也暗嘆他生命力的強大，如同深埋在地下的樹根。為了生活，她只有不停地寫著文字，以此來換回微不足道的稿酬，為的是讓這個小家延續下去。

夜長晝短，諸多無常讓張愛玲更加謹慎細微。有時，她也困惑得不知眼前的路該如何走下去。

第六章　新夢愁風雨

　　生年不滿百，常懷千歲憂。種種變故讓張愛玲開始困惑於人生，她在人生後期更加獨善其身的逃避，其實是迫不得已的自我保護。壓抑讓她無法找到人生的出口，卻隨時又會如澎湃的江水決堤。世間縱有萬般風情，對張愛玲這樣的弱女子而言，愛是將就，不愛又是冷漠。以至在好多人眼裡，她不是不夠愛，只是不願意忘記自己罷了。

　　更多的平淡後，一波波襲來的失望，讓她根本無法躲避。

　　愛戀自是美好的，只是多年以後再想起這個男人時，她也搞不清楚是對是錯。到底是為內心的溫暖，還是為滿足痴愛呢？無意結識後，張愛玲便迷戀於賴雅身上的味道，那種對生命自由的理解和透澈不凡的才華，更加混亂她沉寂已久的分寸，竟然讓她不帶有絲毫的牴觸，重新又回到了只屬於愛情的美妙中。

　　倘若時光是一指流沙，流走的又何止是歲月呢？張愛玲絕非是一個隨意的人，她能毫不猶豫地愛上賴雅，說明在她眼裡，「一個知己就像一面鏡子，反映出我們天性中最美的部分」。因為愛，張愛玲把自己完全放任在了愛情中。

　　很快就到了三十八歲生日那天，賴雅在寓所中為張愛玲開了一次生日晚會派對。

　　夜色中涼風習習，星光閃閃。燭光下，兩人相扶著攜手祝福，任豔豔的酒色灑滿招展的花叢。張愛玲這才猛然發現，她已許久沒有這般浪漫了，尤其是這些年東奔西跑的過程中，時光讓她遺忘了太多。一邊是無盡的夜，一邊是溫情四射的光，伴隨著無聲而落的淚水，溼潤的又何止是兩個人的結合呢？花香四溢，就彷彿是錦瑟流年中的溫暖，無形中融化著她的堅強。

命運既然注定彼此要成為生命中最重要的人，那麼必須在人生的大書上濃墨重彩。久病的賴雅也沉浸在這樣的氛圍中，其實從談文學那陣開始，他就對這位東方女人情有獨鍾，他努力挖掘著張愛玲掩藏在冷漠下的心跳，甚至想為此融化掉全部的激情。現在終於走近了她，陡然發現生命竟然如此五彩斑斕。那夜，他們長談許久，規劃人生，以及要書寫各自傳奇的人生。

　　酒是美好的東西，可以舒緩壓力，忘卻憂愁，對他們來說，酒又時刻地加劇著老少戀情的不斷升溫。繁雜的世間，如同手掌上交錯的紋路，讓人無法猜測命運的取捨。無法參破的機緣，說不清，道不明，卻又滿含著珍惜。總之，相互攜手成行的那刻，人生中的美景便定格了。

　　這樣美輪美奐的光景，還是有人肆意地闖了進來。在一陣緊張的敲門聲中，來了幾位聯邦調查局的派員，就賴雅欠款一事進行調查。這樣的尷尬情形下，賴雅只能寄希望這些人不要破壞了簡單的生日餐會。而張愛玲什麼都沒有說，只是木然呆坐，看著這幾個男人相互交涉著。

　　還好，這些人很快就走了。他倆又可以重繼生日晚宴，在青豆、肉絲和米飯中，滿足地笑出了眼淚。風漫過窗臺，裏攜著前世今生的記憶。從張愛玲的一系列文字中，能見到與賴雅有關的文字並不多，細心想想，這應當是件十分蹊蹺的事，可生活就是這樣，能留下的都會成為記憶。張愛玲本是激情充沛的人，「她有一顆吉卜賽的心，一棵大樹的命」。她不曾被時代洪流裹脅的人生底色上，以最不起眼的妥協與依賴，換來的只是失望。

　　明滅生輝的燭光下，無法看清的是愛情。不用去想黑暗裡的無比惆悵，不用去想塵封下的人生離愁。作為平生最快樂的一次生日，這場寂

第六章　新夢愁風雨

寞的相遇，怎麼能說是飄過四季的繾綣呢？

因為我愛你，此生不渝。

愛情是怎麼回事？是床前明月光，還是心口的硃砂痣；是牆上的蚊子血，還是衣襟上的飯粒渣？

結婚之前，賴雅沒有隱瞞他生活上的拮据和尷尬，無所顧忌地把這些全告知了張愛玲，彷彿是滿不在乎地在說，這不是愛嗎？這麼偉大的愛，那你就去面對愛後面的責任吧！賴雅中風之後沒多久，他們又搬到了加州居住，生活環境得以改觀，但他的病症卻像潛伏在身體裡的炸彈，隨時都會發生爆炸。無比的煩心開始困擾著張愛玲，讓她必須要用瘦弱的身體來承擔家庭的全部。賴雅對於張愛玲的依賴越發嚴重，甚至時刻都無法離開。張愛玲知道自己不能生活在滿足不了生計的愛情裡，她要出去尋找賺錢的機會。眼下每月五十美元的養老費，根本就無法維持抓藥、看病等家庭的正常開銷。

沒想到事情竟會如此棘手，現在無論是否願意承擔，已然沒有了退路。

白天裡，要服侍賴雅的生活起居，只有到了夜裡，張愛玲才能放鬆身心。在燈下，她克服著常人無法想像的困難，夜以繼日地忘我創作著。幾乎無人知道，張愛玲為寫小說《粉淚》如何嘔心瀝血。她自己也對此抱著很大希望，遺憾的是書並沒有如期出版。命運不垂青她的付出也就罷了，卻總要在她舒展眉梢時盡情地嘲弄。

賴雅的病情也在逐漸加重，所有壞情緒都紛亂地纏繞在一起，壓得張愛玲幾乎喘不過氣來，倍受打擊的張愛玲終於無法支撐這種種壓力，開始生病臥床不起，甚至想到了放棄寫作。好在還有宋淇夫婦這樣的知

心朋友，一直在身後盡心盡力地幫助，才從經濟上暫時緩解了她沉重的生活負擔。

壓力讓張愛玲全然沒有了夢想和傳奇，只有活下去的希望和誘惑。只是想到了中港臺還有不少真誠的讀者時，她才漸漸地滿血復活了。一個多月的休養後，張愛玲才離開病床再次走向書桌。

山窮水盡的張愛玲眼下只能保持著充足的創作勁頭，俯身在沒完沒了的方格之中。這是她的摯愛，這也是她的宿命。

隨著小說《北地胭脂》截稿，張愛玲才長長地出了口氣。那天，她忍不住內心的喜悅把這事告訴了賴雅，並在家裡小小慶祝了一番。書稿交給出版商後，接下來就是漫長的等待。無事可幹的張愛玲，這時又結識了女畫家愛麗絲·琴瑟爾。彼此都對繪畫有著濃厚興趣，又特別能聊到一起，便有種一見如故的感覺。在這紛亂的世界裡，喜歡自閉、保守的張愛玲能夠主動結識朋友，似乎在她生命中並不多見。隨著交往的深入，兩人還會時常相約去感受唐人街上的風情，去感受金燦燦的樹葉拂過肩頭。

沒多久，她又熱情地將琴瑟爾介紹給了賴雅和炎櫻。地域風情的差異，無形中著色了太多的生活情趣。在張愛玲看來，琴瑟爾的作品中透著熟悉感，似乎可以穿越時空。喜歡畫，便愛屋及烏喜歡人，這樣的喜歡和接觸又彷彿讓她回到了十年前。上海灘上煙雲迷濛，濤聲四起，遠遠地就能聽到高樓頂上的鐘聲。那時無憂無慮地生活著，可以寫作、散步、畫畫，可以去感受十里洋場的繁華勝景，可以嬉笑著品評捲頭髮的紅鼻子老外。只是這一切的任性和隨意，都在生活的奔波中很快消失全無。

第六章　新夢愁風雨

看來長大真不是好事，無數的煩擾要讓人去面對和思考。自從琴瑟爾帶給張愛玲難得的感受後，她又萌生了生活的樂趣和寫作的動力。偏偏《北地胭脂》又被出版商無情退回，把她僅留的一絲自信給扼殺了，就像行走在光滑的冰面，突然就重重地摔倒在上面。書商們就彷彿商量好的一樣，用一次次的退稿來回絕著她創作上的才情。

琴瑟爾也喜歡張愛玲的文字，但只是認為它精采卻不出眾。看著好友如此痛苦，又分明感覺到了自己的無力。出於朋友交情，她從不去加以指責，而是從中去感受張愛玲的執著與堅持。張愛玲又何嘗不明白，但她認為這就是美國文壇對自己的不屑和拋棄。

熱情和冷落的對比之下，是說不出口的委屈和傷心。「十年生死兩茫茫，不思量，自難忘。千里孤墳，無處話淒涼……」站在窗前，她低聲吟詠著這首傷情的宋詞，要死的心都有了。

得失隨緣，心無增減。只要能放下心中的想法，這些又算得了什麼呢？可張愛玲偏偏無法放下眼前這一切。文字是她的命，始終潔淨完美，或許因了「文章千古事，得失寸心知」的提法，讓她無法用正常的心態來面對。

生活的窘迫，心情的壓抑，都無情地折磨著張愛玲，正當她忐忑不安之際，一直盼望的綠卡突然批了下來。想想，這也算是等待中的快樂吧？難得的笑容在冰雪中漸然綻放，至少又讓人看到了一絲春天的氣象。

春天要來了，張愛玲感覺不適的身體也將成為過往，這時，經濟上的沉重又催促著她想出去走走。這決心全然是為了愛，她知道，只有翻過沉重的一頁，新的生活才會來臨，既然命運不給機會，那就跨過命運這道門檻走出去。

來來往往的車開動著，不知是終點還是起點。有人不斷地上來，又有人不斷地下去，所有的來去都消散在風雨之中。有人說，擠擠才是不放棄，才是真正的開始。

　　但願是這樣吧！該去的都會去，就像該來的一定會來。

出走計畫

　　生活中的理想，就是為了更理想的生活。

　　為了創作，張愛玲萌生出到臺灣蒐集資料的想法。當然，這想法也不是一時頭腦發熱，更多是因為生計上的迫不得已。說起出走，這些年的奔波早已成為一種習慣，不論是跨洋留學，還是遷移寓所，總是冷靜而又從容。

　　為經濟上能夠有所好轉，張愛玲想盡了辦法。一個弱女子，能做的只有寫字賺錢，滿足內心的同時換得暫存的尊嚴。與賴雅婚後的生活出乎意料，既要面對彼此的性格差異，又要求得彼此的相互理解。有著大男子主義的賴雅為人隨意大度，喜歡結交各種朋友，尤其這些年的單身生活，他更傾心於人與人的交往中，從不在細節上關心妻子。張愛玲不擅「群居」生活，也一直把瑣碎的應酬，視為生活中最難忍受的事，本就不善交際，又嚴重影響到寫作。每每面對這些來來往往的朋友時，種種不適應便成了無形桎梏，不斷迫使著張愛玲迴避。

　　情感的生活中，一個好男人會想盡辦法，給予一個女人生活上的優越，努力讓她感覺到應得的幸福，從而學會依賴。此前的依賴也曾讓張

第六章　新夢愁風雨

　　愛玲享受到了情感的樂趣，感受到生命的全部意義，可真正習慣了這些卻又無法得到時，所有的無奈又該如何面對呢？這些生活裡的點點滴滴，都讓張愛玲內心產生了難以抹去的陰影。迫於壓力，她又不得不去考慮這些頭疼的問題。

　　自從賴雅再次中風，他身體狀況真是大不如前，以致起居住行都要有人料理。這是張愛玲不曾料想到的，而所謂美國的安穩生活，也算是以這樣的結局徹底破滅了。什麼夫妻間的趣味、性格、身分都在藥味中變淡了，彼此的距離都在漸行漸遠。

　　這一切，她都始終無力去改變。好在經濟上還有些劇本創作上的收入，由她編劇的幾部電影票房紀錄之高前所未有，以至連續好久都排在榜首。按當時每部影片八百至一千美元的報酬，足以滿足張愛玲的虛榮和維持小家庭的所有開銷。

　　有了錢是好事，但總歸禁不住長流水的開銷。無奈之下，張愛玲開始用母親留下的首飾、古董來補貼家用和維持生計。生活中的艱難還可以面對，可連最簡單的獨處也無法實現時，張愛玲就開始考慮婚姻了。婚姻這東西到底為彼此的關係帶來了什麼？她真不知道，更多是無法澄清的迷茫與失落，以至每每想起「在沒有人與人交接的場合，充滿了生命的歡悅」也是那麼美好時，便對「人際關係的渴求簡直到了太過分的程度」。

　　這時候要能出去透透氣，應該是幸福的事。到什麼地方去？家裡的賴雅又該如何生活？這些都需要她來考慮。可思慮之後，所有的選擇只有留下才最為合適，但張愛玲偏偏是有個性的人，念頭一旦從心底迸發出來，距離實現也就不遠了。那段時間，她想了各種理由來為自己開

脫，可一旦面對賴雅時，女人最柔弱的心底便泛起了同情的漣漪，尤其想起此前在田園風景中的相伴相依時，她又為自己的理由感到內疚。

感到內疚時，張愛玲就幫助賴雅進行按摩，用她極度虛弱的身體努力支撐著平凡的愛。平凡的愛其實很容易做到，要長久地愛下去卻需要堅持。好在是皇天不負苦心人，賴雅的病情在妻子的精心護理下，還是有所好轉。

眼前這個曾經意氣風發的男人，自從生病後就一直心事重重，在病痛面前，人渺小得本是不足一提，而行走在窮途末路上，盛年之下的張愛玲不得不心懷「前不見來者，後不見古人」的憂傷，她真的不甘心就這般認命，讓光彩在與賴雅的相守中黯然無色。每每累極之後，張愛玲就不由得想起之前看望自己的胡適先生。胡適先生那時已經過氣，他的思想在學術界沒了生存空間，自然也沒有人願意追隨他。人生地疏的張愛玲卻不在乎，依然心懷敬仰前去拜訪。胡適先生對張愛玲的作品給予了很高的評價。這樣的評價可能帶有交流的意味，但不可否認的是，書中所展現出的思想境界，在胡適的點評之下不免光彩四射，至今來看仍有著很高的文學價值。

喜出望外自是難免，沒想到胡適先生又主動邀請張愛玲同去就餐。事後，胡適先生又親自前往張愛玲的住處探望，以示對她創作的鼓勵。這大概是英雄末路的惺惺相惜吧？雖然胡適先生此時早已作古，但那段經歷卻讓人無法忘懷，更加堅定了張愛玲的創作熱情。

堅韌，讓張愛玲可憐得像草一樣茁壯著根鬚。如果說她外表的淒涼，只是一副欺騙人的模樣，那內心就是一座有稜有角的大山，讓人在這強大的精神力量面前，始終懷疑著命運的不公。這段時間以來，張愛

第六章　新夢愁風雨

玲確實蒼老了許多，輕輕掠過眼瞼的皺紋，簡直如同孩子在桌面劃過的刀痕，不論是從鏡子裡看自己，還是深情地看心愛的人，這樣的時光都無法讓人想像。

於是，她開始私下打聽去臺灣的機票費用。

這次出行計畫，無疑遭到了賴雅的強烈反對。可以想像，他會拚命拉住張愛玲的手，懇求，不斷地懇求著。從一位老人的角度不難理解，他需要的是依偎、呵護、關照。張愛玲何嘗不懂得這些，可她想藉助這次蒐集資料的機會，改善一下與賴雅家人的關係。在現實生活中，張愛玲並不是對生活過於苛刻的人，可周圍的人都將其視為怪人，讓所有生活中的瑣屑都化為難堪，一點點吞噬掉張愛玲的心。

說到人際關係，還發生過一件趣事。賴雅有次突發奇想逗張愛玲開心，便將朋友送來的一隻小山羊帶回了家，卻故意騙她說家裡來了位好朋友。張愛玲一聽頭就大了，百般推辭就是不出房門。賴雅連哄帶騙，不料想她非常較真，甚至差點發生口角。賴雅見此情況趕緊說明真相，才及時化解了一場矛盾。事後，張愛玲也深知他是一片苦心，再也不當賴雅面提及「對人際關係的渴求簡直到了太過分的程度」的那些話語。

生活，並不是一帆風順地行船，兩個人結合在一起難免會有不理解，根本不在於婚姻曾有過幾次。張愛玲與賴雅女兒霏絲的年齡相仿，只是霏絲對這位繼母的出現並未感到欣喜，表現更多的卻是驚訝，出於禮節和張愛玲握了握手，既無稱呼，也不熱情，過客一樣來了又去。她只能是宛然含笑，這個曾經在上海灘風靡一時的女作家，唯一能做的只能是面帶笑容，以繼母的身分照顧好體弱多病的賴雅。更頭痛的是每次見面，張愛玲都要打起十二分的精神來對待，這樣的用心付出卻收效甚

微,霏絲雖然回應客氣,但依然能看出其中有著太多疏遠。

　　她很困惑,只覺得這樣的接觸和用心,根本就不如與琴瑟爾來得直接、深入得徹底、交流得痛快。可生氣歸生氣,還是要笑臉來相迎,時時處處盡好所謂的長者用心。本以為這樣的接觸只是偶爾為之,煩些也無大礙,可一旦要時刻面對時,張愛玲不由自主又想到了迴避。隨著往來的增多,張愛玲開始拒絕霏絲的邀請,只任賴雅一個人去。至於在家吃什麼她都無所謂,只要能安享靜謐。獨處時,可以信馬游韁地想像,可以輕鬆地打掃環境,可以曼妙地舞弄花草,可以在室外的草地上享受陽光。當然,最快樂的事情莫過於攤開稿紙創作。

　　受生活和人際關係的影響,張愛玲的情緒變得很糟糕,她始終覺得身體會出現問題。新配了隱形眼鏡後,張愛玲突然發現眼睛成天紅紅的,時不時還會迎風流淚,像極了街道上賣菜的主婦。隨著視力的嚴重下降,她只能頻繁地去約看醫生。醫院裡就診的患者很多,無人陪伴的張愛玲又不能把脾氣發在賴雅身上,只好挑剔舊金山的陽光太刺眼,生活環境太差。

　　生活總是很奇怪,你不願意成為什麼,卻偏偏要把你塑造成什麼。在張愛玲的作品中,有不少描寫繼母的文章。好多年後,不知道她會對繼母懷著什麼樣的情感,但自己肯定不願成為這樣的角色。可眼前的選擇又似乎回到了幼時,只是主角換成了自己。現在要喜歡這個男人,就只能成為繼母,該如何取捨呢?張愛玲只得咬咬牙認了。縱然心中再多委屈,她始終認為自己有能力轉變,讓霏絲接納全新的自己。

　　張愛玲是個不失夢想的人,身體逐漸看好的賴雅也有著自己的創作計畫,只是一個要為躲避生活處處煩惱,一個要為身體康復心不在焉。

第六章　新夢愁風雨

婚後的生活，本來是兩個人的卿卿我我和形影不離，結果卻因種種藉口，只能是各忙各自的事。研究張愛玲的資深學者司馬新說：「張愛玲在美國已經住了六年，做了五年賴雅太太，此時二人關係發生了逆轉。在這段生活的開始階段，她在這片新大陸中既孤獨又無措，就靠賴雅對她指導。年復一年，她已逐漸判明瞭自己的方向，依賴性也隨之減少；相反，賴雅當初對結婚並不熱心，可是如今在感情上和經濟上卻離不開她……反而依賴她的撫養和支持了。」不管研究是如何認為的，張愛玲確實不只滿足於愛情。在某種意義上，她是為了文字而生的，尤其不能接受周圍人給予的種種冷漠。

頻繁的退稿開始後，既帶給她尷尬，也讓她內心變得強大。張愛玲更堅定了餘下的後半生，不能只在身體上的依靠，更要在精神上出人頭地。其間，除了用心陪伴賴雅外，繼續接著電影劇本創作的活路，可能是想藉此來堅定她的出行計畫吧？

相處的時候，她盡量讓家中充滿著歡聲笑語，盡情地享受著這相濡以沫的愛意。賴雅也很滿足這樣的生活，每每含情地看著這位高大瘦弱的女人時，他又何嘗不會為此感動呢？這是張愛玲可愛的一面，更多的是對於愛情的甘願付出和溫存。這何嘗又不是「低至塵埃」裡的東方女性之美呢？東方的唯美和西方的人生觀巧妙地融合在一起，更加突顯出張愛玲的單純。

愛不就是這樣嘛，是生命對於生命的信任，是情感碰撞出來的真摯。

在張愛玲的認知裡，每個人終將是生命裡的過客，注定只會漸行漸遠。如果說，這樣的行走是為了遠處的風景。那麼走再遠的路，在別人

眼裡也還是風景。一杯紅茶氤氳的生活狀態，讓人不由想靜下心來回望，恍然之中，只是覺得時光如指縫裡的流沙，幾年的光陰便漏盡了所有，剩下的只有凝結在文字裡的輕鬆美妙，散溢的不僅是疼是愛，也是真實的生活。

想著那些擦肩而過的燦爛，溫暖著回憶，溼潤著銷魂。這些年過去了，張愛玲以為自己走了許久，走了很遠，以為離家了就是長大，以為展翅了就是天下，可真正回頭去看的時候，才知道自己依然還站在原處。緩然端起茶杯，當年的他，也就是進入她生命裡的第一個男人，曾給予了她太多的甜言蜜語。這些年過去了，這茶已物是人非，而人卻始終活在夢裡。誰又能陪伴誰呢？就連相依相戀的文字，都成了無顏面對的證據。

賴雅，你知道嗎？愛我就放開我吧！你和文字，都是我生命中的最真切的傷痛。這些年裡，我們一步一步走過的影子是如此清晰，真不知道在承諾還是守望？無論要走多遠，無論走到哪裡，我只想和你在這裡，心無旁騖地守住陽光，用愛來維繫溫存，哪怕一轉身就是天涯海角，一轉身就是芸芸眾生。

每個人都像轉瞬即逝的人間煙火，尤其是在賴雅生命的最後階段，彼此都在用愛守候著那抹天空最美的彩霞。或許也覺察到生活中的變化，在一次短暫的溫存之後，賴雅終於顫抖著雙手，從衣兜裡掏出了一張皺巴巴的紙。那是一份書寫工整的遺囑，大意是要將身後所有的財物全部留給張愛玲。

看來他有這個想法應該有些時日了，之所以現在才說出來，或許是等待時機，或許是機緣巧合，或者是冥冥中的預示。誰也沒問，自然也

第六章　新夢愁風雨

沒有人再說。接過遺囑的那一刻，張愛玲又一次感覺到了生與死的距離，其實就只有這一張紙的厚度，這些年，她已經忘記了自己流淚的模樣，可現在又不得不以淚洗面。張愛玲從沒有想過一個人生活的孤獨，對，她是特別怕孤獨的人，賴雅雖然身體有疾，可他能陪自己說話、讓自己開心啊。

遺囑只是對於彼此關係的信任和寄託。現在這種境況下，還會有什麼東西值得託付呢？確實，除了數封與華萊士·史蒂文斯和貝托爾特·布萊希特的來往書信外，再也沒有任何值錢的東西了。

在美國現代詩壇，史蒂文斯被公認為二十世紀主要的美國詩人之一，他以一個保險公司高級職員的名義，意外地把自己的名字寫進了文學史；布萊希特創立並置換了敘事戲劇，是當代享有盛譽的著名德國戲劇理論家、劇作家。從今天的視角來看這些書信價值，這兩位文學大師的創作觀點和見解，仍有著一定的指導意義，最主要的是這些書信的留世，對於當代文學史的研究有著一定的意義。

一手握著略帶體溫的遺囑，一手握著湊錢買來的機票，張愛玲滿腹說不出的酸楚。這樣傷感的場景她從未給自己設計過，只是這個時候，她已經對生活失望透頂了。

走與不走，讓張愛玲越發糾結。

經過一段時間的反覆考慮，張愛玲還是對賴雅說出了內心的想法。虛弱的賴雅聽後就傻眼了，躺在病床上顯得十分蒼老，只有身體在不停地顫抖著，嘴裡也聽不清楚在說些什麼。那一刻，張愛玲真不知道何去何從了，面對著垂頭喪氣的賴雅，她緊緊地擁抱著眼前這個男人，在耳邊悄悄地說：你若不離不棄，我必生死相依。

對失意的人產生共鳴，是張愛玲心底最柔弱的表現。只是她去臺灣的主意已定，誰也無法改變她的決定，剩下的只是如何安置好賴雅了。風燭殘年的賴雅，生病後只能藉助於輪椅出行，當初的美好祝福，早已在無休止的病痛中給忘卻了，壓抑始終讓他害怕張愛玲突然出走。

真的是人世間的別離嗎？承諾、苦累、傷春悲秋的情緒，以及數不盡的孤單都幻化成無聲的淚水。

其實，又能夠說些什麼呢？

剩下的短暫時光，只有在百無聊賴中收拾行李了。賴雅待在一旁幫不上忙，卻又不知道說什麼。由於刺激，賴雅腿部的疼痛已逐漸擴散到了背部，只要咳嗽就會全身刺痛。都是生命中平凡的人，張愛玲又何嘗不懂得他的痛苦呢？她這時也會紅著眼眶，停下手中的事情，用手不停揉搓著他麻木的身體，似乎只有這樣才可以減輕內疚。

離別的日子在一天天縮短著，賴雅的情緒也在一天天變壞著。用心愛過的人，用心珍惜過的人，在談及離去時自會黯然神傷，只有張愛玲打心底如釋重負，期待著離開這令人窒息的環境。這種興奮讓生活成為她人生的點綴，精神富足才是最值得追尋的承諾。

出發的前幾日，張愛玲還是給霏絲寫了封信，內容不長，卻也是溫情滿滿，大意是希望能到女兒家暫住一段時間。可她柔弱不堪的心中猶如打翻了五味瓶，各種滋味雜陳，強烈地充斥著眼眶。信投出後，她的心卻又變得坦然起來。賴雅雖然有再多不願意，但他還是順從地給女兒寫了封信。對於一位體弱多病的老人來說，這封信原本是不該有的，想當年，他一個眼神就能獲得無數少女青睞，一段文字足以讓青春歡呼雀躍，現在面對滄桑人生的殘酷，只能如此真實地書寫著孤苦無助的氣短。

第六章　新夢愁風雨

　　霏絲對繼母張愛玲的請求十分理解，收到信件後很快趕了過來，也沒有太多的話說，只是用手輕輕地撫摸著父親花白的頭髮，附在耳邊讓他學會祝福，不管是現在還是以後。

　　臨行的前夜，兩人依偎在一起幾乎未眠。指縫太寬，時光太瘦，要分別的時刻終於要到來了。雖然剛剛患病一場，身體的疼痛也已從區域性擴散到了全身各處，但賴雅仍帶著諸多不捨，執拗地要去送別她。

　　往事濃淡，色如清，已輕；

　　經年悲喜，淨如鏡，已靜。

　　一九六一年十月的一天，霏絲推著賴雅專程去了機場送別張愛玲。路旁盛放著大片大片的花朵，五顏六色的花兒映襯著純粹的藍天白雲，讓人越發心馳神往起來。賴雅的眼裡全是不捨和牽掛，似乎連這最美的景緻都要留住即將遠行的人，不由得讓人想起白居易的詩來。

　　十月江南天氣好，可憐冬景似春華。

　　霜輕未殺萋萋草，日暖初乾漠漠沙。

　　老柘葉黃如嫩樹，寒櫻枝白是狂花。

　　此時卻羨閒人醉，五馬無由入酒家。

　　這次，賴雅不再是阻止和哀求，而是報以愛的大度目送她上了飛機。他答應張愛玲會照顧好自己，可一轉身，她又分明看到了這個男人眼角掉落的濁淚。想當年，那個男人身陷溫州城中，她隻身前往，絲毫不顧及兵荒馬亂，也沒有在乎流言蜚語。而今，她真的沒有了千里尋夫的氣概，只能任憑著手和手的鬆開，踏上尋求生計的路途。直到飛機躍入了雲端，她那顆堅硬的心還在惦念著賴雅。這樣的牽掛，更多的是力不從心的無可奈何。

浮　生　若　夢

　　這是一座陌生的城。

　　這也是張愛玲離開香港後的第一次東方之行。身無羈絆的輕鬆，讓她把之前的沉重全部放飛在雲層中，也讓旅程變得愜意起來。

　　城外，是變幻不定的動盪；城內，是煙火般的瞬息萬變。

　　靜坐窗前，陽光如此之好。依然是一杯紅茶放在手邊，在裊裊清香中任長長的影子在光線中不斷變長，繼而變短，又再變長。這影子彷彿是光線的玩具，任其肆意地玩弄著。茶在杯裡，顏色已由濃至淡，淡是那桃色的一抹，濃是華麗的爛漫，輕輕地抿一口，只感覺歲月竟是如此放鬆和愜意，充滿著茶與陽光的誘惑。

　　其實，無論在城內還是城外，對張愛玲來說都是無依的孤獨。她一個人品著茶，彷彿在品味自己以往逝去的生活。如果說生命充滿著太多色彩，眼前這優雅的女人，內心中則裝滿著無法言說的衷腸。她不知道要說給誰，怎麼去說，眼前永遠都是城的朦朧色彩。

　　無形的城，無法褪去生命中的所有痕跡，她只能選擇封閉。

　　在麥卡錫的安排下，張愛玲終於踏上了臺灣這座「邊城」，依照行程安排，她這次來臺主要是想蒐集創作素材，採訪被幽禁的少帥張學良本人，然後再轉機去香港。

　　許久都沒有這麼輕鬆了，但她很自然地融入了臺灣粉絲的熱情歡迎中。好多熱愛文學的讀者聽說張愛玲要來的訊息後，出乎意料地從四處趕來圍觀、看望，表現出了近乎狂熱的瘋狂，就連當地的著名作家白先

第六章　新夢愁風雨

勇、王文興、王禎和等人也先後趕來會面，不經意中竟掀起了一股不小的轟動效應。那幾日的報刊上，幾乎都是以大篇幅來報導張愛玲的行蹤。這樣的氣氛出乎了張愛玲的想像，讓她從熱鬧中感受到了文學的力量，也全身心投入與讀者的互動中。身處眾星捧月的環繞中，張愛玲又重新感受到出名所帶來的榮耀，每每要出現在人群中時，都會刻意先行收拾一番，給人示以高挑瘦弱的美女作家形象。

從臺北、臺南這一路欣喜走過，留下的是一連串無法忘卻的開心，也還有著身世錯置的感覺。原本中日甲午海戰失敗後，張愛玲的外公李鴻章身肩北洋大臣重任，全權代表清政府簽署了喪權辱國的《馬關條約》，把臺灣割讓給了日本。現在想起這段舊事，真是說不出的滋味在心中。望著這一片片山河，不禁又想起了先賢丘逢甲的《離臺詩》來：宰相有權能割地，孤臣無力可回天。扁舟去作鴟夷子，回首河山意黯然。

才從高雄採訪結束後，張愛玲便來到臺東火車站。在這裡，她接到了麥卡錫打來的電話，從這個十分不幸的訊息中，她得知先生賴雅因為再次中風重新入院。所有的好心情就被這樣澆滅了。

人生就是這樣的不近人情，張愛玲一直最擔心的事情還是發生了。她呆呆地站在人群當中，淚水已經從臉頰流了下來。那一刻她真想衝開人群，立即乘機回到賴雅身邊去守護著他。她知道，此時在病榻上的賴雅，即便在昏迷中也盼望著她站在自己身邊。可是命運又一次無情地捉弄了她，這位當紅作家此時連張返程的機票也買不起。

霏絲打來了電話，只匆匆說了父親病情嚴重，希望她能盡快趕回來。一種「出師未捷身先死，長使英雄淚滿襟」的悲傷油然而起，她又能對霏絲說些什麼呢？兜裡少得可憐的那點錢，僅僅只夠買張去香港的機

票，可是這些話說出來她能夠相信嗎？思前想後，也只有咬緊牙關去香港，才可以賺取回家的費用。

又是茫茫白雲，白得讓她想到太多傷感，以至沒有了任何的情調。所有的不順暢，使她只能藉助冥冥中的乞求，希望雲中的飄渺，能將所有的歡樂、悲傷和過去，都綿延成生命中的無盡。不到一週的倉促臺灣行，讓張愛玲的虛榮與開心還沒有完全滿足，又要面對人與人之間無休止的紛亂。

從一座城到另一座城的距離，未必就是流年，也可以是陽光，是青澀，是紛紜，是付出抑或索取。而今，張愛玲為了愛，又將回到這座曾經夢裡期待的香港城中。沒有陽光的內心是黯然的，還是那杯豔得重彩的茶，一杯接一杯地續下去，卻無法撫平凌亂的心情，這些似乎注定著終將是一場夢。

張愛玲離開香港，屈指一數已六個年頭。直到見到了宋淇夫婦，張愛玲才從臉上表現出了會心的笑容。彼此都熟，也沒有過多的客套禮讓，自然而然就談到了共同合作的正題上。街市上的人海依舊紛紜，只是青春不再。宋淇的話並不多，大意是想請張愛玲執筆改創《紅樓夢》的電影劇本。

對於文字，張愛玲從不拒絕，便不假思索地同意了。《紅樓夢》這本書張愛玲是喜歡的，她曾下功夫仔細研究過數十年的時間。雖然這些年陸續創作了不少劇本，但能碰到這樣有挑戰的選題和稿酬，無疑讓她心動不已。在她看來，《紅樓夢》中的故事，分明就有如煙花綻放般五彩斑斕，那奢侈的繁華、淒涼的悲愴，是救贖也是神往。考慮到等錢急用，便不及安頓好住處，就已經忘我地投入電影劇本的創作中。

第六章　新夢愁風雨

有事情做了，只是此時她內心中似乎還懸空著。

空著，不就是等待著人來占領嗎？或者早已為喜歡的人空出了位置。這個人又該是誰呢？是那個風流成性的男人嗎？「見了她，她變得很低很低，低到塵埃裡，但她心裡是歡喜的，從塵埃裡開出花來。」是桑弧嗎？那種心疼的感覺像極了不真實的遇仙記，只有回到人間才覺舊夢如歡的惆悵。是只能共青春的炎櫻嗎？無論承受還是滄桑，生命的終結都是千瘡百孔。既然曾經已經打碎了那個男人，打碎了姑姑和弟弟，那麼又該是誰呢？仔細盤算下來，就只有這個名義上的丈夫賴雅了，以大叔的好形象曾在一瞬間俘獲了她的心，要不然怎麼會有心動不已的感覺呢？「當他跟我住在紐約時，那塵世彷彿是我的，街巷也因此變成活生生的。」為能照料這位身體多疾的賴雅，才促使著她為這筆豐厚的稿酬，每天辛苦打字十多個小時。那盞燈分外地明亮，在光線下可以映出張愛玲的疲憊不堪。或許是年齡漸長，或許是心態世故，她每天在鏡前都可以看到血絲充斥眼球，好像要阻撓她來做這份工作似的。但偏偏張愛玲是不服輸的人，她情願讓這些血絲惡化成眼膜出血、雙腿浮腫，甚至身體的無比痠痛，以往創作的快感消失殆盡，只是她不能放棄，必須要和機器一樣繼續下去，即便身體難以忍受這樣的負擔和煎熬。

身體的累乏，常常讓她只想躺在床上放鬆睡去，可是不行，這些都是她從未想到過的現實。生活愈加真實，真實得就像從肌體上褪去的一層層皮，有著傷、有著痛、有著迴響、有著艱難。

也不知道從何時起，這樣的寫作似乎就沒有順暢過，每每只要端坐桌前，閃現在眼前的總是生計、奔波、忙碌，她自己也深有感觸地寫道：「我認為文人應該是園裡的一棵樹，天生在那裡，根深蒂固，越往上長眼界越寬，看得更遠，要往別處發展，也未嘗不可以，風吹了種子，

播送到遠方，另生出一棵樹，可是到底是艱難的事。」

除了寫作外，她還要抽時間用書信慰藉賴雅，幾場大病徹底從精神和形體上摧殘了這個偉岸的男人。命運就是如此多舛，讓他無法抗爭，只有無奈地面對。張愛玲似乎崩潰了，只能黯然神傷地接受著命運給予的一切。

人生倉促，總有漂泊，步履匆匆，歲月長河。這樣的愛，全然成了相知相依，不再有任何激情和心動。她眼前出現的又是兩人別離的情境。

「愛玲，我不能讓妳走，我是離不開妳的。」

至少這樣的哀求是從未見過的，沒有了樂觀的談笑風生，沒有了豁達的意氣風發，有的只是充滿強烈的渴望。那哀求中分明又帶著無助和蒼白，遍布著力不從心的認輸。

這，還是那個讓人深愛的賴雅嗎？

無疑，離去之前的感覺是最痛苦的。留還是不留，在張愛玲；要解決困頓的生計，也在張愛玲。走出去，就有收入。留下去，只有愛情。賴雅管不了那麼多，他只希望有人能留下來陪伴，因為每況愈下的身體狀況，更需要的是精神上的撫慰。可又能有什麼好辦法呢？張愛玲纖弱的手，輕輕地放在賴雅麻木的身體上，用按摩來緩解著他身體上的疼痛。

兩人面對面時的機會已經很少，當然說話的時間也很少，一個閉目享受著短暫的輕鬆，一個滿腹憂慮地思忖著生活。或許有過太多的經歷，彼此都已習慣了這種無奈和沉默吧。如果要說生活是無限神往的煙火，那這被愛的靈魂就只有彼此的抱團取暖。

第六章　新夢愁風雨

　　他的手微微顫抖著，但還是緊緊抓住張愛玲不願意鬆開，生怕這一去就成了生命裡的眺望，成了人生中永遠的分別。時間真是太讓人感到可怕，張愛玲的身展現在也是一日不如一日。到了她這種年齡，眼睛開始老花，胃也變得特別挑剔起來，有時吃得不舒服就會嘔吐，只是她不能把這些小事說給自己的男人聽，其實說了也沒任何用處。

　　雲朵是那樣白，一朵朵渲染著心無旁騖的愛情。凝望窗外，她不知道這到底是不是愛，又算不算愛了。

　　至今還記得那個分別的場景，而人生中最難忘的就是分別。

　　在香港寫作期間，張愛玲沒有任何關於賴雅病情的消息。帶著一種無比的內疚，她伏案書寫著內心的惆悵。當一封封信件如泥牛入海之際，還以為賴雅不願意理她，可當她仔細端詳時，才發現慌亂中竟然寫錯了地址。於是，一股無名的悲哀感遽然間從心而起，說不出該是怎樣的感覺，只能任漠然的心緒在時空中瀰散。

　　每天的創作任務非常繁重，甚至連故地重遊也沒有時間安排。高強度的燈下的書寫，不僅僅是無法釋放的壓力，還有視力的逐漸下降。即便這樣，她還是不斷地給自己加壓。為了節省不必要的費用，她連雙合腳的鞋子都不願意給自己買，在寫給丈夫的信中，她說：「自搭了那班從舊金山起飛的擁擠飛機後，我一直腿腫腿脹。看來我要等到農曆年前大減價時才能買得起一雙較寬鬆的鞋子……我現在備受煎熬，每天工作從早上十時到凌晨一時。」沒辦法，她只想著早日能拿到稿酬，回到病重的賴雅身邊。

　　為了生存，張愛玲真是不堪重負。她必須要承受著賴雅對她的誤解，要面對著無比拮据的生活。度日如年的寫作中，她確實連要死的心

都有了。「我工作了幾個月,像隻狗一樣」,當她努力為最後一行字圓滿畫上句號的時候,《紅樓夢》的劇本終於在心酸的情緒中完成了。原本想著可以好好放鬆一下喘口氣,結果又要開始漫長的等待。

這次香港之行,讓她沒有感到絲毫的熟悉與親近,尤其是以往那些大獻殷勤的導演們,現在都帶著一臉的譏笑,更是破壞著她對香港的所有好印象。

這或許才是年青與衰老的實際區別,臺灣與香港的差異所在。從某種程度上來說,她的與世隔絕似乎與這個時代脫節太多,那種為人所熟悉的電影時代,其實早已在時光的流淌中成了歷史過往。

她知道這些,但卻無力去改變。人家讓她修改,她就本能地認真修改;人家讓等待,她就用心等待。為了生活,生命已經如此卑微,輕賤如同螻蟻。這些對張愛玲來說都不曾有過,現在只覺得活著的樂趣,只有完成好眼下這部劇本了。

沒有人會懂她,也沒人去關注窮途末路的她。

劇本《紅樓夢》幾經修改後,還是沒有順利通過,這更是出乎了張愛玲的意料。除了深深地刺傷自尊心外,幾個月的時間付出無疑是打了水漂,分文無收讓張愛玲的心情極為低落。本有著輕度憂鬱的她,既要擔心賴雅的身體,又要糾結於劇本結構的修改,各種事情都這樣交錯到一起,突然間就變得複雜起來。

為解決在香港的生活,張愛玲生平第一次又違背了自己的尊嚴,她沒有辦法不去向宋淇夫婦借錢,即便骨子裡流淌著高貴血脈,但沒錢確實是寸步難行。曾經的民國才女,此時人過中年,膝下又無子女,還要靠「討生活」來養活美國的賴雅。她真是不知道自己是如何開口的,但尷

第六章　新夢愁風雨

尬卻將眼下的生活演繹得如此真實，讓她夢中從此沒有絲毫的陽春白雪可言。

這種低頭，可以視為張愛玲對人生的妥協，對自我生活能力的絕望，對自我創作才能的萎謝。她的低頭，讓這位臨花照水的民國女子無情淪落了。那些時日，前所未有的疲憊不斷地襲擊著她，心情絕望地站到賓館的屋頂上。月光如水，靜靜地瀉滿整座城市，從高處望下去，高低不齊的建築像泛著冷光的冰凌，端直地橫插在地上，再往遠處望去，皎潔的圓月也不再神祕浪漫，連燈光也閃爍著陰冷淒涼。

在借錢這個問題上，宋淇夫婦確實也沒有太多的想法。從這些年的接觸來看，他們無疑是懂張愛玲的，唯一擔心的只是出手相助，會不小心傷及她內心的敏感。這種兩難的境地之下，著實也考驗著朋友間的智慧。

要不要回美國，這讓張愛玲犯難；要不要去接濟，這又是宋淇夫婦的頭痛之處。想到了最後，他們還是婉言建議張愛玲修改《紅樓夢》劇本期間，重新創作另一部劇本，稿酬為八百美元。

錢似乎不多，卻足以幫助張愛玲和賴雅生活四個多月。

聽完這席話，淪落至此的張愛玲只是點頭應允。那一刻，她以前的傲慢再也找不見了，剩下的懦弱連自己都討厭。送別宋淇夫婦後，她重重地關上了那扇沉重的門，只想用淚水來洗刷所有的委屈。望著潔白的牆壁，她突然感覺宋先生此人太不仗義，關鍵時刻竟然都不願出手相助。「他們不再是我的朋友了。宋家冷冷的態度令人生氣，尤其他認為我的劇本因為趕時間寫得很粗糙，欺騙了他們。宋淇告訴我離開前會支付新劇本的稿酬。」緣於此種原因，似乎讓彼此的隔閡越來越深，身處這種特殊的環境，張愛玲始終都覺得自己的判斷是正確的。那段時間，宋淇

似乎變得有些冷漠，偶爾見面也是愛理不理。

其實，宋淇夾在張愛玲與影視公司之間，有著自己的難言之隱。如果說，是他不經意流露出的些許質疑，不小心刺激到了張愛玲的敏感神經，那麼由心而起的蒼涼，則有著她對於這個社會，以及周圍朋友的成見與怨恨。

或許真是時運不濟，張愛玲提前完成的新劇本，竟然又一次沒有達到宋淇的要求。她又一次在信中說：「暗夜裡在屋頂散步，不知你是否體會我的情況，我覺得全世界沒有人我可以求助。」夜，已然有了些許涼意。她一個人靜靜地站著，在無人的空寂中與月相望對視。張愛玲要絕望了，大腦中一片空白。

現在唯一能給予安慰的，只有賴雅和他少得可憐的信件了，支撐著她不停地寫著。

也許每個人的經歷都是傳奇，在人生的最後階段，張愛玲又選擇了重新信任宋淇夫婦，並把所有遺產留給了他們。究竟是想雪洗香港的所謂恥辱，還是後來懂得了朋友的相處之道，無從得知。不管如何，有過這一次隔閡之後，張愛玲終生都與他們夫婦保持著密切聯繫，並透過彼此的多次合作，來換取用於生活的稿酬。

大約在五個月之後，張愛玲從香港飛回了華盛頓。在機場見到賴雅的那刻，一種親近感遍布全身，似乎連這裡的空氣都充滿著熟悉。張愛玲不再去想香港的傷心際遇，她從容整了整衣服，就迫不及待地奔向了那個男人的懷抱。

緊緊地擁抱著，什麼也不說。

深情的擁抱，在慢慢地冰釋著彼此之間的不快與擔憂。

第六章　新夢愁風雨

第七章
總是離人淚

第七章　總是離人淚

遠避塵囂

喧囂之後，依舊是聲勢浩大的喧囂不止。

對張愛玲來說，這樣的繁華中始終有著自我的平靜，猶如典雅氣質的外在，有著無法放棄的與生俱來一樣。無論在不在乎，人生的經歷讓她早已明白了取捨，始終就像獨處牆角的生命在弦動著、葳蕤著、生長著，在春來秋往中營造著只屬於內心的傳說。有時候想，這種平靜的氣質距離每個人到底有多近，又有多遠？

臺灣作家楊沂說：「她很像一隻蟬，薄翼雖然脆弱，身體的素質卻很堅實，潛伏的力量也大。而且，一飛便藏到柳蔭的深處。」從這段文字中可以知道，他該是多麼熟悉張愛玲。一隻蟬和一個人相較而言，該是多麼地微不足道，但在某種程度上又有著太多的相似。就張愛玲來說，她的性格更像一隻蟬，只要有任何的風吹草動，就會消失得無影無蹤。

其實，張愛玲的每一部新作品問世，背後都會有楊沂真誠而又中肯的品評。這些評論絕非空而無味的讚揚，也沒有刻意做作的虛偽，幾乎都是圍繞作品寫下的一系列豐實的文字。他之所以這樣有板有眼地評論張愛玲，更多的是心靈溝通下的貼切。遠遠看去，張愛玲這隻始終舞動著翅膀的鳴蟬，更多是以分外的靜在注視著人間的悲歡離合。曾經那樣來過，然後又悄無聲息地飛走，只為了唱響那短暫而又多情的季節。

據資料顯示，有一種蟬從生命孕育到爬出地面，需要大約十七年的時間。在此漫長的過程中，它隨時都會面臨著被吞噬掉的危險，等終於見到天日，卻至多在這個世界存活三個月。它不停地以高歌來讚美生命，極力表現出自我存在的價值，縱然是深藏樹蔭深處，也無法阻擋自

身散逸的熱情。張愛玲難道不像蟬嗎？孤獨地附著在高高的樹幹之上，沒有任何需求，吸納清風雨露，從不知疲倦。

「高蟬多遠韻，茂樹有餘香。」這種生命的低迴鳴唱，並非人生的張揚，而是深邃夜空中的那彎新月，在縷縷枝葉間的顫抖中，享受著屬於自我的幸福。而張愛玲更願意以深居簡出的態度，來表現出她對於人生的姿態，靜看花開花謝，聆聽生命蔓延的清香，這分明就是人世間最為動聽的妙韻。

在美國洛杉磯的公寓裡，還是那種分外的靜謐，似乎可以聽出靜的聲音來。就連一向挑剔慣了的房東，得知她喜歡靜後也不去肆意打擾了，生怕不經意的一聲響動，會攪擾了這隻鳴蟬的無比動聽。其間，她用文字源源不斷地書寫著這個社會，書寫著人情世故的種種亂象。她只是用心奮筆疾書，卻絲毫不為大洋彼岸引發的股股「張愛玲熱」而動心。

張愛玲的作品精采絕倫，時時都觸及著讀者內心，面對這樣的熱鬧，她卻只願意讓自己不斷地沉寂，不斷地邊緣化，就像站在岸邊等待人歸來的多情女子，在滿眼的粼粼光影中，任遲來的愛浪花般拍打著海岸，在潮起潮湧中化為了滿不在乎。

心在哪裡，路就在哪裡。這些年，張愛玲對文字的堅持，不就是想用筆下的快感和愛，來剔除掉所有不安與憂鬱嗎？現在看來，張愛玲喜歡平靜不是做作，也並非是深沉，而是一種發乎於心的使然。與她的大紫大紅時代相比，不敢說物是人非，至少圍繞在身邊的名利都已隨波逐流，成為沉浮中的飄渺。她這樣對世事的不聞不問，難道不就是對俗世繁雜的漠然，對遠去往事的自戮嗎？

她也明白，時光終會改變一切，如青春、愛情、夢想、年齡，等等。

春花看過，冬雪走過。沒了徬徨，剩下的只有寂寥中的創作。談到

第七章　總是離人淚

張愛玲的創作，美國哥倫比亞大學華裔教授夏志清說，張愛玲是今日中國最優秀最重要的作家，然後他又稱《金鎖記》是中國從古以來最偉大的長篇小說。且不說這樣的論斷出於什麼依據，也不論張愛玲知道後會如何作想，這樣的見解卻在中港臺及大陸文壇掀起了熱潮。讀者把讀張愛玲的作品當作一種時尚，尤其那些陶醉在愛情美妙中的紅男綠女，更是無比狂熱地深愛著張愛玲。他們之間相互詢問打聽著，想盡辦法要來結識筆下生花的美好作家，雖然注定會一次次的失望。

張愛玲不願與人接觸，其中有著對社會的恐懼與張皇，這也促使著她一個人，孤獨地走向精神的高處。對於文字更加苛刻的追求，她連生活標準都降到了最低水平。在一九八〇年代，張愛玲掀起的文字風暴，讓整個社會都為之津津樂道，只是在她心底並沒有起任何波瀾。她更樂意聽從自己的內心，隨心所欲做自己喜歡的事。

從夏志清的那次評論開始，臺灣的《皇冠》雜誌先後數次聯繫張愛玲，打算就在臺灣重新出版其作品進行協商。考慮到夏志清的身分，張愛玲乾脆讓他成為自己作品的推介者和代言人。按當時的情況來看，張愛玲的稿酬完全可以滿足她在美國的生活開銷，可她依然選擇了類似苦行僧的身體力行。居住的寓所本不大，一張行軍床，一張寫字桌，然後就是「家徒四壁」的空洞。如果那個男人此時還陪在她身邊，定然會說這樣的做法太過於無情，但張愛玲似乎已經悟透，早將一個個的身外之物全部拋棄，對自己一丁點兒也沒有心軟。

拋棄，注定要讓張愛玲更加沉默寡言，這情形如同以不理不睬的平靜對待千萬讀者的追捧一樣。有天午後起床，張愛玲接到了姑姑發來的信件，邊拆邊想，這應該是她們分手十數年後第一封來信。身在異地他鄉，這信確實帶來了激動，而睹信思人的心情，又讓這位遊子想起了故

鄉。又怎麼會忘記呢？至少在張愛玲成長期間最重要的十年中，姑姑都給予了她太多的關愛。

有句話說得好：除生死，不分離，願天下終成眷屬的都是有情人。信中，已經七十八歲的姑姑說自己終於喜結良緣，攜手洞房的是她的初戀情人李開第。出現在遲暮婚姻中的李開第，曾經當過張愛玲在國外留學時的監護人。當年，姑姑張茂淵出海留洋，恰好與公費赴英留學的李開第同一條船，彼此都是青年貌美，學識優秀，而對這位集容貌才情於一身的女孩子，李開第竟然不由自主為她用英文朗誦了拜倫的詩。等兩人倚靠著船舷談論人生過往時，彼此才發現心生愛慕，只是苦於家中有媒妁之言，張茂淵又是「賣國賊」李鴻章的後代，只好把這樣的愛戀深藏在心底。

誰也不會想到的是，漫長的等待中有著這般執著，而愛的種子更是如此堅韌。在與時間的較量中，這兩個微不足道的人終於用真愛贏得了為人傳唱的佳話。先說李開第與夏毓智結婚後，張茂淵是看在眼裡，疼在心上，雖有太多說不出的遺憾，可依然不動聲色與李開第聯繫著，並委託他照顧在香港大學讀書的張愛玲。中華人民共和國成立後，兩人還依舊保持著深厚的朋友關係，直至夏毓智去世。這時，心中仍然無法割捨愛戀的張茂淵，又開始照顧他的起居生活，那種無微不至的愛、全然不在乎別人的閒言碎語。蒼天不負有心人，為了心上人終身不嫁的張茂淵，在兩鬢斑白時還是等到了李開第。

這不經意的喜訊讓張愛玲笑出聲來，那些時日，她的笑容會不時地閃現在臉上。因為她相信姑姑一定會結婚，哪怕已是八十歲。結果這一天真的來到了，這難道不是上天的注定？

第七章　總是離人淚

能在人生的最後幾步，用愛來完善淒涼的歸宿，無疑是樁美好的事。對於姑姑，她在等待的沉靜中收穫了喜悅；對於張愛玲，她在經歷無數不快之後，又在親人身上重新感受到了愛。

這樣的愛，很快蔓延到張愛玲身上，而那些素未謀面的粉絲們，對她的好奇也是與日俱增，就像關注她的新晉姑父李開第一樣。「她不是籠子裡的鳥，籠子裡的鳥，開了籠，還會飛出來，她是繡在屏風上的鳥──悒鬱的紫色緞子屏風上，織金雲朵裡的一隻白鳥。」這隻離群索居的白鳥定是下了決心，雖然有著對愛的留戀，卻要一如既往對身邊人視而不見。為避免生出誤解，她只好不斷地變換居所來隱藏自己。不論她是如何反感和躲避，前來追逐和膜拜張愛玲的人並未因此駐步不前，相反，這樣的逃避更加吸引著眾多人的興趣。

此時的張愛玲，似乎又不再被人視為有血有肉的普通人了，她和她的作品成為大家的飯後談資、情愛男女珍藏的範本。書中那些動聽的句子，更是在時光中被經久不衰地流傳，被傳在口上，記在心上，抄在紙上，如「守一顆心，別像守一隻貓，它冷了，來依偎你；它餓了，來叫你；它癢了，來磨你；它厭了，便偷偷地走掉。守一顆心，多麼希望像一隻狗，不是你守它，而是它守你！」再如，「在人群中偷看你的笑臉，恍惚間彷彿回到從前。會不會有一天我們再一次地偶然相遇，一見鍾情，然後和彼此相戀？」這樣的文字，根本不像出自女人之手，那感覺就像是一口井，一口使各界人士盡情感受、不斷挖掘追求的古井，從中淘出了太多的纏綿無盡，淘出生活中的波瀾不驚，淘出了人世的姿態萬千，淘出了歲月的風流千古。正如她自己所言：「我不喜歡壯烈，我是喜歡悲壯，更喜歡蒼涼壯烈。只是力，沒有美，似乎缺少人性，悲哀則如大紅大綠的配色，是一種強烈的對照。」

再強烈的對照，也無法淹沒內心的哀怨，這是張愛玲人生中始終無法規避的弱點。

　　從這樣的弱點中，不難讀出她內心淤積的糾結。張愛玲一生在尋找安寧，終究不得平靜；一生在尋找愛情，卻最終與愛情擦肩而過，更多時候，她就和姑姑一樣執拗、困惑，卻又不得不面對著現實。張愛玲是佩服姑姑張茂淵的，她能夠始終如一堅守著愛情，即便當年臨水照花的時尚不在，即便年近八十才守到黃昏邊上的相守依偎。倘若與張愛玲相比，姑姑落寞的人生盡頭應該是幸福的，至少有個心愛的男人為她送終。而張愛玲呢？行走於各種不為人關注的背風處，讓自己的念舊成為素心冷眼的生活風景。

　　因為文字，夏志清終有機會與張愛玲在寓所中長談，而那位叫水晶先生的楊沂也憑藉著對張愛玲文字的獨特感悟，用真誠敲開了那扇永遠神祕的門，門後，是包著頭巾、腳穿著拖鞋的張愛玲。總之，此時已從她身上全然看不出「好似花來衫裡，影落池中」的形象了，至於是不是那輪皎潔明月照人間，得要後來人評說了。現在想想，她這樣脫俗的裝扮甚至連鳴蟬也比不上，只是很容易讓人想到潦倒的人世淒涼。

　　難道人生都會是這樣的結局嗎？

　　正當張愛玲文學在讀者中熱潮洶湧時，張子靜又一次艱難地聯繫上了她。在經歷了太多無法想像的往事後，親情又把他們重新牽繫在一起。他太了解姐姐，知道她永遠都是水中的游魚，在這個蒼涼無比的社會裡，根本讓人無法辨清何處是水，何處又是淚，所以稍不經意就會消遁在浩浩水際。他只能是苦苦尋找，只是和無數追隨者不同的是，除了崇拜，更多是發乎於心的愛。

第七章　總是離人淚

　　生活的確就是把殺豬刀，讓張愛玲飽受情感折磨，也讓張子靜無情淪落。這些年的久不接觸，張愛玲的親情觀念已經變得極其淡薄。而那個尚留存在記憶中的弟弟，也早已沒有了童年時的天真，不但面對生活中的殘酷，還要承擔起家庭的沉重責任。

　　仔細想想也是，子靜這一世很少感受到父母的疼，也沒有享受太多姐姐的疼，姑姑年長，也是無力無心地苟活著。太多太多要說的話始終等待著，只想當面說給姐姐聽。

　　聯繫上張愛玲的那一刻，子靜又彷彿回到了童年，那時姐姐帶著他在院子裡，在書房看書，往事歷歷在目，讓人不由得開始回憶起過往。他並沒有想從姐姐那裡求得物質上的接濟，在他後半生缺少朋友的人生痛苦中，只想著能夠找回親情的安慰，在這個世界上，也許只有張愛玲才能夠給他。

　　張愛玲卻無心思去考慮這些了，這些年中，無論世外是如何的反覆變幻，她最關心的只是搬家，似乎頻繁不休的搬家已逐漸成為她生活的全部。所以，水晶先生是十分幸運的，至少比張子靜更多了面對面的交流。在他如流水的筆下，也得以讓人們感受到了張愛玲始終流浪的真實心跡和飄忽來去不定的身影。「她的起居室猶如雪洞一般，牆上沒有一絲裝飾和照片，迎面一排滿地玻璃長窗。她起身掀開白紗幔，參天的法國梧桐，在路燈下，便隨著扶搖的新綠，耀眼而來。這處，眺望得到舊金山的整幅夜景。」

　　窗外的美景自然是真實的，但水晶先生的筆下多少也有著童話般的憧憬。要不就是在他到來之前，張愛玲又刻意地收拾過一番，「她微揚著臉，穿著高領圈青蓮色旗袍，斜欠著身子坐在沙發上，逸興遄飛，笑容可掬……她的笑聲聽起來有點膩搭搭，發痴嘀嗒，是十歲左右小女孩的

那種笑聲，令人完全不敢相信，她已經活了半個多世紀。」

沒辦法，誰讓文人筆下的描寫總是那麼唯美呢？那種美妙就像誰也不會知道，張愛玲那襲華美的旗袍下，究竟爬滿了多少跳蚤一樣。經過了一段時間的見面長談後，讓他對於張愛玲的晚年狀況有了更全面的了解，以至在寫給夏志清的信中，似乎再也看不到她「眼睛也大，清烔烔的，滿溢著顫抖的靈魂」。與水晶先生恰恰相反，張愛玲也有著自己不同於他人的感受，「天天上午忙搬家，下午遠道上城。有時該回來已經過午夜了，最後一段公車停駛，要叫汽車，剩下的時間只夠吃睡」。這兩段文字的鮮明對比，一個充滿著優雅的情緒，將生活感受通通寫進方格稿紙；一個卻是攜帶著生活重負，來回奔波於躲避和生存中。這些並不為「張迷」們所知，自然不會為子靜所面對。

每個人都有著不同的生活方式，尤其在經歷了無數次搬家之後，張愛玲真的覺得自己累了。怎麼會不累呢？隨著年齡的增長，這樣的折騰又有幾人能承受？這些不經意的變化，好友林式同的記憶裡永遠都是那麼深刻，「一位瘦瘦高高、瀟瀟灑灑的女士，頭上裹著一幅灰色的方巾，身上罩著一件近乎灰色的寬大的燈籠衣，就這樣無聲無息地飄了過來。」這些年裡，林式同也和宋淇夫婦一樣，沒有任何怨言地幫著張愛玲，自然他的回憶是真實可信的。相信也只有這樣的筆觸，才能夠讓人從點點滴滴中覺得張愛玲的變化。當然，不同的寫作方式和參照，也讓她晚年生活成為眾說紛紜的話題。

太多的關注，讓讀者把張愛玲想像成了難解的謎。於是，好多人為探尋張愛玲的生活，更是想出了千奇百怪的辦法。臺灣女記者戴文采也是其中一位，她的目的只想憑藉獨家新聞走紅，於是藉著無意中得來的地址，開始尋找各種理由要採訪這位戴著假髮的老人。只是這些帶有明顯功利企

第七章　總是離人淚

圖的接近,屢次都讓張愛玲及時識破並予以回絕,到了最後不堪煩擾,又想到了躲避,可以說,她並沒有任何攻擊或者防護的好辦法。

戴文采自然不願放棄這個炙手可熱的選題,她又使出渾身的解數,再次找到張愛玲,並在其隔壁租房住了下來。面對著一牆之隔的無比神祕,她難道只是想簡單了解這個「因為懂得,所以慈悲」的民國奇女子嗎?

一個月的時間裡,費盡心機的戴文采非常遺憾,因為她只見到過一次張愛玲。據說,那次還只是她無意出來丟垃圾,而這讓蹲守許久的戴文采像是發現了新大陸,欣喜若狂地用臉貼著玻璃仔細觀瞻,生怕不小心就會驚飛了這隻敏感的蟬。確實,在經歷了數次的拒絕後,戴文采能有這樣的收穫應該感到滿足,可她偏偏又心生歧想,等到天黑時竟然把垃圾桶裡的垃圾全搬進屋裡,從沾有血漬的軟紙、糊了的煎蛋以及空牛奶盒子中翻出凌亂的手稿。

從此,戴文采屋子裡便堆滿了張愛玲每日的廢棄物,在眾人無法想像的不堪中,她卻樂此不疲地挑挑揀揀,並憑藉著蛛絲馬跡的連繫,拼湊出了一篇篇關乎張愛玲日常生活的文章。張愛玲為求安定,只能緊鎖門戶關閉自己。她的與世無爭完全是一種避讓,絲毫不會影響到周圍的人,可她並不知曉隔壁有人在偷聽偷窺,在私底下打擾著她平靜的生活。這個心機深重的鄰居,不但從垃圾堆中發掘著新訊息,而且透過訊息從中了解到張愛玲生活上的瑣事,還想方設法聯繫到了她的好友,所有這些「收穫」,她都憑藉想像一個不漏地寫進文章中。同樣是文字,有的是流露心跡,有的卻是不堪入目。

沒過多久,一篇篇關於張愛玲的獨家文章開始見諸報端。她在《我的鄰居張愛玲》一文中,以無比瘋狂的「愛」,用文字表現出了張愛玲晚年的生活現狀,「她真瘦,頂重略過八十磅。生得長手長腳,骨架卻極細

窄,穿著一件白顏色襯衫,亮如洛佳水海岸的藍裙子,女學生般把襯衫紮進腰裡,腰上打了無數細褶,像只收口的軟手袋。因為太瘦,襯衫肩頭以及裙襬的褶皺線終撐不圓,筆直的線條使瘦長多了不可輕侮。」遠觀後的水月鏡花,是戴文采如夢如幻般的書寫,原以為這樣的爆料會吸引讀者的眼球,結果卻遭到了人格上的空前譴責。大家都不理解狗仔隊的齷齪做法,為什麼老要盯著這位滿頭華髮的老人,最後,就連報刊的責任編輯也非常氣憤,公開表達了對這種做法的無比憤怒,並堅決反對採取這樣的伎倆來寫張愛玲。

雖然這樣,還是有文章在其他報刊上刊登,就在眾多好友一片驚嘆之際,張愛玲卻已經揮展著薄弱的翅翼飛走了。

她曾在信中寫道:「臺灣記者那篇淘垃圾還是登出來了。不尊重隱私權,正如你說的。所以我不能住在港臺。現在為了住址絕對保密,連我姑姑都不知道。」當好友司馬信收到這封裝滿著憤怒的信件時,張愛玲已被迫無奈又遷換了寓所,以遠避塵囂的方式將自己深鎖樹蔭的濃密之後,不再見人。

歲月靜好

篤信命運,一眼便是一生。

「這是一個熱情故事,我想表達出愛情的萬轉千回,完全幻滅之後也還有點什麼東西在。」不論是生活、愛情、人際交往,還是最鍾情不已的文字,都讓張愛玲盡其一生地努力地趕著《小團圓》。只是到最後,她的

第七章　總是離人淚

美麗而又多舛的人生也沒有實現所謂的圓滿。唯一讓人欣慰的是，從這本書的字裡行間，依稀能夠讀出種種與她有關的真實。

這種真實，任不凡的心跡漸然成為無法觸控的影子。

如果說，曾經生活過的上海是過往的影子，在這些飄渺如同紅塵的故事中，自然會囊括諸多不堪回首的往事。那麼，身邊的親人無疑是正在逝去或即將逝去的影子，甚至連張愛玲都將成為寓所中孤獨的影子。在人生的種種磨難中，林式同不失時機地出現，總算讓眼下這一切如同夢幻的生活還有著真實，只是不知道誰點綴了誰，誰又成了誰的風景。

除生活中令人不堪的跳蚤外，張愛玲在海外唯一能面對的只有林式同，說是面對，其實彼此很少見面，張愛玲總是在迫不得已的情況下，才會用電話聯繫，或者求助，或者要求。林式同不喜歡文學，對張愛玲這個人不甚了解，他只是受宋淇夫婦的託付來照顧張愛玲。沒想到朋友之間的承諾，竟然以自我的俠義氣概，以真誠演繹出了人與人之間的關愛。這愛，沒有虛偽；這愛，沒有崇拜；這愛，只是言之鑿鑿的信任。

要知道，晚年的張愛玲早已不是風華絕代了，更多時候是無奈地戴著假髮，一副讓人憐惜的瘦弱身體，不過她從不在林式同面前遮掩，而是寬容地展示出了自己最真實的一面。這樣的心跡袒露，原本就是以心交心的無比幸福。

眼前這位老人，姑且就稱為老人吧，如果換成別人，定然會對她的滄桑變化感到不可思議，恰恰林式同沒有任何的表情流露，木訥中的神情中還帶著虔誠的敬重。他懂得，身處在這樣的清苦與簡單之間，只有時光讓她全然放下一切。

花開花又落，太過尋常的人生面對，就如她早已習慣的孤獨生活。

孤獨，讓她永遠地關閉了傷痕累累的心房，隔離開了通向繁華世俗的熱鬧。毫無疑問，她是以自我的氣質在拒絕著人生的一切，教徒般追求著最為極致的簡單。不由得讓人想到那些蟄伏巖洞中修行的隱世者，那些身居大山的修為者。她這樣的平淡，以致距離人世的煙花越來越遠。想想也是，燦然盛開在岩石上的蘭花，在人眼中不是也有著如此平淡嗎？

晨露澆灌，嵐氣吹拂。不入世俗，心安於命。這才是張愛玲情衷草木的所在吧？

草木不言，可以綴點心情，就像林式同一樣，他根本就不知道眼前這位老人有如何傳奇。縱觀張愛玲，無論在港臺還是中國，她身後總圍繞著成千上萬的追隨者，這些崇拜者糾結於纏綿的文字，沉醉於書頁上悠遠迷人的眼神。實際上，並沒有多少人知道，張愛玲為這些文字所付出的心血。尤其她的小說《傳奇》，不僅創造了出版界的奇蹟，還被讀者推為二十世紀百強小說，排名僅屈居於名列前茅的魯迅先生。就是這樣的紅極一時，依然不能讓張愛玲心旌搖盪。她的心思和牽掛，平淡得如同草木，似乎她的全部只是在這一次次的遷居上，以及如何逃避掉肉眼難以發現的跳蚤。

這種情況下，幾乎無人知道張愛玲活著的蹤跡。簡陋的斗室內，她更多的滿足其實就是自得其樂，說到樂，其實更多是身體上的不堪忍受，卻闡述了她低調之極的處事方法和人生態度。

這樣的內心，誰也無法觸及。

朝暮無常，世事叵測。張愛玲對朋友這樣，對親弟、姑姑等至親亦是避而不見了。只有她的文字，還在信使般散布著依然活著的新鮮氣息。弟弟深為不解她的做法，幼時相親相愛的情感已全然找不到蹤影。

第七章　總是離人淚

曾有過幾次，他動了念頭要去找姐姐當面數落，最終因為種種原因不了了之。按理說，她與姑姑的關係親密無間，是姑姑給予了她數之不清的影響和幫助，但張愛玲在洛杉磯隱居多年，只在逢年過節才會修書一封，偶爾撥通的電話中也是寥寥數語。尤其是在姑姑病重之際，對身邊的人流露出想見張愛玲的念頭時，守護在一邊的姑父，以年屆九十高齡寫信給海外的張愛玲，希望她能在姑姑彌留之際回來探望，以滿足張茂淵最後的心願。信中言之切切，動容動心，但是張茂淵這人生的最後一個要求，卻成了永遠的遺憾。

接到來信後，張愛玲內心也是十分痛苦。

她怎麼能不痛苦呢？相處了那麼多年，見證了自己那麼多事，在自己最需要的時候一直守護在身邊，述說不清的往事現在都凝聚在這去與不去的問題上。那幾日，她常常凝望著窗外發呆，真的想回到那座熟悉的城市，回到熟悉的親人身邊，可悄然滑落的淚水很快地又把這些念想沖淡。她在寓所裡來回行走著，喟然長嘆人生為何如此短暫，為何有著太多的生死別離？在一個人的世界裡，除了要以鐵石心腸來承受所有，實則是她不願意用自己的蒼白人生，去映照那一個個曾愛著她的人。這些都不是她一個弱女子所能承受的，而她真的不想轟轟烈烈地活著，只想求得人生的平淡。

仍然是等到數月之後，張愛玲以姍姍來遲的回信回覆了這封信件。此時姑姑已在抱憾中悄然逝去，一個和藹可親的生命就這樣走到了人生盡頭。她的信中，字字句句也都深情綿長，但同時又毅然決然地說明了她做人的原則。即便這樣，她還是再三叮囑家人，信讀後一定要燒掉，免得地址為他人知道。這樣的單純中又帶著可笑，透著生命中的冷漠，著實讓人無法理解她到底要如何才是。相信張愛玲本人也是無法說清。

匆匆那年的時光消逝，無法再回憶起的不僅僅是青春的情懷。

或許生活和人生本就是這樣充滿不解，彼此分離得太久太遠，難免有種陌生的疏離。

張愛玲自小生在上海，身上自然沾染不少國際大都市的氣質。這種個人魅力之外，還突顯著她與眾不同的獨特性格。如果說，花紅柳綠會讓人頓生憐香惜玉之心，那麼傲然生長的堅韌，是不是更值得讚美和仰慕呢？賞景如此，觀人亦是要帶著自然的狀態。不論是山水、草木，還是人，只要論及本質，都會不離其心。張愛玲的獨善遠居，之所以有太多的冷漠，定然是與那些鮮為人知的明朗、謙和相連繫的。否則，始終在瘋狂追逐的「粉絲們」，又怎麼接受這種傲然呢？

突然有一天，林式同家中的電話響起來，遠遠地傳來了張愛玲的聲音，柔弱中有著突兀，緩然中又有著堅決，大意是說她寫了一封非常重要的信，裡面有份遺囑副本，想要拜託其幫忙保管。林式同聽得自然一頭霧水，還是一如既往點頭應允。在他看來，這一切的請託都應是順理成章，根本容不得任何的拒絕，否則怎麼對得住人家的真誠呢？自然，這是林式同強加給自己的承諾，從他身上所衍生出的江湖俠義和信任，都讓張愛玲在自我的糾結中心滿意足。

幾天後，林式同迫不及待地拆開了這封來信，信中又是寥寥數語，蠅頭小楷中規中矩，秀麗中散溢著生命的沉著。信的內容大致如下：「一是所有私人物品留給香港的宋淇夫婦；二是逝後不舉行任何喪禮，將遺體火化，骨灰撒到任何空曠的荒野。遺囑執行人林式同。」一瞬間，林式同只是感覺有冷汗從後背滲出，但又說不清是種什麼樣的感覺，只是在莫名慌張中有些手抖，以至將遺囑裝進信封時都花費了許久時間。臆想

第七章　總是離人淚

中,他彷彿看到張愛玲正慢慢消失在時光的煙塵之中。不管怎麼說,至少張愛玲是信任自己的。

他清楚,張愛玲骨子裡並不在意生命消逝的恐懼,而是執意要在其生前掀開通往那條路上的冰涼徹骨。

彼此交往不多,此時卻在他們之間進行著最沉重的託付,在預演著人生最無法面對的告別。是的,每個人都將會離開這個美好的世界,最終成為光束中上下翻滾的塵土,渺小而熱情,無助而無畏。只是這樣的方式,讓林式同真的有些束手無策了,他百思不得其解之際又不知該向何人去諮詢,思忖再三,想要親自上門去詢問清楚張愛玲。只是人還未出門,又收悉來信一封。

這次,他坦然拆開信封,從其中才讀到了關於遺囑的解釋:「在書店裡買表格時就順便買了張遺囑,免得人去後有錢剩下就會充公。」朋友之託,精緻純心,無形中也讓人與人之間最薄弱的關係更為緊密。

星空之下,浩瀚無際,每顆星都閃爍著古老的印記。抬頭仰望,靈魂輕鬆穿越時光的堆積。當人們用心去感受這樣的美時,不經意中就會任思緒遠去。

生死對於張愛玲而言,已是無關緊要,她的自由是不願讓人牽掛追隨,她的存在是如花雨般散落天涯。無論是眼前的如景繁華,還是感受中的淒涼冷清,所有的一切都需要自己來面對,來承受。倘若說人生就是不停地行走,那麼這種終極的目標卻是生命的結束。

一生潦倒的子靜,終究還是懂得了姐姐的內心。雖然他們之間曾因一則訊息取得了聯繫,到最後又成為你來我不往的尷尬。無奈,像極了人生中的各種注解。子靜再也沒有收到過張愛玲的片言隻字,對誰來說

這種做法只會讓人生氣，可同樣經受了人生大起大落的弟弟卻什麼都不再說。他後來在《我的姐姐張愛玲》一文中，真實地還原了這位生命中的至親至愛，「這麼多年來，我和姊姊一樣，也是一個人孤獨地過著……但我心裡並不孤獨，因為知道姊姊還在地球的另一端，和我同存於世……姊姊待我，亦如常人，總是疏於音問。我了解她的晚年生活的難處，對她只有想念，沒有抱怨。不管世事如何幻變，我和她是同血緣，親手足，這種根底是永世不能改變的。」

文字雖然平淡實在，卻飽含著子靜對姐姐太多的愛，讀後讓人忍不住要落下淚來。遺憾的是，張愛玲的在天之靈是無法感同身受了。正如《小團圓》中說的，她希望有一天走後，還能給這世上留下一些關於她的什麼。的確，她不僅留給了人們以文字，還有著太多的輝煌記憶。

一九九四年，張愛玲的小說《對照記》獲得了臺灣《中國時報》「文學獎」特別成就獎。正當人們為此激動不已時，她卻幽默地拍下了一張照片。那黑白分明的影像中，張愛玲手握報紙面帶笑容對著鏡頭，報紙上面卻醒目地印著一行「主席金日成昨猝逝」的黑字，生硬而又突兀的字型與清瘦的身體相互疊加著，讓人看後感受更多的是怵目驚心，不由得猜想，這難道是以微笑來傳達的分別，是以人生的無謂來書寫的面對。無疑，她的從容之所以徹底，是因為內心了無羈絆。

這個時候，她已不再顧及別人的想法，言談中時常還會透露出對這張照片的無比喜愛。當《對照記》再版時，她又將這張照片醒目地印在書上，以秋水蒼顏的神情來觀照這個蒼涼的世界，不同的是多了幾句旁白：「寫這本書，在老照相簿裡鑽研太久，出來透口氣。跟大家一起看同一條新聞，有『天涯共此時』的即刻感。手持報紙倒像綁匪寄給肉票家人的照片，證明她當天還活著。其實這倒不是擬於不倫，有詩為證，詩曰：

第七章　總是離人淚

人老了大都是時間的俘虜,被圈禁禁足,它待我還好 —— 當然隨時可以撕票一笑。」以這種姿態來表現自我的張愛玲,也在這個熙熙攘攘的世界裡得大自在著。

時光寂寞

縱然有著俗世的我自妖嬈,在午夜的月色裡張揚綻放,一任「紅色的玫瑰芳香瀰漫,辛辣魅惑」,不失的是眾生之中的佛性禪心。

如果說,張愛玲晚年生活的疏離寂寞,是因為慈悲,是一生不停地書寫,那這種悲歡就是不願回頭的有情有義,豐富了這個世界,枯萎的卻是臨水照花的芳心。

這個世界,只有文字是懂張愛玲的,可以讓她在執念百轉中從容不迫。那些原來就不奢求的情感、名利、生死、情同手足的至親,現在看來似乎都是多餘。當年,張愛玲毅然從家裡出逃,是為追尋太多的未知,現在卻要無畏地放下一切了。

這些年,一個人的一意孤行,讓她背負太多穿行在人群中,早已為了生計缺失了自信,更不要說什麼「金風玉露一相逢,便勝卻人間無數」的春心四起了。甚至有一次,走在大街上的張愛玲被人無意間撞到,那種年老體弱下的力不從心,讓她突然沒了以往弱柳扶風的感覺。於是,她只能藉助頻繁的變換居所,來避免外人的窺知。

人活一世,草木春秋,同樣的柔弱生命卻充滿著不為人知的變化。一枝一葉,猶如一笑一顰,反倒在離群索居中彰顯了生命的自我,尤其

那獨處的姿態，更多的是對於陽光和空氣的感恩垂青。張愛玲這樣出身高貴的人，理應養尊處優，豢養貓狗，享受嬌媚中的萌態。但恰恰她對此異常反感，從骨子裡排斥這些動物，認為牠們一旦沾有了人的骨血，就會在窮凶極惡時和人一樣心存雜念，甚至翻臉撕咬。動物和植物是相同的，卻彷彿又有著不同，沒有了靈性的使然，沒有那種看上去的安靜，張愛玲又怎麼會去喜歡呢？她可以任文字充滿著動物般的雜念，卻從不讓自己內心有任何出格的躍動。這是花草給予她的餽贈，無論好或者不好。人可以不斷變換環境，而曾經陪伴過的那些花草，只能黯然地觀望著這一舉一動，享受著一人獨處的感覺。

或許每個人都在自己的活法中才能隨心所欲吧，就像魚的海洋、鳥的天空、動物的森林一般，即使有著太多的艱辛、顛沛，卻也能夠自我愉悅著。貓狗這些動物讓她反感，還有那更虐心的跳蚤，那肉眼幾乎看不到的小蟲子，躲在華麗的睡袍裡全無顧忌地踩躪著，折騰得張愛玲徹底不眠。

騷擾自是無比痛苦，讓人苦不堪言。

到了七月時節，張愛玲重新又遷居了公寓。此次新選的公寓處在花草掩映之間，燥熱夏天裡倒也有著清涼，閒暇時還可以閒坐窗前，欣賞這些生命的千姿百態，一種從未有過的安穩感覺油然而生。生活設施依然沒多大改變，房內還是那麼乾淨整潔，也絕跡了讓她恐懼不已的跳蚤。她依舊隨緣的心一下子就愛上了這裡，就如當年月下攜手那個男人的感受重新湧現。

人總是這樣，張愛玲要的是不經意間接觸的感覺，而林式同在乎的卻是眼前的開懷。還是說說林式同吧。記憶中，這是他們結識十餘年來的第二次見面，必須要見面，因為又要換房子。林式同知道些張愛玲的

第七章　總是離人淚

性格，平時裡沒太多要求，除非是碰到棘手事才會求助。這樣的接觸，反而讓他多了無法言說的敬慕。人生旅途，就是要不斷地自我救贖，面對這麼孤傲的老人，誰又沒有幾處不為人知的傷痕呢？於是在接到電話那刻，林式同幾乎沒有太多意外，他的古道熱心腸已讓幫扶成為全力以赴。他在這樣的交往中沒有索取，有的只是長久堅持的承諾。其實，人和人之間的依靠就需要如此簡單，不帶有任何的功利。

十年前，張愛玲和林式同經人介紹相識。十年後，他們再次見面，也沒有過多的寒暄和客套，像極了熟悉的朋友。一方是硬生生地述說，像必須執行的命令；一方是熱騰騰地應答，像肝膽塗地的承諾。接下來，林式同每天奔波於找房子、補辦證件等各種繁雜中。張愛玲絲毫不去關心，只是全身心投入文字的創作中。當林式同完成了張愛玲交代的事情後，這位老人也沒有被這種奔波感動。「我要你知道，這個世界上總有一個人是等著你的，不管在什麼時候，不管在什麼地方，反正你知道，總有這麼個人。」是的，在彼此心裡，信任已完全成了情的依靠，不用多說一句話，不用多做一個動作，只需要有個眼神就足矣了。要知道，張愛玲曾經在落魄時，也曾低頭尋找過求助，那感覺如江面上的一葉扁舟，時刻都在尋找著能夠停泊的岸。

林式同是個有心人，他將其住址作為了張愛玲的永久住址，並且應諾不對任何人透露與她相關的個人資訊。人在異鄉他國，這樣的關係讓他們更勝似親人。偶爾的短暫相處，也有很多話說，有次兩人聊天中談到了女作家三毛。張愛玲帶著滿是寂寞的口吻，問他那個行走撒哈拉沙漠的女作家三毛怎麼就自殺了？建築商人的林式同從不關心文學，自然不知道三毛是何人，便也沒有過多理會，後來想起這些話，便查閱了大量資料，無形中將她們連繫到一起。三毛一生行走天涯，無所畏懼，讓

生命漂泊成了絕唱，而張愛玲面對生死漫不經心，筆下有著林林總總的淒涼哀愁。

之所以會有這樣的不經意發問，應該是以小說中的人物造型來看三毛的。林式同知道，張愛玲對人生有興趣而不投入感情，就像躲在一旁看人吵架，明明與己無關卻又要津津樂道。可以說，她不以為然地了解著人生的真相，又以超然的冷靜來面對人生。雖然其中有著許多的鮮為人知，但在經歷過這麼多風雨之後，生亦是死，死亦是生了。

至於生生死死的事情，本已不是那麼重要了。

頻頻搬家，和躲避有什麼兩樣？說是躲避，又好像在尋找，如隱居終南的修行者，本不是為遁世，完全是沒有任何世俗的事，可以勾起她的相忘之心。這樣的人，恍若油畫一般，無論是遠觀近看，誰都無法看透她的內心，至少那雙曾經充滿靈動的水波，終於沒有任何漣漪了。或者說，她再也不接受任何紅男綠女間的情感往來，包括至親至愛的人。

這樣的躲藏，只能藉助於居所，藉助於花草。時間一久，這樣的消極漸為人知，大家也不刻意去打聽她的落腳處所，為的是能給她一份寧靜以供回憶。就連起初難說話的房東，也不再奇怪有這樣深居簡出的房客，見面點頭一笑，回過頭時又是匆匆流年。對別人來說，這樣的舉動注定是要為人所擔心的。但張愛玲全然不顧不問也不管，她特立獨行，我行我素，原本也不是為了炫耀而故作姿態，現在只想讓曾經的夢想越走越遠。

對自己這樣的徹底，更多透露出她人生中的冷漠和從容。那冷漠中泛著冷光，冷得讓人無法躲避。也是有一次，子靜無意從報紙上讀到了一則關於張愛玲噩耗的訊息，未來得及問訊真假就旁若無人哭起來，也不在乎旁人如何看他。那淚水無疑飽含真情和關愛，飽含著彼此這些年

第七章　總是離人淚

裡的牽掛。這些年裡，姐姐雖然孤傲得不近人情，始終隱藏著住址不讓人知，所有這些都讓他有太多說不清的憤恨，但眼前出現在鉛字中的名字，卻又深深牽繫著他的心，才知道，親情下的相互維繫，像一棵根深葉茂的大樹，無論相隔多遠、事隔多久，根系間的縱橫纏繞都無法切割開來。於是，他發瘋地尋找著與姐姐親近的人，希望證實訊息的真偽，電話一遍遍地打到報社，報社的回答也是模稜兩可，給不出任何讓人信服的說法。無奈之下，張子靜只能是祈願祝福，以求平安。

一念花開，一念花落。現在子靜明白了這種冷，他只有祝福：只要安好，便是晴天。

時光漫然，終將老去。深居簡出的生活中透著慵懶，充滿著平淡無奇，以至於門前的信箱中塞滿了信件，張愛玲也不願起身去開啟。在她看來，似乎只有這樣的滿滿，才會讓人覺得生活的繁華如景。

所有的不在意，如同人生修行，盤腿四望，唯有靜極。張愛玲並非無情人，只有她自己明白，並對弟弟的四處尋找心懷感動，只是這時不願意再牽繫起以往的回憶。除了弟弟，對好友炎櫻也是這樣。

聞訊炎櫻去世時，她那顆沉寂許久的心才緩然動了一下。炎櫻和張愛玲是同學，先後見證過她的兩次婚姻。身為她生命中非常重要的一個人，她們的關係就如同花與蝴蝶一樣，始終充滿著生命的喜悅。正如炎櫻所說：「每一隻蝴蝶都是從前的一朵花的靈魂，回來尋找它自己。」一個熟悉的故人遠去了，這種心靈的觸動，算是蝶對於花的回饋嗎？

一起共青春的朋友去了，青春便不再有。這些年的獨居，雖然擋住了前來造訪的讀者，始終無法阻隔的卻是一個個的壞消息。這些訊息無情而又無畏地打擊著年邁的張愛玲，同時也更加堅定著她不願回頭的決心。

不回頭，亦是回不了頭，身邊親人一個個消殞了，只有張愛玲獨守空房孤獨地活著。

陽光的對映下，張愛玲單調的身影佝僂著，靜靜的，靜靜的。

生命蒼涼

人生不過如此，且行且珍惜。

在美麗與蒼涼之間，張愛玲神情安詳地告別了這個淒涼的世界。沒有人來打擾，靜得似乎要讓時光凝結起來。

一切就像一場曼妙無比的夢。

午後的陽光從窗外斜斜射進來，任由成千上萬顆塵埃在光束中躍動，恍若舞臺，透露出人生的本來面目。靜在一隅的檯燈還孤獨地亮著，寂寞地發著微不足道的光束，似乎在訴說，又似乎在回憶，只是這燈下從此不會再有張愛玲柔弱纖美的書寫了。

從此，世間不再有這樣的傳奇女子。

「晚年唯好靜，萬事不關心。」不再過問世事的寓所裡悄無聲息，輕輕推門進去，只見屋子北邊的靠牆處有一張單人行軍床，也是收拾得整齊簡單。而今，它要在時光的漫遠中，成為送別主人淒涼晚年的挪亞方舟。繁雜的社會恍若浩浩東流的大海，張愛玲賴以存身的這處居所，就是一葉不知要漂向何方的小舟，唯一能給予她的是內心的安寧、滿足。

遠離了紛亂，不再有時光裡的等待和尋找，即便就是逢面而過的誓

第七章　總是離人淚

言，無法記起的依然是蒼白與淡然。確實，人一旦活到了這種年齡，該不該放下的，都會慢慢放下了。冥冥之中，張愛玲彷彿知道她人生的最後遠行就要開始了，便精心挑選了一身流光溢彩的旗袍，仔細用心地收拾好容妝，然後在時光的暈染中，安靜而又優雅地躺在床上，那神情像在架構作品，又像在思考人生。只是那一襲刺眼的赭紅色，分明就是豔麗之極的紅玫瑰，分明就是心口上的硃砂痣，「分明就是樟腦的香，甜而穩妥，像記得分明的快樂，甜而悵惘，像忘卻了的憂愁」。蒼白的臉色，靜靜地映襯著這紅，儼然在傲視著世間誓言的渺如雲煙。散落在手邊的是還未寫完的稿紙，筆橫擱置在上面，唯一遺憾的是不知她要寫下什麼離別的話。

「長的是磨難，短的是人生。」一代奇女子張愛玲如此簡潔地離去，恍如午後的休憩，不容旁人做最後的訣別。只是這長眠放棄了太多，帶走的卻是她七十五年的經歷與磨難。

離別無言，永不相見。再也觸控不到的溫暖，成為無法完成的人生悲唱。而那部用心創作的《小團圓》，也在某種意義上注定著人生中有太多不圓滿。

面對著這逝去的生命，他獨自佇立在張愛玲的房間，這是第一次，也是最後一次。沒有一個人前來打擾，就連這個體質孱弱的女人，在風華傳奇了一生後，也以這樣的方式迎接著他的到來。一九九五年五月，林式同記得清清楚楚，他收到了張愛玲要求搬家的信。信一如既往地短，一如她認真的風格，大意是說想要搬去亞利桑那州的鳳凰城，抑或到內華達州的拉斯維加斯去。從地圖上看，這兩處地方緊靠著沙漠，常年乾旱不說，起風時就會沙塵滿天，環境並不如想像中的好。對這樣的要求，林式同自然不會明白張愛玲執拗的內心。她是想圖清靜，還是想

保留屬於自己的潔淨？無論如何，這樣的潔淨，彰顯出的是與這個世界的格格不入。這樣的潔淨，是不染塵埃的天真，是付出真心後被風雨戕殺的千瘡百孔。

此時，張愛玲的身體狀況已經特別差了，就連患感冒後也總是長時間不見好。最惱火的是皮膚病也接踵而至，常常是渾身癢得不自在，難受得連衣服也無法穿上。享受過太多的人生得意，這種小痛苦便注定要成為磨難。雖然只是一個人的環境，仍然會在不經意間想起翠枝依依、崑曲靡靡，小軒窗正梳妝的慵懶。但彼一時此一時的對比，更易讓人落寞、脆弱、傷感。總之，無比轟轟烈烈的愛情之後，自然是對於平凡的渴望。此時此刻，張愛玲又成為不沾染人間煙火的仙子。

所有的虛弱無力，只能讓張愛玲求助於林式同。

對於她的請求，林式同從不會拒絕。最後，張愛玲考慮後還是接受了建議，同意先遷往洛杉磯居住，並把時間初步定在了七月。

這時，林式同才漸然放下心來，誰也不知他這一路有多辛苦。隨著張愛玲漸漸變老，才發現漫長的人生路上，無論誰也守不住曾經的風光，更毋說是陪伴那些生命中重要的人了。既然只是對方的過客和風景，就讓彼此裝扮夢境和人生吧！

七月之後，林式同並沒有接到張愛玲的電話，便也沒有主動去問詢租房子的事，想著過幾日就會聯繫，沒料到人生恍如夢，轉身就延伸成了回憶。

所以，當帶著期待的林式同在接到房東的電話時，才聽到了張愛玲去世的消息。這個沉痛的消息，讓他淚水竟不由自主地流了下來。他不相信那記憶深處的背影，就這麼沒有告別悄沒聲息地遠去。可無論如

第七章　總是離人淚

何，信與不信，他必須接受這個現實。突然間少了張愛玲的電話，他才知道一個人的世界裡，少的終是依偎和溫暖。現在來看，身邊很多人在來回穿梭著，可又有誰在意這種寂寞呢？

寂寞的張愛玲，在晚年並沒有享受到人世間的幸福，正如她的童年一樣，總有著太多的坎坷需要她來承受。寥廓的時空之中，她變得不願落淚，沉寂在沒有熱鬧的寂寞中，如同隔絕煙火的黯然。於是，電視機便全時段開著，她也不在乎上演的是什麼內容，只樂意在喧鬧中回憶過往，書寫故事。沒有人會知道，也沒有人會去關注這位很少出門的老人。

繁華落盡後是夢醒嗎？

人生本就是一場戲，各人都忙著自己的角色，還有誰會陪伴在一位老人身邊呢？漠漠紅塵地行走，能遇見就是緣分，能珍藏更是幸福。無論是天涯或海角，最終都只會相忘於江湖之中。只是此時此刻，注定所有的繁華之後，張愛玲這個人要成為記憶中的傳奇。

林式同突然茫然得不知所措起來，木訥地看著警察在屋裡來回忙碌，他只覺得所有人在為這個空落的靈魂搬家。張愛玲不為攪擾地安靜躺著，面部沒有任何痛苦的痕跡，依然保持著生前的高潔優雅。人生路上的所有快與不快，都在這一刻定格了。

窗外有落葉蕭然而下，相互碰撞著重疊著，似乎在以最質樸的方式為這位老人送別。

張愛玲生前不喜盛夏，認為燥熱容易讓人煩悶。她更傾心於色澤滿目的秋日，涼風有信，秋月無邊。在中秋節前後出生，在中秋節前後逝去。縱然心似秋月，卻付了此生來忘。「三十年前的月亮早已沉下去，三十年前的人也死了，然而三十年前的故事還沒完 —— 完不了。」這是

《金鎖記》中的文字，靈動的筆下，張愛玲永遠都有著講述不完的故事。這些結束不了的故事，除了耗費的光陰和心血，更如無法完結的心事緊鎖心房深處，任塵緣在茫茫人海之中漸行漸遠。正如徐志摩在《兩個月亮》中寫的：「我望見有兩個月亮：一般的樣，不同的相。一個這時正在天上披敞著雀的衣裳；她不吝惜她的恩情，滿地全是她的金銀。她不忘故宮的琉璃，三海間有她的清麗。」

如果說遇見是一種幸福，那麼這把握不住的曾經，始終充滿著太多傷感，在月缺月圓中更迭著海角天涯的相望。在張愛玲的最後幾年，寓所便是她的全部世界，將愛與濃濃哀愁全部濃縮在這靜默的一隅。情如飛花愛如沙，縱然這樣，紅塵之中的寂寞聆聽，輕曲闌珊的雲煙飄渺，都在心潮起伏中幻化為不凡的文字，在屈指流年中散落成愛。「厭倦了大都會的人們往往記掛著和平幽靜的鄉村，盼望著有一天能夠告老歸田，養蜂種菜、享點清福。殊不知在鄉下多買半斤臘肉便要引起許多閒言閒語。而在公寓房子的最上層，你就是站在窗前換衣服也不妨事。」這樣看來，這公寓更似蝸牛的殼，隱藏著太多不為人知的祕密。

一代才女最終沒有以她的自身的風光，抵過時光百年的消磨。逝去一週後，如霧般的張愛玲才為房東發現。作為人生的必然歸屬，同樣，不論是胡蘭成，還是賴雅；不論是炎櫻，還是林式同，最後都是要像轉馬燈一般遠去。熊熊沖天的火光中，一具軀體攜帶著靈魂頓時向四處瀰散開來。此時，這個靈魂是孤獨的，她的再生也不知道何去何從。

曾經以文字穿越過民國煙雨的迷濛，曾經以出身不凡成為一座城市的佳麗，現在隨著一抹輕煙了卻了人生全部的羈絆。

七十五歲生日那天，一束束紅白玫瑰整齊地擺放在她遺像前，嫻靜得如花照水。「人生的結局，總是一個悲劇，老了，一切退化了，是個悲

第七章　總是離人淚

劇，壯年夭折，也是個悲劇，但人生下來，就要活下去，沒有人願意死的，生與死的選擇，人當然選擇生。」眾所周知，在人生的現實面前，繁華過後就是寂寥，生的終點就是死。這樣看來，張愛玲雖然遠去了，可那卓爾不群的眼神中始終透著自傲、敏感，只是一如既往的冷寂中多了哀怨的哭泣。

在眾人的默送中，船起伏著慢慢駛向大海深處。林式同與張愛玲生前的幾位好友，以最簡單的告別，送她走完了人生的最後一程。

水花濺起，有些冰涼，輕輕地拭去臉上的浪花，隨之而起的是拋撒在海面上空的骨灰，斜斜地、細密地在海面上劃出了一道道美麗的弧，然後又悄無聲息地落入水中。而這所有的程序都依照著張愛玲生前的遺囑進行：「逝後希望火化，不要殯殮儀式……」

遠望浩浩海面，林式同知道，唯有不捨才是活著的痛苦。花瓣伴隨著骨灰不停地拋撒著，當所有的背影都已遠去時，只有玫瑰花瓣在水面上高低起伏著。陽光映在上面，蒼涼而又淒美，彰顯出張愛玲避世而不棄世，執著而不自恃的內心世界。

這樣的基調，是基於華麗下的聯想，是無比浩瀚中的悲傷。

流動的風，渙渙的水，深深淺淺地烙印下了歲月的記憶。無論是成長的陣痛，抑或是幡然醒悟，總歸都該有個了斷。只是在這一刻，民國才女張愛玲的故事又為人們再次喚醒。

一朝夢，萬念成空，亦遠亦近。遠亦思，近亦撫，思撫盡相隔。所以，對於逝去的人來說，愛或不愛，遙遠的只是靈魂，唯一可知的是，她不會再為愛流淚，亦不再回頭，而是一如既往地我行我素、驚世駭俗。

參考書目

1. 白落梅。《因為懂得所以慈悲：張愛玲的傾城往事》[M]。2018.1
2. 余斌。《張愛玲傳》[M]。2015.3
3. 張均。《張愛玲傳》[M]。2011.7
4. 王羽。《張愛玲傳》[M]。2009.10
5. 閆紅。《你因靈魂被愛：張愛玲傳》[M]。2014.10
6. 梅寒。《最好不相忘：張愛玲傳》[M]。2013.12
7. 王臣。《願此生歲月靜好：張愛玲傳》[M]。2015.7
8. 夏墨。《風花雪月是民國：最痴張愛玲傳》[M]。2013.2
9. 翟曉斐。《繁華落盡，冷眼塵埃：張愛玲傳》[M]。2015.3
10. 朱雲喬。《一別，如果永不相見：張愛玲傳》[M]。2013.11
11. 張愛玲。《張愛玲典藏全集》[M]。2012.6

浮生之夢，在亂世中書寫人生：
在張愛玲的世界裡，愛是不可捉摸的，總在驚天動地中以靜默的悲劇告終

作　　　者：	常曉軍
責 任 編 輯：	高惠娟
發　行　人：	黃振庭
出　版　者：	崧燁文化事業有限公司
發　行　者：	崧燁文化事業有限公司
E - m a i l：	sonbookservice@gmail.com
粉　絲　頁：	https://www.facebook.com/sonbookss
網　　　址：	https://sonbook.net/
地　　　址：	台北市中正區重慶南路一段61號8樓 8F., No.61, Sec. 1, Chongqing S. Rd., Zhongzheng Dist., Taipei City 100, Taiwan
電　　　話：	(02)2370-3310
傳　　　真：	(02)2388-1990
印　　　刷：	京峯數位服務有限公司
律師顧問：	廣華律師事務所 張珮琦律師

-版權聲明

本書版權為樂律文化所有授權崧燁文化事業有限公司獨家發行電子書及紙本書。若有其他相關權利及授權需求請與本公司聯繫。
未經書面許可，不得複製、發行。

定　　　價：375元
發行日期：2024年09月第一版
◎本書以POD印製

國家圖書館出版品預行編目資料

浮生之夢，在亂世中書寫人生：在張愛玲的世界裡，愛是不可捉摸的，總在驚天動地中以靜默的悲劇告終 / 常曉軍 著 .-- 第一版 .-- 臺北市：崧燁文化事業有限公司，2024.09
面；　公分
POD版
ISBN 978-626-394-802-0(平裝)
1.CST: 張愛玲 2.CST: 傳記
782.886　　　　113012834

電子書購買

爽讀APP

臉書